湛庐 CHEERS

与最聪明的人共同进化

HERE COMES EVERYBODY

U0876841

思维

关于决策、问题解决与预测的新科学

[美] 约翰·布罗克曼
（John Brockman）◎ 编著
李慧中　祝锦杰 ◎ 译

Thinking

The New Science of Decision-Making, Problem-Solving, and Prediction

浙江人民出版社
ZHEJIANG PEOPLE'S PUBLISHING HOUSE

各方赞誉

伟大头脑的伟大之处，绝不在于他们拥有“金手指”，可以指点未来；而在于他们时时将思想的触角延伸到意识的深海，他们发问，不停地发问，在众声喧哗间点亮“大问题”和“大思考”的火炬。

段永朝
苇草智酷创始合伙人，财讯传媒首席战略官

建筑学家威廉·J. 米切尔曾有一个比喻：人不过是猿猴的 1.0 版。现在，经由各种比特的武装，人类终于将自己升级到猿猴 2.0 版。他们将如何处理自己的原子之身呢？这是今日顶尖思想者不得不回答的“大问题”。

胡　泳
博士，北京大学新闻与传播学院教授

“对话最伟大的头脑”这套书中，每一本都是一个思想的热核反应堆，在它们建构的浩瀚星空中，百位大师或近或远、如同星宿般璀璨。每一位读者都将拥有属于自己的星际穿越，你会发现思考机器的100种未来定数，而奇点理论不过是星空中小小的一颗。

吴甘沙

驭势科技(北京)有限公司联合创始人兼CEO

一个人的格局和视野取决于他思考什么样的问题，而他未来的思考，在很大程度上取决于他现在的阅读。这套书会让你相信，在生活的苟且之外，的确有一群伟大的头脑在充满诗意的远方运转。

周　涛

电子科技大学教授、互联网科学研究中心主任

作为美国著名的文化推动者和出版人，约翰·布罗克曼邀请了世界上各个领域的科学精英和思想家，通过在线沙龙的方式展开圆桌讨论。“对话最伟大的头脑”这套书就是活动参与者的观点呈现，让我们有机会一窥“最强大脑”的独特视角，从而得到思想上的启迪。

苟利军

中国科学院国家天文台研究员，中国科学院大学教授

“第十一届文津奖”获奖图书《星际穿越》译者

未来并非如我所愿一片光明，看看大师们有什么深刻的思考和破解之道，也许会让我们活得更放松一些。

李天天

丁香园创始人

与最伟大的头脑对话，虽然不一定让你自己也伟大起来，但一定是让人摆脱平庸的最好方式之一。

刘　兵
清华大学社会科学学院教授

以科学精神为内核，无尽跨界，Edge 就是这样一个精英网络沙龙。每年，Edge 会提出一个年度问题，沙龙成员依次作答，最终结集出版。不要指望在这套书里读到“ABC”，也不要指望获得完整的阐释。数百位一流精英在这里直接回答“大问题”，论证很少，锐度却很高，带来碰撞和启发。剩下的，靠你自己。

王　烁
财新传媒总编辑，BetterRead公号创始人

术业有专攻，是指用以谋生的职业，越专业越好，因为竞争激烈，不专业没有优势。但很多人误以为理解世界和社会，也是越专业越好，这就错了。世界虽只有一个，但认识世界的角度多多益善。学科的边界都是人造的藩篱，能了解各行业精英的视角，从多个角度玩味这个世界，综合各种信息来做决策，这不显然比死守一个角度更有益也有趣吗？

兰小欢
复旦大学经济学助理教授

如果每位大思想家都是一道珍馐，那么这套书毫无疑问就是至尊佛跳墙了。很多名字都是让我敬仰的当代思想大师，物理学家丽莎·兰道尔、心理学家史蒂芬·平克、哲学家丹尼尔·丹尼特，他们都曾给我无数智慧的启发。

如果你不只对琐碎的生活有兴趣，还曾有那么一个瞬间，思考过全人类的问题，思考过有关世界未来的命运，那么这套书无疑是最好的礼物。一篇

文章就是一片视野，让你站到群山之巅。

郝景芳
2016年“雨果奖”获得者

布罗克曼是我们这个时代的“智慧催化剂”。

斯图尔特·布兰德
《全球概览》创始人

布罗克曼是个英雄，他使科学免于干涩无趣，使人文学科免于陈腐衰败。

杰伦·拉尼尔
“虚拟现实之父”

想知道世界上那些伟大的头脑都在思考什么吗？

扫码获取“湛庐阅读”App，
搜索“思维”，
听本书多位大咖作者亲自讲给你听！

总 序

1981 年，我成立了一个名为“现实俱乐部”（Reality Club）的组织，试图把那些探讨后工业时代话题的人们聚集在一起。1997 年，“现实俱乐部”上线，更名为 Edge。

在 Edge 中呈现出来的观点都是经过推敲的，它们代表着诸多领域的前沿，比如进化生物学、遗传学、计算机科学、神经学、心理学、宇宙学和物理学等。从这些参与者的观点中，涌现出一种新的自然哲学：一系列理解物理系统的新方法，以及质疑我们很多基本假设的新思维。

对每一本年度合集，我和 Edge 的忠实拥趸，包括斯图尔特·布兰德（Stewart Brand）、凯文·凯利（Kevin Kelly）和乔治·戴森（George Dyson），都会聚在一起策划“Edge 年度问题”，而且常常是在午夜。

提出一个问题并不容易。正像我的朋友，也是我曾经的合作者，已故的艺术家和哲学家詹姆斯·李·拜尔斯（James Lee Byars）曾经说的那样：“我能回答一个问题，但我能足够聪明地提出这个问题吗？”所以，我们要去寻找那些可以启发不可预知答案的问题，那些激发人们去思考意想不到之事的问题。

现实俱乐部

1981—1996 年，现实俱乐部是一些知识分子间的非正式聚会，通常在中国餐馆、艺术家阁楼、投资银行、舞厅、博物馆、客厅，或在其他什么地方举办。俱乐部座右铭的灵感就源于拜尔斯，他曾经说过："要抵达世界知识的边界，就要寻找最复杂、最聪明的头脑，把他们关在同一个房间里，让他们互相讨论各自不解的问题。"

1969 年，我刚出版了第一本书，拜尔斯就找到了我。我们俩同在艺术领域，一起分享有关语言、词汇、智慧以及"斯坦们"（爱因斯坦、格特鲁德·斯坦因、维特根斯坦和弗兰肯斯坦）的乐趣。1971 年，我们的对话录《吉米与约翰尼》（*Jimmie and Johnny*）由拜尔斯创办的"世界问题中心"（The World Question Center）发表。

1997 年，拜尔斯去世后，关于他的世界问题中心，我写了下面的文字：

> 詹姆斯·李·拜尔斯启发了我成立现实俱乐部以及 Edge 的想法。他认为，如果你想获得社会知识的核心价值，去哈佛大学的怀德纳图书馆里读上 600 万本书，是十分愚蠢的做法。在他极为简约的房间里，他通常只在一个盒子中放 4 本书，读过后再换一批。于是，他创办了世界问题中心。在这里，他计划邀请 100 位最聪明的人相聚一室，让他们互相讨论各自不解的问题。
>
> 理论上讲，一个预期的结果是他们将获得所有思想的总和。但是，在设想与执行之间总有许多陷阱。拜尔斯确定了他认为的 100 位最聪明的人，依次给他们打电话，并询问有什么问题是他们自问不解的。结果，其中 70 个人挂了他的电话。

那还是发生在 1971 年的事。事实上，新技术就等于新观念，在当下，电子邮件、互联网、移动设备和社交网络真正实现了拜尔斯的宏大设计。虽然地点变成了线上，但这些驱动热门观点的反复争论，却让现实俱乐部的精神得到了延续。

正如拜尔斯所说："要做成非凡的事情，你必须找到非凡的人物。"每一个 Edge 年度问题的中心都是卓越的人物和伟大的头脑，其中包括科学家、艺术家、哲学家、技术专家和企业家，他们都是当今各自领域的执牛耳者。我在 1991 年发表的《第三种文化的兴起》（*The Emerging Third Culture*）一文和 1995 年出版的《第三种文化：洞察世界的新途径》（*The Third Culture: Beyond the Scientific Revolution*）一书中，都写到了“第三种文化”，而上述那些人，他们正是第三种文化的代表。

第三种文化

经验世界中的那些科学家和思想家，通过他们的工作和著作构筑起了第三种文化。在渲染我们生活的更深层意义以及重新定义“我们是谁、我们是什么”等方面，他们正在取代传统的知识分子。

第三种文化是一把巨大的“伞”，它可以把计算机专家、行动者、思想家和作家都聚于伞下。在围绕互联网和网络兴起的传播革命中，他们产生了巨大的影响。

Edge 是网络中一个动态的文本，它展示着行动中的第三种文化，以这种方式联结了一大群人。Edge 是一场对话。

第三种文化就像是一套新的隐喻，描述着我们自己、我们的心灵、整个宇宙以及我们知道的所有事物。这些拥有新观念的知识分子、科学家，还有那些著书立说的人，正是他们推动了我们的时代。

这些年来，Edge 已经形成了一个选择合作者的简单标准。我们寻找的是这样一些人：他们能用自己的创造性工作，来扩展关于“我们是谁、我们是什么”的看法。其中，一些人是畅销书作家，或在大众文化方面名满天下，而大多数人不是。我们鼓励探索文化前沿，鼓励研究那些还没有被普遍揭示的真理。我们对“聪明地思考”颇有兴趣，但对标准化“智慧”意兴阑珊。在传播理论中，信息并非被定义为“数据”或“输入”，信息是“产生差异的差异”（a difference that makes a difference）。这才是我们期望合作者要达到的水平。

Edge 鼓励那些能够在艺术、文学和科学中撷取文化素材，并以各自独有的方式将这些素材融于一体的人。我们处在一个大规模生产的文化环境当中，很多人都把自己束缚在二手的观念、思想与意见之中，甚至一些公认的文化权威也是如此。Edge 由一些与众不同的人组成，他们会创造属于自己的真实，不接受虚假的或盗用的真实。Edge 的社区由实干家而不是那些谈论和分析实干家的人组成。

Edge 与 17 世纪早期的无形学院（Invisible College）十分相似。无形学院是英国皇家学会的前身，其成员包括物理学家罗伯特·玻意耳（Robert Boyle）、数学家约翰·沃利斯（John Wallis）、博物学家罗伯特·胡克（Robert Hooke）等。这个学会的主旨就是通过实验调查获得知识。另一个灵感来自伯明翰月光社（The Lunar Society of Birmingham），一个新工业时代文化领袖的非正式俱乐部，詹姆斯·瓦特（James Watt）和本杰明·富兰克林（Benjamin Franklin）都是其成员。总之，Edge 提供的是一次智识上的探险。

用小说家伊恩·麦克尤恩（Ian McEwan）的话来说："Edge 心态开放、自由散漫，并且博识有趣。它是一份好奇之中不加修饰的乐趣，是这个或生动或单调的世界的集体表达，它是一场持续的、令人兴奋的讨论。"

约翰·布罗克曼

Thinking

The New Science of Decision-Making, Problem-Solving, and Prediction

目 录

Jonathan Haidt
乔纳森·海特

Joshua Greene
乔舒亚·格林

Sam Harris
萨姆·哈里斯

Roy Baumeister
罗伊·鲍迈斯特

Paul Bloom
保罗·布卢姆

David Pizarro
大卫·皮萨罗

Joshua Knobe
乔舒亚·诺布

FOR THE FIRST TIME,

WE HAVE THE TOOLS AND

THE WILL TO UNDERTAKE

THE SCIENTIFIC STUDY OF

HUMAN NATURE.

我们现在既有方法，也有意愿对人性展开科学研究，这在人类史上尚属头一遭。

——《关于道德的新科学：一场Edge峰会》

01

THE NEW SCIENCE OF MORALITY: AN EDGE CONFERENCE

关于道德的新科学：一场Edge峰会

Jonathan Haidt
乔纳森·海特
心理学家，著有《正义之心》《象与骑象人》

Joshua Greene
乔舒亚·格林
心理学家，著有《道德部落》

Sam Harris
萨姆·哈里斯
哲学家、神经学家，著有《自由意志》

Roy Baumeister
罗伊·鲍迈斯特
心理学家，著有《意志力》

Paul Bloom
保罗·布卢姆
认知心理学家、发展心理学家，著有《善恶之源》

David Pizarro
大卫·皮萨罗
心理学家

Joshua Knobe
乔舒亚·诺布
心理学家

约翰·布罗克曼的介绍词：

随着革新的浪潮汹涌袭来，对物理系统的新认识、对思维的新思考让过去的假说显得拙陋不堪。生物学为科学研究心智现象提供的现实主义视角，以及进化生物学、物理学、信息科学、遗传学、神经生物学、心理学、工程学和材料化学领域里的新突破和发现，无不让“何为人类”这个问题历久弥新。我们现在既有方法，也有意愿对人性展开科学研究，这在人类史上尚属头一遭。

这一切的开端发生在 20 世纪 70 年代，当时还在哈佛大学念研究生的进化生物学家罗伯特·特里弗斯（Robert Trivers）发表了 5 篇论文，以科学的范式研究人性，奠定了这个新兴领域的基础。特里弗斯的论文在过去的 30 多年里“一石激起千层浪”，科学家们完成了上千个实验，得到了前所未有的珍贵数据，试图阐明人生而为谁，来去几何。理查德·道金斯、丹尼尔·丹尼特、史蒂芬·平克、爱德华·威尔逊以及许多其他科学家，都把这些对于人性的新知写进了自己的书里。

1975 年，作为特里弗斯在哈佛大学的同事，威尔逊预言，总有一天伦理学会摆脱哲学家们的桎梏，飞向进化学和生物学交叉的“新思潮”。威尔逊是对的。

埋头以自然科学的范式研究人性的科学家们，正在不断受到另一拨科学家的冲击。后者往往专注于人类的社会行为和文化背景，而时常罔顾我们作为生物的自然属性。

这个特点在道德心理学领域被展现得淋漓尽致。道德心理学的实验对象包括幼儿、精神病患者、黑猩猩，使用的研究手段涉及磁共振成像扫描、网络问卷调查、基于主体建模、最后通牒博弈，等等，这让道德心理学成了行为科学研究范式高度集中的地带。

那么我们有什么能够拿来说道的吗？我们是不是正在某些议题上达成共识？未来 5 年内我们最迫切需要解答的问题是什么？对于现在世界上各种道德沦丧和观念冲突引起或加剧的国际和国内危机，我们又能做些什么？如今似乎所有人都在研究道德伦理，他们达成的互补和共识比冲突矛盾要多。

按照罗伊·鲍迈斯特的观点，文化是人类的一种生物学博弈，所以用进化论的眼光看，那些能够与不断翻新的社交生活方式（也就是文化）与时俱进的人更容易在选择中受到青睐，而人性正是在这个缓慢的进化过程中得到了塑造。因此，对于鲍迈斯特而言，大脑研究的进程不仅不会被取代，反而能推动人类行为学研究。他所担心的是脑科学研究对于人际关系的广泛忽视会扭曲我们对人性的正确理解。道德本质上是一套成体系的规则，它是使结群生活的人保持相对和睦的纽带。就某种程度而言，各类文化通常推崇道德，抵制个体间的侵害；而当社会生活中出现避无可避的矛盾时，法律则成为解决冲突的基本手段。鲍迈斯特还对与道德紧密相关的罪恶、自制力、抉择和自由意志做过研究。根据耶鲁大学心理学家保罗·布卢姆的观点，道德是人类天生就有的特质，对于好坏的价值判断深深根植在我们的骨髓里。布卢姆的研究显示，襁褓中的婴儿和学步的幼童已然能够读懂他人行为中的善意与恶意了；他们展现出鼓励善意、惩戒恶意的倾向；他们会用实际行动帮助处于悲痛中的人；他们会有内疚、羞愧、骄傲和义愤填膺等情绪。

哈佛大学认知神经科学及哲学家乔舒亚·格林则认为，我们当前最严重的社会问题，如战争、恐怖主义、环境破坏等，究其背后的原因，是人们在不知情的情况下用旧石器时代的道德观来处理现代生活中的复杂问题。大脑欺骗了我们，让我们以为自己是站在道德真理的制高点上处理问题，而事实上往往事与愿违。道德优越感蒙蔽了我们的大脑，让它无法顾及一些我们天生不具有的道德价值观念。

弗吉尼亚大学心理学家乔纳森·海特的研究提示我们，道德是基于 5 种或者更多先天性基本“心理”成分的社会产物，包括伤害、恐惧、结群、权威和纯洁。受过高等教育的自由主义者倾向于考量前两项，而更保守、有宗教信仰或者社会地位更低的人往往会考量全部的 5 个方面。

正如神经学家萨姆·哈里斯所说，在解释释义、道德和价值观方面，科学的无能正是宗教信仰大行其道的原因。正是因为理性辩论和科学质询在释义和道德问题领域内的疲软无力，许多人才会寻求宗教教条主义和超自然学说的解释，进而催生教派争端。对于科学的质疑越强烈，科学和宗教之间的横断以及两者的背道而驰就越明显。

耶鲁大学实验哲学家乔舒亚·诺布的大量工作是研究人们在生活中过分进行道德评判的现象——对于许多不涉及道德的问题也进行直觉性的道德评判，例如对意图的揣测和因果的推断。经常有人说研究人们思考问题的方式的最佳手段是把它们当成客观的研究对象来对待，就像科学研究范式里的实验对象一样。而诺布的观点则有所不同，他认为人们看待世界的方式总是会受到道德评判的影响，道德偏倚无处不在。诺布最具争议，也最广为人知的是他提出的“诺布效应”，也叫“副作用效应”。

厌恶感被认为是一种在许多道德评价中有举足轻重作用的情绪。康奈尔大学的心理学家大卫·皮萨罗的研究表明，政治倾向与增加的厌恶感体验（用“厌恶敏感性量表”进行衡量，量表的作者为乔纳森·海特和他的同事）越来越密不可分。

乔纳森·海特[1]

作为第一个发言的人，我首先想要感谢 Edge 基金会把我们带到了如此美丽的地方，让我们聚在一起。我一直很期待与你们每个人进行一次谈话。

我前不久参加了一个主题为道德发展（moral development）研究的会议。会上，一个明显拥护科尔伯格理论[2]的道德心理学家站起来发言说：“道德心理学正在日渐凋敝。”我当时就想，嗯，也许你“家”里的日子是不太好过，不过这个“城”里的其他地方可是到处欣欣向荣。我们正身处一个黄金时代。

在这座“城”里，我自己住的区域叫社会心理学，随着许多新人不断入住，这个地方正在变得越来越有趣。我出门不需要走多远，就能找到认知神经科学家、灵长类动物学家、发展心理学家、实验哲学家，还有经济学家。我说了，我们正身处黄金时代，在这个时代里，爱德华·威尔逊[3]在 1975 年就高声疾呼的人种融合理论正成为现实。我们在见证的是一个知识大融合的时代。

如今，我们对于很多问题依旧众说纷纭，但是我认为在对不少观点的看法上我们已然达成共识。我们

[1] 乔纳森·海特：社会心理学家，任教于纽约大学，其著作《象与骑象人》《正义之心》中文简体字版已由湛庐文化策划、浙江人民出版社出版。——编者注

[2] 劳伦斯·科尔伯格（Lawrence Kohlberg）与他的道德发展阶段理论。——译者注

[3] 美国生物学家，社会生物学开创者，其重磅著作《半个地球》《人类存在的意义》《创造的本源》中文简体字版已由湛庐文化策划、浙江人民出版社出版。——编者注

都会认同道德研究必然涉及进化和文化。你需要了解黑猩猩、倭黑猩猩、人类婴儿以及精神病患者，并探讨这些对象之间的区别。你需要研究大脑和心智，并最终把这些综合到一起。

对于这次会议，我希望在场的所有人能够畅所欲言，求同存异。对于在网络上观看这场会议的观众，我希望他们能够被我们的热枕与乐观所感染，并且保持足够的理性。

我在费城念研究生的时候，在一家餐厅有过一段奇特的经历。那天我正在切斯纳特街上走，突然看到了一家名叫“真正的味道”（True Taste）的餐厅。我心想：“真正的味道到底是什么？”于是我走进了这家餐厅，找了一本菜单来看。那家店的菜单分为4个部分，每个部分的标签分别是“红糖”“蜂蜜”“糖浆”“糖精”。我实在是对那个菜单摸不着头脑，便走到一个侍者旁边问道：“这是怎么回事？你们这儿没有吃的吗？”

结果，我问的那个侍者正巧是饭店的老板，整个店里只有他一个工作人员。他跟我解释说，这是一家销售甜味剂的餐厅。全世界仅此一家，别无分店。我可以在他的店里品尝来自32个国家的各种甜味剂。他还告诉我，他的专业背景不是食品工业，在这之前也从来没有在任何餐厅工作过，但是他有生物学博士学位，曾经在费城的莫奈尔化学感官中心（Monell Chemical Senses Center）工作。

店主在自己的研究里发现，在人类感受味觉的所有5种味觉（甜、酸、咸、苦、鲜）感受器中，甜味的体验能够最强烈地激发多巴胺的分泌因此他认为，甜味才是“真正的味道”，是我们最渴求的味觉刺激。他反复思考，又反复推论，最后认为最高效的方式是开一家专注于刺激甜味感受器的餐厅，这样一来，顾客在这家餐厅里摄入单位卡路里的愉悦值就会最高。这就是他经营那家餐厅的动机。

我问他：“那么你生意怎么样？”他回答说：“一塌糊涂。但是至少我比在街尾开了一家咸味餐厅的那个化学家日子好过一些。”

好吧，现在我要说，这个故事当然是杜撰的，我只是想通过一个形象的比方来说明我近来阅读道德哲学和某些道德心理学论文时的感受。道德的内涵非常丰富且复杂，对它的探讨往往需要考虑多个层面，面对无数的矛盾冲突。但是许多论文的作者把它阉割成了单因素命题，落入了讨论社会福利最大化的俗套。这就相当于我故事里说的糖。还有些时候，也有人会探讨正义，以及相应的公正和权利。这就是我说的街尾那个化学家了。所以，按照这些论文的说法，我们手头能选的餐厅只有两个。你要么选功利主义的快餐店，要么当义务论餐厅里的食客，没有别的选择。

对于艰涩的话题，比如道德，我们总是会需要一些比喻和类比。几年前，马克·豪泽（Mark Hauser）以及约翰·米哈伊尔（John Mikhail）运用语言给道德作了一个类比。我认为这是一个非常恰当的比喻，它反映了许多道德的特点。我个人觉得，道德和语言的相似之处在于，在同样的行为产生后果时，行为的意图却可以是不同的。

不过，一旦把道德的定义进一步扩大，我发现用知觉来比拟道德会更有启发性，也更能说明问题。我不是说用语言比拟道德是错误或者有瑕疵的。我只是说，我们试试换一个比方，用知觉来比拟道德。

想象一下视觉、触觉和味觉，针对这 3 种感觉，我们的身体都专门配备了与之一一对应的感受器。所以在我们的视网膜上有 4 种不同的细胞，用来感受不同频率的光。在皮肤上，我们有 3 种感受器细胞，分别用于感觉温度、压强和组织损伤，也就是痛觉。而在舌头上，我们有上面提到的 5 种味觉感受器。

在以上 3 种感觉里，我觉得味觉是与道德最接近、内涵也最丰富的喻体。

首先，味觉和行为之间的关系非常简单明了。味道要么是好，要么是坏。好的味道，包括甜味和鲜味，还有程度适当的咸味，都会激发我们“还想再要”的感觉。它们仿佛在说：“这真不错啊。”与之相对，酸和苦仿佛在跟我们说：“咳，别过来，快走开。”

其次，味觉的比喻与人的道德直觉非常契合，我们总是不自觉地在日常生活中用味觉来形容道德感受。我们会把别人的某个行为形容为“乏味的”，或者“令人作呕的”。看见别人逾越了道德界限，我们的表情很多时候跟尝到难吃的东西如出一辙。

再次，每一种文化都有自己独到的烹调风味，有取悦味觉感受器的独特方式。味觉的比方抓住了道德的普适性。就好比道德思想也有自己的味觉感受器，但是口味的偏好又仰仗于不同的文化特色。每种文化都会就地取材，借鉴前人，以各自独到的方式让道德感受器兴奋。

最后，用味觉比拟道德由来已久。2 300 多年前，中国的孟子就已经说过：“故理义之悦我心，犹刍豢之悦我口。”大卫·休谟也很喜欢这句话，我之后还会回过头来讲。

所以，我在这场对话中的目标，是阐述道德心理学与味觉心理学之间的一些重要的相似性。我要重申，我并没有反对把道德比作语言，只是觉得用味觉来进行比喻也非常合适。从不同的视角来看待道德，也许可以得出一些不一样的结论。

有的人可能知道，我是道德基础理论（Moral Foundations Theory）的创立人之一。这个理论提出，道德评判起源于社会上的一小部分受众，他们是道德意识的味觉感受器。我会在讲话临近结束时再探讨这个理论。

在回到味觉感受器和道德基础的话题之前，我想先探讨两个重要的具有警示意义的例子。我要说的是发表在《行为与脑科学》（*Behavioral and Brain Sciences*）上的两篇论文，它们的发表得益于保罗·布卢姆作为编辑的慧眼。我认为这两篇论文意义非凡，它们的摘要值得被贴在国内所有心理学系教室的墙壁上，就像你去餐厅吃饭时，墙上贴的那种类似“食物梗塞急救指南”的东西。在美国的一些州，法律强制规定餐厅的墙上必须贴有这些指南。

第一篇论文的题目叫《世界上最怪异的人》（*The Weirdest People in the World*），作者是乔·亨里奇（Joe Henrich）、史蒂夫·海涅（Steve Heine）和阿

拉·洛伦萨扬（Ara Norenzayan），这篇文章首先被发表在电子公告板（BBS）上。这几位作者认为心理学是所有学科中最“美国”的领域，主流心理学期刊中被引用的论文有高达 70% 的比例出自美国人之手。而在化学领域，这个数字只有 37%。这个问题非常要命，因为心理学是一门和文化密切相关的科学，而化学则不是。

几位作者尝试搜集和整理所有他们能够接触到的、探讨工业化社会与小型社会人口之间对比的论文。他们通过对比发现，即使是在一些低水平的知觉处理和空间认知能力上，生活在工业化社会的人也显得有所不同。

随后，几位作者对比了西方和非西方的大型社会。不出所料，他们发现了两者之间存在的差异，尤其是在某些涉及道德心理的方面，比如个人主义倾向和自我认知。他们也对比了美国和除美国之外的西方社会。结果表明，相较于其他西方社会，美国人的思维方式是最讲求个人主义和理性分析的。最后，亨里奇等人选取了美国国内受过和没有受过高等教育的美国人进行对比。结果类似。

四组对比所指的方向是一致的，几位作者据此得出结论：“行为学家例行公事地发表人类心理学和行为学的论文，这些看似斐然的成果，所选样本里的人几乎全部来自西方社会（Western），他们往往受过良好的教育（Educated）、适应高度工业化（Industrialized）、物质条件富足（Rich）且拥护民主（Democratic）。”把它们的首字母相连，就是 WEIRD（怪异）。“我们的研究发现，生活在 WEIRD 社会里的人群恰恰最不具有代表性。总结起来就是，根据这些经验，我们不能在探讨人性的时候再这么吊儿郎当了，单薄的样本和独特的人性维度让人性的研究和数据充满了偏倚。”

我在读这篇论文时，试着概括它的内容，想要总结 WEIRD 社会人口十分独特的原因。我得到的答案是这样的：你越符合 WEIRD 的界定，你感知世界的方式就越趋向于从事物间相互独立的视角出发，而不是它们间的联系，而这种分析解构的思维习惯越重，你就越容易把关注点放在分类和规则上；相反，如果是你拥有整体思维，就更容易把关注点放在整体模式和周遭环境上。

现在让我来澄清一点，虽然这篇文章中提到了“WEIRD”因素在样本选取中产生的偏倚，但这并不是说WEIRD社会的道德观有任何问题。道德心理学研究的是入乡随俗的道德价值观，而不是迂腐死板的规定条例。就像我们有自己的WEIRD化学，这种化学由西方价值观（W）、高等教育（E）、工业化（I）、物质富足（R）和民主社会（D）催生，而且它是一种非常优秀的化学。生活在这个社会里的我们有理由相信这种共同的价值观。但是如果有一天，一个印度的阿育吠陀梵医前来参加我们的化学大会，然后说：“亲爱的女士们、先生们，你们忘记算上我们印度的化学了，不瞒你们说，我们的化学已经有5 000年历史了。”我觉得在场的化学家很可能要嘲笑他了。倘若他们没有尽力保持礼貌，就可能会说：“啊，对啊，也不瞒你说，我们从来没听说过你们那点儿化学。”

所以试想一下，如果有人跑到今天的会议上说：“不瞒你们说，你们的道德心理学里没有讲到我的道德观，也没讲到我的心理。”那我们能像那些化学家一样回答他吗？我们能把他赶下去然后说“啊，对啊，我们从来没听说过你那点儿道德观”吗？我觉得我们不能这样做。如果有一个福音派基督徒或者美国保守派因此而撰文批评这场会议该怎么办？单凭我们说“我们是真的没听说过”就能够开脱吗？我觉得很可能不行。

道德就像电影《黑客帝国》（*The Matrix*）里的矩阵母体。道德是一种集体无意识，当你阅读那篇关于WEIRD的论文时，就像电影里的尼奥服下了红色药片。你会发现，你一直活在一个矩阵母体里，然而类似的矩阵母体还有很多很多。

我们碰巧生活在一个非常看重理性和逻辑的母体内。那么问题来了，我们信仰的东西是正义的吗？如果理性的确是通往真理的康庄大道。那么现实就和我们开的那个化学的玩笑一样了。因为我们是更好的理性思考者，所以WEIRD强调个人权利和社会福利的道德观也就是正确的。我们有启蒙运动，是启蒙之子。除了我们之外的所有人都身处黑暗，他们无助地求诸宗教、超自然，盲目地恪守传统。只有我们的母体才是正确的母体。

我们现在来看看第二篇论文。论文的题目叫《人类为什么要推论？：关于好辩理论的争议》（*Why Do Humans Reason?—Arguments for an Argumentative Theory*），作者是雨果·默西埃（Hugo Mercier）和丹·斯佩贝尔（Dan Sperber）。他们对一个困扰认知心理学家和研究社会认知的科学家很久的谜题做了综述。这个谜题就是，为什么人类在某些情况下的推论能力惊人得差，而在另一些情况下却又展现了异常优秀的推论能力？

比如说，沃森四卡任务（Wason Four-Card Task）对很多人来说都很难，是因为里面有太多三段论吗？为什么有时候人们在收到提示之后，反而会在解决问题或者进行推论的时候表现得更差，甚至还不如没有收到任何提示的时候？

尤其是证实偏差（confirmation bias），这是危害最严重的认知偏倚，为什么它会如此根深蒂固？为什么人们不知不觉中就会习惯性地去寻找支持自己最初想法和信念的证据，为什么无法通过训练改变这种思维习惯？要避免证实偏差几乎是不可能的。至今没有任何办法，能够让人自发地、习惯性地进行辩证的批判性思考。

还有最后一点，为什么当自身利益和自我表现的机会受到威胁时，我们的推论能力会倾向于极度偏斜？在社交场合处于不利地位时，最明智的处理方式难道不应该是对情势做出准确的判断，然后才能更好地进行掌控吗？

根据默西埃和斯佩贝尔的理论，这些问题的答案是：推论能力存在的目的本来就不是让人看清形势。推论能力在进化中的意义是为了让我们在争论中占据上风，这也是我们把这个理论称为“推论能力的好辩理论”（Argumentative Theory of Reasoning）的原因。按照两人的说法，你同样可以在讲义里找到，“综述的证据显示，人类的推论能力不仅远远达不到帮助我们进行理性思考和理性决策的目的，而且在很多情况下，它甚至会造成与理性相悖的结果。推论能力有可能导致非常糟糕的结局，原因不在于人们不擅长推论，而是在于他们渴望用争论显示自身信念的坚定性和行为的合理性。这可以用来解释证实偏差、动机性推理和基于推论的决策，等等”。

写到这里，默西埃和斯佩贝尔继而又提出我们具有能够重新利用推论的能力。现在大家都坐在这里，我们在一起进行推论。我们可以动用我们的好辩推论能力，以达到赢得争论以外的目的。但是即便我们这样想，还是难以摆脱推论能力自带的深深的印记。即便我们力求客观公正，思维还是一直地把我们往倾向于自身想法的方向带。科学很好地展示了何为良性的社会互动，我们聚在一起，互相寻找他人推论中的瑕疵。我们也许不擅长自我纠错，但是别人往往很善于通过批评的方式发现我们推论里的不足。我们希望通过这种方式团结一心找到真理。

由于推论有时候仅仅是为了让我们能自圆其说，无法做到求真务实，因此科学家个人的推论常常陷入偏倚的深渊。从事道德心理学研究的我们对事物的对错斤斤计较，对事物的看法中挟带着浓重的个人色彩，这些都让道德心理学成了研究偏倚的重灾区，让我们变成了道德上的法外狂徒。我不记得有谁是这个领域真正的保守派。不过我的确认识一些道德心理学的同行，他们并不愿意标榜自己是这种“狂徒”。我记得，罗伊，是你对吧？

在认识的人里，我还知道菲利普·泰特洛克是那种不愿意标榜自己是“狂徒”的人，而你们属于自由派。在这个领域里，我从来没有听说过谁声称自己是保守派的。我们所在的领域有非常严重的偏见，这意味着在探讨这个领域内的某些问题时，我们没有挑战别人证实偏差所需的观点多样性。所以，罗伊，这门学科的前途就全指望你了。

如我前面所说的，道德就像《黑客帝国》里的矩阵母体，它是一种你情我愿的幻觉。如果我们只是和处于同一个矩阵母体内的人相处，那么毫无疑问，同仇敌忾的我们肯定能够找到这个母体内的成员都认同的结论，并且驳斥来自其他母体内的成员的价值观。

我认为默西埃和斯佩贝尔的论文是休谟主义观点的典型实例，它是休谟主义视角下的道德推论观。休谟有一段著名的话：“理性是且应当是激情的奴隶，除了服从激情和为激情服务之外，不能扮演其他角色。”1776 年去世的时候，休谟为我们留下了一系列基础坚实的理论，他和同时代的学者们称之为“道德科学”。

我今天演说的副标题是“用味觉比拟道德心理学：与休谟的接力”。我在文字材料的底部列出了一些与休谟有关的特征，这些特征为我们继续休谟学说的研究提供了参考。

休谟是启蒙思想的领袖。首先，他是一位自然主义者，这意味着他相信道德是自然世界的天然组成部分，所以研究道德就是研究人类本身，而不是通过埋头研读经文或者研究先验逻辑。道德心理学让我们走出去，道德科学亦如此。所以我把自然主义，或者说自然主义者放在了这个列表上，作为七条特征中的第一条。

其次，休谟是一位先天论者。他不曾和达尔文相识，所以不知道进化的概念。但如果他有机会，想必肯定会相当认同达尔文和他的进化论。休谟认为道德就像审美，两者“建立的基础完全是人这种特殊的物种”。

再次，休谟还是一位感伤主义者。他认为人类道德基础的最大威胁源于道德情操的多样性。你们可以在我挑选的另一段引述中看到休谟对于情感的强调。他说：“道德不是一种虚无缥缈的抽象事物，它是每个人情绪和思想品位的独特彰显，如同我们会感知和偏好甜与苦、冷与热。因此，道德观念不应当与思维放在一起看待，而更应当与味觉或者情绪归为一类。”

但是，休谟所说的“情操”在如今看来很容易引起歧义。按照休谟本人的说法，人们经常认为所谓“情操”就应该是理性推论的产物。所以我认为，对于今天的我们来说，恰当的词不是“情操”或者“情绪”，而应该是“直觉”，这个词听起来涵盖的内容更广，也更容易让人联想到认知。

道德直觉给人的感觉是迅速、自发而又毫不费力。20 世纪 90 年代，约翰·巴奇（John Bargh）等先锋学者在社会心理学领域掀起了一场自发性概念的革命。从那以后，我们对思维的理解从原先的情绪与认知的博弈，迅速向如今自发和受控的博弈转变。可见直觉显然是一种认知能力，而我认为对我们来说，道德心理学中主要的研究冲突是不同认知方式之间的矛盾，某些认知方式应和者甚众，而其他一些则寥寥无几，还有一些甚至无人问津。

休谟是一位多元论者，因为他在某种程度上是一名美德伦理学家。美德伦理学是哲学中区别于义务论和功利主义的另一个主要派系。美德可以说是一种社交技巧，是社会成员的一种性格特征，拥有这种特征的人往往能够过上安逸、令人欣羡的生活。偏远农村被人称道的美德和贸易往来频繁的城乡地区人们所认同的美德通常大相径庭，但有这样的差别才是合情合理的。美德是烦琐复杂的，美德伦理也同理。

倘若你认同美德伦理学，那么就要和寻找大一统原则的想法说再见了，你不会相信有哪个原则或者哪个要素可以作为所有道德栖身的根基。如此一来，就像我在材料上写的那样，你就变成了一个多元论者。同时，你也成了一名非简约主义者（nonparsimonist）。非简约主义者自然代表了简约性的反面，当然，简约性（parsimony）在科学中总是非常有价值的。但我的经验是，我们手里的“奥卡姆剃刀”[1]在不知不觉中已经变成了“奥卡姆电锯”。如今，如果能砍掉学说的一部分理论，但是它仍旧能够勉强站住，那么人们就会毫不犹豫地下手。在我看来，尤其是在道德心理学领域，如今最典型的丑恶嘴脸莫过于不择手段地试图把一切归因到一个单独的学说内。如果你内心向往美德伦理学，请尽量少地追捧简约性，至少要比现在的道德心理学家们少那么一些才是。

烦琐和复杂的美德伦理学不是一笔赔本买卖，它的回报是让你成为一名自然主义者。换句话说，你的

[1] 14世纪逻辑学家奥卡姆的威廉（William of Occam）提出“简单有效原理”，他认为“如无必要，勿增实体”。该学说因此被称为“奥卡姆剃刀”。——译者注

道德伦理观会与世界上各个角落的人性相当契合。我经常拿来形容人类心智的一个比方是骑大象的人。在这个比方里，骑手代表意识，代表受到主观控制的过程，比如推论；而大象代表的是大脑中其余 99% 的活动，也就是无意识和自发的过程。

美德伦理学探讨的是如何训练大象，它是关注培养习性的学说，这里说的习性包括行为习惯和知觉性情。我们以培养仁善的美德为例，成为仁善的人也就是要对他人的需求和愿望有敏锐的洞察力，喜人所喜，哀人所哀，然后再以真心诚意为他人提供恰当的帮助。

相比之下，功利主义和义务论关注的则完全不是大象。它们都是给大象骑手看的“乘骑指南”。指南上写着：“我来教你怎么样计算出最优解，你照做就行了。”哪怕冥冥中感觉这些计算是不对的，你也没有多少选择的余地。“你必须说实话，即便这样会伤害到朋友的感情。”这就是一些义务论者会有的论调。“在你自己的孩子身上少花一些时间和金钱，这样你就有更多的精力和财力去帮助其他国家的孩子们了。对于那里的孩子来说，你的帮助可以带去更多幸福。”虽然从美德和逻辑来看，这些说法能够站稳脚跟，但是这种论调的确让大多数人感到左右为难。多数人仍旧会对义务论和功利主义敬而远之。

那么为什么美德伦理学没有成为今天的主流观念呢？想想美德盛行的古希腊、古代中国还有整个欧洲中世纪，乃至大卫·休谟和本杰明·富兰克林生活的时代，为什么它的繁盛没能延续到今天？美德伦理学遭遇了什么？

如果我们现在是在写一部道德哲学发展史，那么我觉得下一章的标题就应该是“系统主义者的入侵”。你们中的多数人应该都知道孤独症在今天被视为一种有程度轻重，而不是非无即有的疾病。不仅如此，西蒙·巴伦–科恩还告诉我们如何用二维的维度来衡量孤独症。一个维度是系统分类能力，另一个维度则是移情能力。系统分类能力是对一个系统整体的多样性加以分析和区分，而后寻找若干潜在的规则对系统有效管理的能力。移情能力则是对他人的情绪和思想进行感知，并能够以恰当的情绪回应的能力。

当选取这两个维度之后，你就把平面划分成了 2×2 的方格，也就是 4 个象限。而孤独症和阿斯伯格综合征[1]则会在这个二维量度中被放入右下象限的右下角，这个位置代表非常高的系统分类能力和极其低下的移情能力。处于这个位置上的人，他们的行为举止通常非常怪异，表现出我们所说的孤独症患者和阿斯伯格综合征患者典型的心智盲（mind-blindness）特点。

[1] 阿斯伯格综合征：具有与自闭症类似的社交障碍，但是没有孤独症典型的语言和智力障碍。——译者注

西方哲学两大支柱性的伦理体系学说恰恰是由阿斯伯格综合征患者或者疑似患者们所创立的。功利主义的主要奠基人杰里米·边沁（Jeremy Bentham）就是一个非常典型的例子。《边沁研究》杂志（*Journal of Bentham Studies*）曾经发表过一篇题为《阿斯伯格综合征及杰里米·边沁的疯癫与天才》（*Asperger's Syndrome and the Eccentricity and Genius of Jeremy Bentham*）的文章，文章认为边沁与阿斯伯格综合征的诊断指标非常契合。

对于边沁的人格，我只在这里引用功利主义学说代表人物约翰·斯图尔特·密尔（John Stuart Mill）的一段话作为说明："在许多人性本应感到强烈共鸣的情境中，他从不感同身受。在许多人性本应暗淡受苦的时刻，他阉割了自己的悲伤。想象力的缺失让他无从用自己的心智理解和感受另一个灵魂的独特，无法感受别人的喜怒哀乐。"

康德算是一个不那么典型的例子。康德也是一个

非常孤僻的人，他热衷于固定的日程，害怕生活发生一丁点改变，对于自身之外的事物几乎没有半点兴趣。迈克尔·菲茨杰拉德（Michael Fitzgerald）是一名精神病学家，不仅为许多历史名人诊断出阿斯伯格综合征，还向世人展示了这种病症与怪才们所取得的惊人成就间的相关性。根据菲茨杰拉德的记述，康德也可以被诊断为阿斯伯格综合征。我个人觉得这个诊断还有待商榷，因为康德的社交能力还算过得去。所以我不会认定康德就是一个阿斯伯格综合征患者。康德的系统分类能力登峰造极，而移情能力显然有待提高，当然已经比移情能力是零的边沁要好太多了，我想这样说应该是没问题的。

言归正传，我承认自己的观点的确有那么一点点诉诸人身攻击的色彩。我不是说非同常人的精神状态会让他们的伦理学理论黯然失色，完全不是。对他人学术观点釜底抽薪式的人身攻击可不是什么高明的做法。我只是觉得我们是在认真地回顾历史，试图弄明白为什么哲学家、心理学家前进后继地犯着我所指出的那些错误。我认为这些学术先驱们的人格与此有千丝万缕的关系。

我认为真正的原因是在 18 世纪末至 19 世纪初，当西方社会中的 WEIRD 倾向越来越明显，当大众的思维开始向系统化和分析化偏斜的时候，我们先后有了两位极端系统分类主义的大家。在工业革命的开端，我们有了两种极端系统分类主义倾向的理论，这种类型的理论对研讨哲学的人格外适用，以至他们在随后的 200 多年里对其趋之若鹜。这一切，都是因为它们的功利性和实用性，不是吗？所谓的义务论探讨的不过是彻头彻尾的权益和利害而已。

大多数人在今天只能在狭隘的两种系统分类主义理论中站队，至于美德伦理学，它曾经因为摒弃神明的特质而在启蒙运动中被广为传诵。这本应该在这场伦理学学说碰撞中占有一席之地，但是美德伦理学悄然淡出了。我认为这与哲学家个人的人格特征逃不了干系。

眼看着哲学走上了这条极端系统分类主义的道路，加上康德等哲学家的助力，道德心理学终于也在20世纪步了哲学的后尘。我们理所当然地把WEIRD型的道德观当成了代表全人类的道德标杆。此外，我们也过于强调理性推论的作用了，好像只要有理性推论就可以揭示道德的本质，解决所有道德问题。

过去几年来，我一直在呼吁扩展我们对道德这个概念的认知范围。道德应该是建立在多方基础之上的，不只是糖和盐，不只是利害和公允与否，它的内涵应当再多一些。鉴于此，在格雷格·约瑟夫（Graig Joseph）、杰西·格雷厄姆（Jesse Graham）以及布莱恩·诺塞克（Brian Nosek）的帮助下，我提出了一个名为“道德基础理论”的学说，这个理论深受理查德·史威德（Richard Shweder）研究中的人类学洞见的影响。

在此，我简要总结一下该学说的主要论点。道德基础理论提出人类情志最重要的5对“味觉”感受器如下：关爱/伤害、公平/欺骗、忠诚/背叛、权威/颠覆、纯净/堕落。而道德感犹如味觉，由这5对基本的道德基础按照不同的方式调和产生。

也就是说，这是最适合作为道德情操基础的5对元素。我们的道德基础肯定不止这5对，实际上要比这多得多。人类在漫长的进化过程中发展起来的知觉能力、语言能力等，都是塑造道德观念的基础。但是我希望我们提出的理论是一个良好的开端，起到抛砖引玉的作用。这个理论所用的比喻与休谟对道德的比拟如出一辙，那就是味觉。

总而言之，我认为我们应当接过休谟手中的接力棒。相比于当年的休谟，我们在心理学、生物进化和神经科学等方面的新知多到数不胜数。如果休谟能够生活在今天，花上几年时间恶补文献，那他应当会认同我所说的：他是一名自然主义者，一名先天论者，一名直觉论者，一名多元主义论者和非简约主义者。

对于那些倾向于认同先天论的人而言，我想要简短地多说两句，因为我觉得这很重要。对于那些声称“进化是生物的先天能力”的先天论者，你们不妨多参考一些构成主义（constructivism）[1]的观点。只要和涌现论（emergentism）[2]相辅相成，我个人完全能够接受还原论（reductionism）[3]的观点。还原论者胜在能够深入寻求事物的本质，但是他们仍然需要从底层把这些本质重新装配到一起，回到制度和文化的高度。我的意思是需要考虑加入各种本土化的因素。文化心理学中有这样一句话："文化和心理是相互促进的。"如你所知，心理学家专攻心理。我们暂时还不知道操纵心智变化的齿轮到底是什么，但是的确有这些齿轮在转动，它们在不同的生态和经济条件下发生着适应性的转动。在我们之上，是高于本我的心理学层面；在我们之下，是低于本我的还原主义或者神经科学层面，我们需要同时关注两个层面与我们的联系。

现在，终于讲到最后一条了。我们必须非常小心偏倚。我相信道德大体上应当被看成一种群体现象，至少对于道德的起源而言是如此。就本质上来说，道德的作用在于把我们团结到一起，以对抗道德认知不同的其他群体。

就像我先前说的，几乎所有从事我们这一领域研究的人在某种程度上都是桀骜不驯的"法外狂徒"。我们很容易因为他人的道德观与自己的不同而造成曲解。如果换作是法庭上判案的法官，像我们这样的人就不得不被撤换了。但是我们作为学者不会这么做，在研究外来文化里的道德观时，我们必须非常谨慎，多换位思考、多换位，尽量以自洽的眼光审视外来文化所包含的信念和价值观。因为它们存在的意义与我们的文化类似，出发点都是为了让自己的社会更人性、更繁荣。

[1] 构成主义：也称结构主义，认为事物的本质来源于事物间相互的联系。——译者注

[2] 涌现论：认为一个具有涌现特征的系统能够通过原本特性间的互动产生不可消解的新特性。——译者注

[3] 还原论：认为复杂事物可以分解为单个特征加和的理论。——译者注

这就是我演讲的全部内容，也是我认为的道德科学在21世纪应该有的样子。当然，这次讲话的内容完全来自我的理性推论能力，而且我很清楚我的推论能力存在的唯一理由是为支撑自己的论点寻找依据。所以，我要提前感谢你们，感谢你们即将提出的、与我的观点相左的论据，感谢你们帮助我对抗自己的证实偏差。

乔舒亚·格林

首先，感谢Edge基金会让我们有机会在这次卓越的会议上相聚。乔纳森·海特刚刚给我们带来了一场激动人心的演讲，我想要顺势从他的讲话里挑选一个地方作为话题的开始。我挑选的点是乔纳森提到的“是”（is）和“应当”（ought），“是”代表了可描述的心理学，而“应当”则代表了约定俗成，两者都是对于我们以何种姿态生活的参考。

作为科学家，我们最基本的职责是描述这个世界原本的样子。但我不认为仅仅是描述就可以了。实际上，我认为我们之所以今天聚到这里，之所以为今天在此探讨的话题心潮澎湃，并不是因为新的道德心理学进展可以根治癌症。真正的原因是我们认为对于人性理解的推进很有可能改变我们看待事物的方式，进而在面对现实世界的问题和遭遇时能有不同的应对策略。如果所有人都仅仅停留于描述人类的思维方式，从来没有考虑过对其有所作为，从来没有想过用自己掌握的知识去战胜我们面临的困难，那么我想这算是白白浪费了我们自己所做的学问。我认为只有把科学知识应用于实践，解决实际的问题，才算是物尽其用。

秉承这一信念，我目前身兼哲学家和科学家两个角色。此外，我研究的关注点包含了道德心理学中的“是”（is）、科学中的“事实”（is）以及道德中的“应当”（ought）。我现在为大家打一个不同的比方，来类比道德心理学的整体面貌。

乔纳森给我们打了一个不同味觉感受器的比方，用不同的味觉感受指代不同的道德基础。我认为道德和味觉或者直觉之间的相似之处不仅仅在于它们多种多样。直觉和理性，或者其他受到意识控制的意识过程之间，存在着不可逾越的鸿沟。我想乔纳森会认同这个观点。

就叙述的角度而言，我认为乔纳森的观点完全没有问题。不仅如此，他和同行们还为我们打开了通往不曾想过的道德学领域的大门。

但是从世俗的角度来看，我想道德推论自有它的独特之处。虽然WEIRD型社会的确有些“怪异”，但也许它就是社会进步所必需的。当世界开始变得越来越WEIRD时，会不会是人们主动选择了边沁和康德，把他们奉为前行路上的明灯？随着世界向WEIRD改变，我认为对于生活在某个小圈子里的我们而言，在生活中寻求比以前更多的理性推论也是合情合理的改变。日常生活中面临的困境可能更多地涉及人类作为自然人时所不需要的心理学能力，在这方面，哲学家和科学家似乎一直走在这一领域的前沿，虽然面对和处理这些命题并不一定意味着带来进步。

好啦，来说我的比喻。和你们许多人一样，我也有一台相机。当然我不是摄影发烧友，我喜欢相机是因为它在生活中带给我便利。我的相机有一系列自动设定模式。比方说，如果你想要在室内的灯光条件下给距离相机1米远的一个人拍一张照片，只要调到人像模式，相机就可以自动把参数设定到合适的值。而如果你想要拍摄一座在室外的高山，只需要把相机调到风景模式。除此之外，还有专门捕捉动作的运动模式，专门用于拍摄夜景的夜间模式。相机的生产厂家早就根据不同的需求提前预设了应对大多数标准情况的参数，你只要有拍的想法，剩下的交给相机就可以了。

不过现在的相机除了傻瓜模式之外，还配备了手动模式。你可以把相机设置成手动模式，这样就可以自己调整光圈和其他各种各样的参数。如此一来，如果面对的情况不在相机生产商的预料之中，相机也一样可以满足你的拍摄需要。你可以借此完成一些别致的尝试，比如把拍摄的主体放到照片的边缘，或者让被拍摄的对象脱焦、曝光不足，这些都需要在手动模式下才能完成。很难有哪种自动模式的设置能够满足你的创作需要。

同时拥有自动模式和手动模式是一种非常好的策略，因为这种设计让你能够在追求效率和灵活性之间张弛有度。自动模式可以为你提供效率：只需要取景，然后按快门。而且在大多数情况下，自动模式的效果是可以让人满意的。相比之下手动模式就显得不那么高效了。你必须停下来亲自拨弄那些设置按钮，必须对自己手里的动作心中有数，也可能会在这个过程中犯错。但是原则上来说，你可以对相机为所欲为。手动模式的作用正是在于拓宽你摄影的位面。

总体而言，我认为人类大脑（不仅仅是在探讨道德问题时，在其他情况下也一样）的运行机制跟我上面所说的相机颇有相似之处。我们的大脑也有自动模式，正如乔纳森·海特打的比方，你可以把大脑想象成味觉感受器，当不同味道的事物刺激这些感受器时，它们会让你不自觉地说“哦，我喜欢这个味道”，或者“哦，这是什么鬼东西”。

只是自动模式不是唯一的模式。对于新出现的事物，我们也可以有意识地、主动并且灵活地进行思考。这就是大脑的手动模式。味觉感受器的比喻的确触到了几分道德现象的实质，但是我认为对味觉信息的主观解释和处理更为重要，这种主观的处理包括道德推论和对现象本质的抽象。道德可不仅仅是“看看这东西是甜是咸”那么简单。

我认为最关键的问题是：我们是选择依赖自己的直觉、本能和“味觉感受器”，还是有一些别的选择？现在，很多人可能要怀疑我们到底有没有“一些别的选择”了。我不会怀疑，我觉得我们有。

这里我想要举几个例子，以便你们更好地理解一种被我称为“双线”（dual-process）思维的思考方式。我称之为“双线”，因为这个过程中同时包含了自动和手动两种模式。

出于说明的需要，我将以极度简略的形式进行讲解。对于潜心耕耘于这个领域的利兹（Liz）和其他人来说，我必须先在这里致以歉意。大脑实际上也并不是界限清楚地被分为自动和手动两部分。在深入了解某个乡镇、城市或者国家之前，我们必须首先认识自己研究的大陆。因此，手动模式和自动模式就是我在这里所说的两块大陆。

按照这种分类，如果我们暂时撇开道德领域的问题，一个很好的例子是食欲和克制食欲，它们分别代表了大脑的自动和手动模式。说起吃的，我们都喜欢油腻腻、甜滋滋的美食。尽管如此，我也相信有不少人认为我们不应当摄入太多这种类型的食物。

巴巴·希弗（Baba Shiv）和亚历山大·弗多里钦（Alexander Fedurickhin）两人完成了一个非常简单而又精巧的实验。实验中，他们以记忆力检测的名义招募被试。他们要求有的人记忆一小串数字，而要求另一些人记住一串很长的数字。该实验的目的是研究被我们称为“认知负荷”的理论，记忆的数字越长，认知的负荷也就越重，大脑的手动模式就越忙碌。

被试完成数字记忆之后，实验人员就会说：“沿着走廊到另一个房间去吧，那里有为你准备的零食。”这些零食里有美味的巧克力蛋糕，也有水果沙拉。到这里研究人员都不会告诉被试实验的目的。“在走之前顺便挑一样零食吧。”实验的结果是，当被试承受较高水平的认知负荷，也就是大脑的手动模式忙得不可开交时，他们选择巧克力蛋糕的倾向就更明显，尤其是那些自称正在减肥或者观望自己体重的人，这与实验前研究人员的预测是一致的。

这个研究背后的猜想是，我们的自觉会怂恿我们说：“瞧啊！在那儿的是美味、油腻的甜食，不如上去吃吧！”随即，我们脑中的另一个部分会跳出来说：“好吧，尽管那个东西看起来很可口，但是为了长远考虑，你还是控制一下体重吧。”我们的脑中不断上演着这种手动模式对抗自动模式的拉锯战，这是我们能够实现某些相对长远的目标的保证。

我认为在道德心理学中也经常见到类似的情景。现在，我要跟大家探讨一个近来在道德心理学领域非常热门的命题，它是我们这个领域的“果蝇”[1]。这是抛弃泛泛而谈，垂直纵向深入一个命题的经典案例，但是我认为这个向

[1] 果蝇：生物学模式生物之一，许多研究成果，尤其是遗传学研究得益于以果蝇作为实验对象。此处为比喻。——译者注

井底探求的行为还具有启发性。我知道你们很多人对这个命题都很熟悉，但为了那些没有听说过的人，我还是打算再回顾一遍。这里所说的正是电车难题（Trolley Problem），哲学家们在过去的几十年间一直对这个问题争论不休，而在最近的 10 多年中，它已然成为道德心理学领域观点的试金石，这也是我称它为“果蝇”的原因。

那么，什么是电车难题？相关的版本众多，有一个是这么说的：现在你面对着一列开向 5 个人的电车，如果什么都不做，这 5 个人都会死。你面前有一个开关，只要按下它，电车就会改道到旁边的轨道上并撞死上面的另一个人。于是问题就出现了，能不能为了救那 5 个人而牺牲掉另一个人呢？对于这个问题，大约有 90% 的人都会说可以。

接下来，在另一个情境中，一列电车又向 5 个人驶去了。这次你站在位于列车和 5 个人之间的过街天桥上，而我们假设能够拯救这 5 个人唯一的方式是把一个大块头（你可以想象一个背着巨大背包的人）从桥上推下去，让他落在轨道上。他会被电车碾过去，然后作为阻止电车前进的路障，借此你就可以救下另外 5 个人了。面对这种情形，多数人给出的回答是他们觉得这样做不行。

当然，这个假想的例子里有很多不现实的成分。虽然它不可能涵盖道德心理学中所有的内容，但是的确能够引发一个有趣的思考：同样是用 1 条人命去换 5 条，即便假定推落的人真的可以阻止电车的前进，以此排除这个例子中逻辑上的顾虑，为什么人们还是会如此坚定地认为按下按钮让电车变道可以，而把面前的一个人推到轨道上却不行？

我和其他研究者几乎从每一个可能的角度审视过这个问题，如采用脑部成像检查遭受不同种类脑损伤的病人对这个问题的反应，从心理生理学的角度，采用各种不同的行为控制技术。

当然不是在场的每一个人都会这么认为，这些实验结果很好地支持了类似的“双线”思维理论。双线思维之一的感性思维方式会让你觉得，“不，不能把那个人从过街天桥上推下去”；而另一个作为大脑手动模式的思维则会告诉你：“嘿，你只要下得去手就可以救5条人命，你不觉得这样做更值得吗？”在类似过街天桥这样的困境中，两种思维方式总是在针锋相对。

那么我的说法有没有证据呢？我在上面说过，有很多来自不同角度的证据。在这里只向大家阐述我认为最有说服力的一条，相关的证据来自马克（Marc）所完成的工作，研究的结果目前已经由其他课题组完成重复。人类大脑中有与情绪相关的区域，如果你问一个这些区域受到创伤的病人（切说来，是大脑中一个被称为腹内侧前额叶皮质层［ventromedial prefrontal cortex］的区域受到创伤），他们会以比常人高4～5倍的概率说：“行啊，那就动手把那哥们儿从天桥上推下去吧。”

所以这种结果代表的意思好像是，如果没有那种让你觉得“不，不能这么做，这样做感觉不对”的感性思维，你的默认思维就是手动模式。在那种情境里你就很有可能会说：“好吧，5∶1，听起来挺划算的。”而这真的就是这些患者的反应。

因为时间有限，我打算在最后再顺带讲一讲这部分的内容。通常对于电车难题和与双线思维有关的实验研究我可以滔滔不绝讲上一个多小时，但是这里似乎不行。如果你想进一步了解，我很乐意在进行大讨论的时候，或者之后与你进行交流。

讲到这里，出现在我们眼前的是一个更宽泛的问题。当面对电车难题，或者其他现实生活中的两难道德困境时，我们应当相信哪一种心理机制呢？是应该依靠自动模式，还是手动模式？

我很喜欢相机的那个比方，因为它为这个问题提供了一个非常贴切的答案。我的答案既不是“自动模式好，手动模式差”，也不是“手动模式好，自动模式糟”。很多人可能期待我会给出这样的答案，而我认为它们各有所长。

自动模式适用于我们非常熟悉的场景。不过，我必须强调是那种受到良好历练的本能和直觉。这种经过“良好历练”的直觉可以让我们对相应的情境进行非常高效的拿捏，并迅速做出恰当的回应。自动模式所不擅长，或者说很有可能不适用的情境，是当我们需要处理某些前所未有的问题时，对于这些问题我们往往缺少必要的历练和准备。

那么我们的自动模式如何变得更智能呢？它们是如何学会在特定的情况下对眼前的状况迅速做出反应的呢？我认为有三种方式。

首先，我们平时所说的“本能”（instinct）实际上是一个同形多义词，它有着非常丰富的含义。本能最直接的是它的生物学含义，是与生俱来的。如果某种动物对它的捕食者有天生的恐惧，这就是我们所说的与生俱来的本能，是生物进化层面的学习结果。作为生物，人类也有这种天生的恐惧，因为没有的同类都在进化中被淘汰了。今天的你通过遗传间接地从祖先身上获得了他们学习的结果，这就是自动模式让你变得更智能化的其中一种途径。

其次，还有一种途径是通过文化熏陶。你们中有多少人曾经跟三 K 党或者纳粹党打过交道？我没看到任何人举手。但是我打赌如果给你们看一张纳粹十字记号或者尖尖的白色高帽的照片，很多人会立马产生厌恶的负面情绪。生物学本能肯定不知道什么是三 K 党。鉴于我们从来没有与这些组织接触过，厌恶的情绪反应也就与自己的亲身经历无关。事实上，这种反应来源于文化熏陶，文化能够以独立于个人经历的方式塑造你的本能和直觉。

最后一种方式正是个人经历，比如一个孩子学会了不去碰滚烫的火炉。与生俱来的生物学本能、文化熏陶和个人经历，这三者都是我们“历练”思维自动模式的手段，它们让自动模式变得更智能，更具有适应性。

好了，自动模式已经能够解决我们生活里的很多问题了，但它并不能解决所有的问题。我认为至少有两种情况，是我们的本能所无能为力的。

如今，我们在生活中面临的许多难题和道德困境都是现代技术进步的结果。举例来说，技术让我们坐在室内就可以轰炸远在世界另一头的敌人，也可以让我们向地球另一端的人伸出援手。现在的技术还可以让我们安全地终止妊娠。许多先辈无法想象的事情我们现在都能做到，而我们的文化还没有足够的时间对这些事进行试错和反思。有哪个民族的文化有足够的经验应对全球气候变暖？一个也没有。因为所有人都是第一次面对这个问题的小白鼠，而且就连我们自己都还没有看到结局。这就是本能所无能为力的一种情况。

另一种情况是跨文化交流。在我看来，心理学最初想要探讨的问题不过是如何与同一群体里的其他成员相处，以及如何应对外来群体，无论是友善的还是恶意的。如果从人类学的角度来看，现代社会非比寻常的特点之一是它把拥有众多道德直觉的人混在了一起，让他们的道德观念不断地相互摩擦和碰撞。

鉴于这两方面的原因，当今社会频繁的技术和文化互动给人类大脑的自动模式出了一个大难题，我认为这样的情形超出了自动模式所能驾驭的范围。这也恰恰是我们需要手动模式的原因。也正因为如此，谨言慎行、理性克制的道德观几乎从来不是人类历史上的主流。如果我们能够把从古到今出现过的、跟道德沾边的思维方式分门别类进行整理的话，那么无论是近现代还是历史上，乔纳森所说的那种道德理性大概只能占到1%。但是如果时间再往现代推移，我们需要面对的社会问题陡然增多，我认为道德理性也会因此更加重要。

现代社会的问题过于复杂，而我们非常盲目地试图用傻瓜式的道德思维方式应对它们，殊不知大脑的自动模式并不擅长解决这类问题。

那么，哪一些情况是我们的直觉善于处理的，又有哪些情况不是呢？首先，我们来回顾一下电车难题。不出意外的话，人们会说按下按钮是可以的，但是把人从过街天桥上推下去是不行的。他们为什么会这么说？他们回答的行和不行针对的到底是什么？

别的不说，人们回应中所考量的问题之一大概是这个：该不该以直接接触的方式伤害他人。在过街天桥的情境中问“你们说我该不该把这个人推下去”的时候，至少我碰到过一次，在场的大概有30%的人认为可以这么做。

即便是那次，认为不行的人也依旧占大多数。

但是如果我换一种方式问一群不同的人："假设过街天桥上装了一扇地板门，你可以用这个机关把那个人投到铁轨上，然后他会被电车碾过，通过这种方式你可以救铁轨上的 5 个人一命。"赞成的人数翻了一倍，几乎达到了 60%。这下真的勉强可以说，大部分的人认为把人推下天桥的方式可行了。其实，把人推下天桥的方式并不是唯一影响人们选择的因素，但它大概是影响最大的单个因素。我称这个因素为"介入度"（personal force），是亲手把人推下去，与用一种更机械化、更圆滑的手段把人推下去的主观感受上的区别。

讲到这种道德直觉，我们几乎没有意识到有这么一种本能在影响我们对问题的判断。但是如果回味一下，好好推断一番，你就会说："嗯……会不会这就是我觉得两种方式有区别的原因呢？这种说法是不是也有道理呢？"我想你们中可能有人会想："我可不想跟那种会把人从天桥上推下去的家伙有什么瓜葛。"这种想法倒也没有什么不对，但是请你考虑一下下面的情形。假设有个人从人行天桥上给你打了个电话，说："我这儿的情况是这样，我到底该不该推呢？"我想你绝对不可能说："好吧，要看情况而定，你是亲自把那人推下去呢，还是可以按那个按钮把他投到轨道上？"很难说介入度的高低能多大程度上彰显一个人的道德感，但它的确是我们感受道德的味蕾的敏感点所在，对吗？所以我认为我们的道德感要比单纯的味觉复杂精巧得多，它不仅仅是这种味道或那种味道那么回事。我给你们举几个现实世界中的例子，从中我们就会看到这种区别。大约 30 年前，彼得·辛格（Peter Singer）给整个哲学界抛出了在我看来最重要的一个道德难题。他把这个难题的矛盾戏剧化，从而得到了下面这组对比。

当你信步走过一个浅浅的池塘时，发现里面有一个小孩溺水了。你可以轻而易举地蹚水进入池塘，把那个小孩救出来，但是如果这么做，你穿在身上的那套意大利西装就肯定泡坏了（我在书里写到这段的时候，曾经说"这套西装价值 500 美元"。但是我的同事丹尼尔·吉尔伯特说："乔舒亚，这身西装可没那么便宜。”于是我把西装的价格改成了 2 000 美元）。好吧，现在你们来说说，我们该不该袖手旁观，让这个孩子淹死呢？绝大多数人一定会说，只有禽兽才会说出“我心疼我的阿玛尼西装，所以就让那个孩子淹死吧”这样的话。

好，我们来看下一个情境。在世界的另一头，有很多孩子急需食物和药品，只要捐献不到 2 000 美元的善款，你就很有可能救下一个孩子的命。而你说：“我想把这笔钱先存下来，但最近看上了一套阿玛尼的西装，所以我打算用这笔钱来买那套西装。”这种情况下，你选择了把这笔钱花在奢侈品上，而不是用来救另一个人的命。虽然你不是圣人，但我们也不能因此就说你是衣冠禽兽。

我认为这是一种情绪反应不足。从进化的角度来看，情绪反应不足自有它存在的道理。面对近在眼前的另一个人，他们的存在很容易拨动我们的心弦。但是另一方面，将心比心的移情对于远在非洲的人就显得鞭长莫及了。也许这就是我们认知机制上的一个局限，对于在面前身处险境的人我们感同身受，体会到当仁不让的责任感；而对于在世界另一头的人，这种感觉就没有那么强烈了。

另一个例子是我们对于环境的所作所为。如果我们真的为自己破坏环境的行为心存愧疚，如果我们真的为后人生活的世界着想，那我想我们现在处理环境问题的方式会有很大的不同。

还有一些时候，我们很可能会情绪反应过激，安乐死就是一个很好的例子。先声明，接下去提到的东西都是我个人的见解，而不是科学事实。按照美国医学会的规定，如果一个患者正在遭受极端的病痛和苦楚折磨，并且本人丧失了对继续生存下去的全部欲念，医生在这种情况下可以停用一切维生手段，允许患者终结生命。规定中允许医生终止或者撤回维持患者生命的所有措施，但是严禁对患者施加任何哪怕是患者自己要求的、可以加速死亡的外因。秉承这一理念，医生可以给患者注射一些药物，如吗啡，来缓解患者的痛苦，只要注射这些药物的初衷是为了让患者感觉舒服一些，那么即便过量注射一种药物毫无疑问会杀死患者也变得可以被接受了。

我个人认为这是一种神经质的道德感，而实际上很多国家的文化都认同这一点。仅仅因为医生给这些患者注射了会杀死他们的东西，我们就说这么做是“对生命神圣性”的亵渎。我认为这种情况是我们的情绪的过激反应。

那么，傻瓜式的道德衡量有没有改变的可能呢？我觉得是有的。这个话题如果展开来说需要更长时间，演讲只剩下几分钟了，我在这里只能稍作介绍，希望能抛砖引玉。无论如何，我认为道德哲学所做的一切，还有我们作为芸芸哲学家试图以小见大的目的，都是锤炼思维的手动模式，我们用自己的理性推论，使我们的自动设置合理化和正当化。

我认为，这正是“权利”概念起源的初衷。我们所探讨的权利，“如胎儿的生存权利”“女性选择自己生活的权利”，伊朗声明其不会放弃的核权利，以及以色列坚称的保卫自己领土的权利，都是思维的自动模式在意识和手动模式层面上的体现。因为它们没有坚实的事实作为基础。当然，这样的观点显然会招致很多非议。

我认为康德主义的传统（康德主义认同权利至上）实际上就是手动模式思维的代表。康德主义极其辩证。但是正如乔纳森·海特所称的那样，它辩证的目的是对直觉进行理性推断和论证。当然，乔纳森所指的对象更宽泛，他所说的康德主义涉及所有关于道德的探讨和整个道德哲学。

我们并没有走向穷途末路，我相信会有远如杰里米·边沁，近如彼得·辛格这样的人为我们指明前进的道路。边沁是个怪才，从很多地方都可以看出他是情感上的聋子、社交生活上的哑巴，但是成大事者终究不拘小节。

这里我要用物理学来打个比方。如果想要进一个超市逛逛，那么你根本不需要找爱因斯坦来指路。你天生的那点对于物理学的直觉就足够让你在超市里快活了。但是如果要向月球发射一枚火箭，那最好还是收起你的直觉，坐下来好好用用那让人头疼的数学吧。

我认为边沁所做的，就是在为现代道德学解一道复杂的数学问题。他既带着天性里的偏见，也在用对现代社会非常重要的思维模式在思考："这个情境里什么才是真正重要的？我们要辩证看待的究竟是什么？撇开道德的味蕾，无论这些味蕾是否在这个情境里被激活，当我们明白事情的本质之后，它们对我们到底意味着什么？"

很抱歉把这么模棱两可的话题留给了你们，但是我的时间快到了，这个话题实在是过于宏大和复杂。不过我觉得那个复杂的手动模式思维不应当因为它的怪异而被低估和忽视。因为这个世界只有一小部分是乔·亨里奇和乔纳森·海特所说的 WEIRD。但是整个世界在变得越来越 WEIRD。

我们面对的是越来越多品位各异的文化互动和碰撞，不同文化背景下的人有非常不同的直觉反应。因为现代技术的进步，我们需要面对前所未有的问题，而直觉性道德感对此束手无策。我经常说的一句话是，如果我们的天性能够让我们对这些问题应对自如，那真的可以称得上是一个意识活动上的奇迹了。

我一直青睐这种说法的原因是，不管你自以为的评价"好"和"不好"的标准是什么，如果能把这些后天习得的标准整合到你天生的道德味蕾上，同样可以称得上是奇迹。因为这些体尝道德的味蕾，无论你认为它们"应当"知道什么，它们都不会知道。它们是思维的傻瓜模式，才不在乎你在进化、文化背景或者个人经历里学到的东西。

作为结束语，我想说我们不应当过分依赖道德上的品位。我知道日常生活中有一块大陆，在上面的我们只需要约定俗成的道德规范就可以生活。但如果我们要举步向前，探索新世界，规范和理性会变得越来越重要。我们需要理解事实的本质，需要重视道德本身。未来世界的道德可能外形怪异、超然于世，充满反直觉、反天性的思维，不会受到某一种人的特别追捧，但它肯定适用于最广的人群，可以造福于绝大多数的人。

萨姆·哈里斯[1]

今天要在这里讲的内容，有一部分已经在我之前的演讲和一些对话专栏里探讨过了。但是如果我接下来的讲话没有你们期望的那么直接明了，那就请怪之前的那些谈话吧，或者也可以怪我正在遭受的时差。

我想先和大家一起区分三个很容易混淆的议题，它们非常相似，但实际上不尽相同，而且每个都值得花时间和心思进行探讨。第一个议题是探讨人们出于"道德"名义的行为。放眼世界，我们可以看到形形色色的行为、规则和文艺作品，以及带有鲜明道德色彩的情感，例如移情和嫌恶。然后我们去研究凡此种种如何在人类集群生活的地区运作，既研究当下，也研究过往。我们的期望是以尽可能客观的眼光看待这些，并寻求理解它们的本质的方法。理解的角度多种多样，可以从进化的角度，也可以从新近兴起的心理学和神经科学的角度。随后，我们把研究的数据和整个研究的过程命名为"道德科学"。我从乔纳森·海特那儿听到的就是这种纯描述性的科学。

对于绝大多数的科学家而言，这第一个议题已然道尽了科学和道德两个词的全部内涵，道德科学就是研究如何评判善良与邪恶、正确与错误的科学。然而我认为还有两个值得关注的议题，它们的重要性不比描述性的道德科学低，只是并不是所有人都这么认为。

第二个议题是我们应当以何种方式去更清楚地理解"道德"的概念，它与人类的完满有什么样的关联，以及如何利用它作为新的考量原则，最大化人类社会的福祉。当然，哲学家会认为这个议题会涉及许多其

[1] 萨姆·哈里斯：神经科学家，其著作《自由意志》中文简体字版已由湛庐文化策划、浙江人民出版社出版。——编者注

他重要的问题，我一会儿再展开探讨。无论如何，我都认为这个议题有它的独特之处，因为它不是纯描述性的问题，而是一个有关规范和标准的议题。这个议题需要解决的主要问题，是我们如何在科学的范畴内思量道德真相。

第三个议题旨在探讨如何说服那些冥顽不灵、自取灭亡的人。我们应当如何用"道德"的名义说服他们转变思想，改变生活的目标，过上更好的生活呢？我认为在当下面对社会人伦时，这个议题显得尤为重要。它几乎囊括了我们关心的所有事情，从阻止气候变暖到防止核扩散，乃至癌症治疗和拯救鲸鱼。任何需要我们优先关注的问题以及需要大量时间和资源投入的事务都会落入这个议题的范畴里。打造一个全球性的人类社会，需要我们聚焦于同一个经济、政治和环境的长远目标。

显然，道德游说是非常困难的。但是让这个情况变得更困难的是我们无法在评判一个人对错的标准上达成统一，无法在评价个人价值观的时候达成一致。

我们在探讨第二个议题时往往会遇到阻力，主要来自社会上思想最正统、接受过良好教育而又心地善良的人，比如大多数的科学家和社会公知以及记者。过去 200 多年的人类智慧的发展，让这些人相信"道德真相"是一种无稽之谈。这并不是因为人类的经历难以琢磨和研究，或者人类大脑过于复杂，而是因为他们认为在评判善良和邪恶的问题上，没有哪种基于人类智慧的根据可以保证一个人的判断永远正确或者错误。

这种认知正在科学界和哲学界大行其道，拥有广阔的市场，我的目标正是颠覆这种说法。我认为这种认知建立在一系列谬误和双重标准之上，甚至还包含了一些糟糕的哲学思想。我想在这儿探讨的第一件事，是它所带来的不良后果。

1947 年，彼时的联合国正准备发表一份关于人权的普适声明，但美国人类学学会跳出来反对，不同意发表这份声明。学会的观点是，这样的声明无异于将一个地方的人权标准，强加给世界上所有的人。任何人权标准都是各个地方文化的天然产物，而发表普适人权声明的做法是一件有辱情智的非法勾当。当奥斯维辛集中营上空黑乎乎的尸烟还没有散尽时，反对这份声明成了美国社会科学界学者所能做的最公正无私的事。

我们需要关于是非对错的普适标准。道德真相的怀疑论者不仅否认了道德评判的唯一正确性，还带来了我们应当警醒的不良后果。

定义很重要。在科学研究里，我们总是在忙着精修自己的言辞谈吐并对事物做出定义。但是做科学研究不同于选择认识论上的相对主义，或者抹除事实真相，自欺欺人。笼统地来说，我们把“物理学”定义为理解宇宙物质和能量运动的最有效手段，这门学科的诞生是出于人们对物质运动规律认知的需要。

当然，所有人都可以用其他说法自由定义“物理学”这个概念。一个神灵主义的物理学家会走进这个房间说：“我可不认为物理学是那样定义的。我研究物理学是为了用它来论证《创世记》里的内容。”但我们有权回击他：“如果这样的话，你出席这场会议真是来错地方了。这儿的人对你定义的那种‘物理学’一点儿兴趣也没有。你这个词的用法跟我们都不一样，你没有按照我们说话的规则用这个词。”这种排他的做法显得既合理又必要。虽然物理学的定义不足以让这个人闭嘴，我们关于物理学的会议也不会欢迎这样的人，但是这两点都不会对物理学领域的真相有一丝一毫的影响。

但是，就道德学而言，似乎只要有意见无法统一的可能性，只要有人跳出来声称他的道德观念和原则与人类的繁荣昌盛毫无瓜葛，比如他的道德信念是为了符合伊斯兰教的纲常。这种对不同立场来者不拒式的包容性，在一定程度上印证了这个世界上没有所谓的道德真相。因此，道德只是人类的发明。道德领域对不同道德价值观念和立场的广泛包容性使这个学科面临极大的困难。但我认为这样的认知是一种谬误。

人类有与生俱来的物理学直觉，但是在理解宇宙间物质和能量运行的规律时，很多物理学直觉都是错误的。我们同样有与生俱来的道德直觉，但是当我们试图最大化人类社会的福祉时，其根本目的还是保证个人身心的完满。

我认为评判所谓道德纲常是否恰当合理的标准是它能否保证个人身心的完满。我会对此进行论证和辩护，因为我们对于道德的理解存在一系列谬误和双重标准，而人们还普遍没有意识到这些谬误和偏见的存在。我不知道是否有足够的时间探讨这里提到的所有问题，但是我肯定会谈到其中的一些。

至此，我已经向大家提到了两样东西：意识和完满。我认为意识是唯一能够让我们探讨道德和人性价值的范畴。有人可能要问，凭什么我要选择从意识开始探讨？那不然呢？想象一下，如果现在有人跟你说，他有一种不同的价值评判体系，这种体系与意识没有任何直接或者间接的关联，那么无论这种价值评价体系是什么，它都不会影响任何人的经历和体验。

如果你把这种假想的价值体系放进一个盒子里，按照它不会影响任何人的经历和体验的定义，我认为你放进去的都是这个宇宙中最无趣的东西。任何其他价值体系都会多多少少影响意识的活动和体验，所以我把意识作为演讲的开头并不是随性的巧合。当试图探讨一件事的对与错、善与恶，以及结果的影响时，我们探讨的不仅仅是它所引起的意识体验。

我还想进一步探讨“完满”的概念，这个概念是我们关注道德领域问题的原因。要定义完满可不是一件容易的事，这个定义既要足够开放，又要把所有我们上心的东西囊括在内。正因为如此，我从不把自己称作“结果论者”或者“功利主义者”。通常说来，这两种人在思考问题的时候会以事物的结果作为全部的衡量标准，而忽略其他因素的影响。

回想一下电车难题：如果把别人推落到铁轨上和用一个机关把别人抛到铁轨上的确有差异，这种区别很有可能是对行动者造成的情感上的差别，那么，这样的区别就一定要纳入考量。彼得·辛格的池塘问题看起来要明显一些。我们都知道一个看见孩子溺水却因为怜惜自己的西装而没有任何作为的人，与那些响应和支持联合国儿童基金会的人之间是有天壤之别的。如果一个人可以视而不见地从辛格假想的那个池塘边坦然走开，那么这个人的确异于常人。而假设我们都是这样的人，那么我们的生活可能就只剩下满目疮痍了。因此，在我看来，真正的挑战在于弄清人们的行为与结果之间的联系，弄清在人类的体验和经历中哪些地方是可以改变的，以及哪种改变的影响最大。

为了构建一个普适的道德伦理框架，我想到了被我称为“道德地貌”（moral landscape）的概念。也许像我这样胡乱拼凑两个已有词汇，以便表达自己观念的人会遭到天谴，但是“道德地貌”这个词的确形象地概括了我一直以来想要表述的东西。我想象有一片崇山峻岭，那里河谷交错，每座高耸的山峰都代表一种意识体系带来的欢愉兴盛，而每道山谷则代表着一种深切的苦楚。

以人类为例，所有能够使人类意识发生变化的影响都相当于这片假想的山地河谷。也就是说，从人类基因组的自然变化，到经济系统的社会变化，所有介于这两者之间的改变都会影响人类的完满，只是有的有益，而有的则有害。

道德地貌有许多意想不到的有趣之处。显然，一片山谷里肯定会有许多不同的山峰。对于一个特定的人类聚落来说，寻求人群福祉最大化的方式是可行的。比如假定一群人认同彼得·辛格的道德观，那他们就会通过某种方式把自己锤炼得铁面无私、六亲不认，以完全平等、没有偏颇的眼光看待自己的亲生骨肉和别人的孩子；而另一座山峰代表的人群可能护子心切，但是也乐于在有限的范围内以完善社会体系的方式弥补这种自私的护雏行为，用我们现在的话说，就是彰显社会公正。利己主义和利他主义总是在不断博弈，或许有成百上千种方式和标准来寻找两者之间的平衡点，而每一个获得公认的平衡点就相当于道德地貌上的一座山峰。

尖耸的山峰之外才是道德地貌上占大多数的地形。而要从我们身处的山峰抵达距离最近的另一座山峰，并没有想象中的那么容易。这种困难的原因在于意识活动作为自然现象的一种，必须遵从宇宙运行的规则。我们的意识活动起源于自然法则，是大脑在与纷繁的世界进行交互时所产生的特定状态。

因此，对于某时某刻如何最大化人类福祉这个问题，存在一个或对或错的回答。

如果我们把地球上生活的人类数量设定为两个，这种情景就会变得非常简单易懂了。我们把这两个假想的人类分别命名为亚当和夏娃。现在问问你自己，对于亚当和夏娃如何最大化两人共同的完满和福祉而言，给出的回答是不是有正确与错误之分？显然是有的。错误答案之一：他们应当抄起大石头打烂对方的脸。谁都看得出来，这不是出于对两人福祉考虑的最好方式。

当然，除了相互袭击之外，他们还有相对缓和的零和博弈[1]作为选择。正如你所想，亚当和夏娃可能患有某种精神障碍才会这么不愿意合作。但是不管怎样，我们都能清楚地看出，针对两人的处境，他们最佳的选择并非零和博弈。他们只有寻求某种形式的互惠合作，才能确保两人生活的完满，给双方带来更深远、更持久的满足感。对于这段探讨，通常人们心存疑虑的地方，与义务论和罗尔斯主义者们总是怀疑的社会公正一样，都可以归纳到这样一个问题中：亚当和夏娃到底要通过怎样的方式才能找到那座让人类兴盛的高峰，这样的高峰到底是世界之巅，还是随处可见？即便这样的山峰数量众多、在地位上不相上下，而在代表的观念上又相互抵触，道德难题答案的是非对错依旧不会因此而打折扣。

有一样东西我们不能混淆，那就是具体方案和理论论证之间的区别。不需要我多说，我们都明白要把亚当和夏娃所有可能的经历罗列出来会有多么繁复和

[1] 零和博弈：指一方受益必定带来另一方损失的博弈方式，属于非合作博弈。——译者注

困难。而更难以想象的是，如果我们再给两人构成的体系中加入67亿其他人，对这样一个天文数字般的系统进行具体分析，难度不言而喻。

如果你想参考和类比，那就想一想经济学。如今经济学已经跻身科学的行列了吗？从过去几年的情形来看，显然没有。也许我们眼前见证的正是经济学的巅峰岁月，也许以后它不会再发展得更好了。但是无论如何，在未来我们还是很有可能每过10多年就会被突如其来的经济危机吓得瞠目结舌，然后只能悻悻地承认自己被经济学里盘根错节的复杂情况弄昏了头。对于生产实践中的某些具体问题，经济学的疲软无力或者束手无策并不能说明这些难题在经济学理论上的无解。

经济学的复杂和难以捉摸从来不会让我们束手就擒，也不会让我们对一个国家设计和制定的经济政策的好坏不置可否，或者失去积极应对经济危机的动力。没有人会说那些对其他国家出台的救市政策指指点点的人是偏执狂。想象一下，如果这个世界上头脑最灵光的人说，每个人都应该对经济政策发表自己的看法，政府出台的所有应对经济危机的政策我们都应该照单全收，这种情景将会多么可怕。

而我们这些舞文弄墨的人今天聚在这里探讨人类生活中最重要的问题之一，我们的处境与此类似。我相信你们中的很多人都被哲学家和科学家的工作所吸引，当你们亲临现场，听他们介绍什么是布尔卡（burka）[1]、什么又是女性割礼等在我们看来略显野蛮的传统时，你们会知道这些人类传统和行为会带来无

[1] 布尔卡：某些伊斯兰国家女子用以遮挡全身的传统服饰。——译者注

尽的痛苦。但是我们选择用“科学是价值中立的”作为借口来敷衍和说服自己，对于那些不会带来痛苦、不影响建设自己社会的外来信仰和传统习俗，我们选择了不对它们进行价值取向的评价。

事实是，科学并不是价值中立的。优秀的科学根植于我们对证据的价值评估、前后逻辑的一致性、艰苦朴素的品质和其他理智德行。如果不珍视这些，你也就无权踏入科学研究的殿堂。我的意思并不是说我们不应该对那些不在乎人类福祉的人有所警惕，哪怕只是那些声称自己不在乎的人。我们不能听任那种走到桌边然后说：“你知道吗，我们想要在足球比赛半场休息的空当公开砍下一个通奸者的手，因为那本创始者写的书里教导我们要这么做。”作为回应，我们可以说：“好吧，你好像真的是对这个世界一无所知。你所说的‘物理学’根本不是物理学，而你口口声声说的‘道德’也根本就不是道德。”如果从理智的角度来说，物理学和道德认知颇有几分相似。它们都是宇宙运行规律与人类交互联动的产物，都是事实的反映和体现。就道德而言，我们谈话的下一步应当要涉及意识生物体验的改变。对我而言，我认为参考“物理学”是研究物质与能量运行规律的定义，“道德”又何尝不是？只是现在许多参与道德科学研究的同行们还没有意识到这一点。

罗伊·鲍迈斯特

刚才约翰让分享一些自己在人生求索中的经历，或者曾经遭遇的困难。我也不确定该和大家分享一些什么。实话实说吧，其实我是被一对狼养大的，我和同龄人相比错过了太多，可想而知这样的童年生活也愉快不到哪儿去。我在和狼一起生活的过程中学到了很多东西，但当我进入青春期之后就不想再和狼共同生活，因为无法从它们身上获得更多有用的东西。

从那时候开始，我就在试图弄明白身边的一切，唯恐再错过什么东西或者机会。我希望明白人活着是为了什么，而心理学成了指路的明灯。心理学试图理解的是不同的部分如何协同运作。为此，研习心理学的人需要把自己变成某种通才，因为你必须明白和理解每一个部分。而到了今天，为了成为一名通才，你必须要学得非常快，因为时间太少而需要知道的东西实在太多。

我从一个领域跨越到另一个领域，想要掂掂不同事物的分量。我从中学到的一点是对于正确答案的偏执往往会拖你的后腿，它是你前进路上的绊脚石。有太多的话题会让人们觉得在意，并且勾起强烈的表态欲望。我不喜欢站队，也不希望自己拥有太过鲜明的政治立场。

在跨越不同领域的时候，我注意到一些总是反反复复出现的规律和模式，其中之一是我与日俱增的对还原论的怀疑。从长远来看，还原论似乎总是被证明是错误的。我们试图凭借行为主义学派和弗洛伊德的精神分析学派解释人类的心理现象。它们的确解释了一些，我们也从中受益良多。但它们无法解释所有的东西，至少眼下还远远不能。

某种程度上来说，我们现在已经把视角转向了大脑和进化，许多人认为凭借这两样我们就可以解释所有的东西了。好吧，我们肯定可以通过对两者的研究学到很多，而且已经收获颇丰了。但是我们必须承认人类和动物之间的相似性以及差异性，这样能将两者结合到一起来审视。

除了还原论，动机的重要性往往会被意识和能力所掩盖。对于个体的过分关注，让我们忽略和低估了个体之间的互动，而事实上互动的重要性很可能远远超过我们的预期。

为了理解人性，当然也是为了理解道德，天性和文明对人的影响理应在一定程度上综合来看，而我采用了一个略有不同的方式将两者放在一起审视。天性和文明并不是一个在左，一个在右，朝着相反的方向撕扯着我们。相反，天性造就了我们，而我们创造了文明。我相信人类独特的心理学和进化层面的特点，都是为了让我们能够更好地适应并过上前所未有的、更好的社会生活，这就是文明的作用。

文明是人类的一种生物学手段。它通过信息共享、劳力分摊、责任分配和其他方式联系社会中的每个个体，这是一种全新的、更好的联结我们的手段，而且它的确行之有效。文明是我们应对生存和繁衍问题的主要方式，其效果有目共睹。人性的独特之处也在人类社交生活中得以体现。

那么，说了这么多，和道德又有什么关系呢？对，正如我早先在讨论中对麦金太尔（McIntyre）的引述，道德的本意并不是救赎个人或者促进个体完满，相反，它只是一系列帮助许多人生活在一起的规则。由于文明诞生于人与人之间的互动合作，如需要信任、共识等，因此道德的作用在于维持文明的运作。

天性和文明在一定程度上是相辅相成的，但是两者之间的冲突矛盾依旧存在。从根本上说，天性赋予了我们自私的特性。大脑是自私的，或许我们应当说基因是自私的。但是无论怎么说，人的天性中都带有自私，而文明则要求人们尽量克服天性里的这种特点，因为你不得不与他人进行合作，收起自己短见、自私的冲动，从更长远、利己的角度进行考虑。为了让社会文明正常运转，你需要信守自己的承诺，遵守先来后到的规则，依法纳税，甚至把自己的孩子送上战场，让他们九死一生。这些做法是违背天性的，但这些往往又是道德所推崇的，它让人们克制自己天性中自私的冲动，让一切都向着维护社会体系正常运转的方向发展。从长远来看，这可以让每一个社会个体受益。

道德就是这样，当然法律也一样。我们还没有详细地探讨过法律，但在调控人类的行为方面，法律和道德有许多异曲同工之处。它们都会事先制定许多类似的规则，以便引导利己主义为整个社会系统服务，保证社会能够高效地运行。但法律和道德之间有一个关键而巨大的区别，那就是两者的强制力度不同。人们在生活中遵从道德规范的原因是他们顾虑自己的名声，而个人声誉建立在长远的社交关系的基础上。如果你欺骗了住在自家隔壁的邻居，那么他们在此生余下的时光里都会记得这件事，其他人也会有所耳闻，这会严重损害你的长远利益，最终吞下恶果的还是自己。

随着社会的发展和壮大，社会结构变得更加复杂，陌生人之间的互动也变得越来越频繁，你很容易就可以欺骗一个可能再也不会碰面的陌生人，然后逍遥法外，这时候法律就不得不登上台面接替道德的角色。无论如何，我们在研究道德时不能忽略人际互动这个角度。探讨道德需要考量人与人之间的关系。道德能够调控人际行为，以促进人与人之间的合作和社会的正常运转。

现在，我们来看看哪些人类的特点能够帮助自己克服自私的冲动，从而为集体和整个社会着想。在这所有的特点中，我觉得最重要的莫过于自律（self-regulation）。我觉得今天被邀请到这儿演讲的部分原因是自己曾经研究过自律和自制（self-control）。自律的实质是摈弃一个念头转而将精力放在做另一件事上，通常后者是更符合需要的事，不管是为自己的长远利益抑或是为集体的福祉考虑。

这也是为什么我们会把自制称作道德的肌肉。我在这里要把这个词拆开来，逐个进行探讨。首先是道德。自制是道德的，因为它的目的是让你做那些道德的事，有些时候甚至需要你舍己为人。所以如果你想罗列一下与道德情操有关的名词，不管是七宗罪、十诫还是各式各样的优秀品德，它们都逃不出自制力的范畴。你完全可以把自制力看作这些东西的中心，它的溃败才导致了七宗罪里的暴食、暴怒、贪婪等恶行。它们都是人类自制力不足的结果。因此，各种美德也可以被认为是自制成功的典范。这就是"道德的肌肉"中自制与"道德"相关的部分。自制力是优良德行的保证，而美德可以造福一个集体，即便有时候这需要我们牺牲短期的个人利益。

而"肌肉"这个比喻部分来源于我们的实验研究，与上面所说的德行层面没有任何关系。我们在实验室中发现，自制力并不能无限输出，它也有消耗殆尽的时候。就像是肌肉，自制力也会疲劳。我们在不止一个实验中发现，当人们参与某项需要自制力才能完成的任务，随后马上进入要求不同的另一项测试时，他们的表现往往会更糟糕。他们的自制力就像肌肉一样，在使用之后出现了疲劳。自制力是一种有限的、会被耗尽的能力。

肌肉的比喻还有其他贴切的地方。如果你每天都锻炼自制力，它就会变得越发强大。我不希望听到人们说，那好，既然自制力是一种有上限的能力，那我永远不想在任何地方挥霍和浪费它。不不不，正好相反，你需要经常使用自制力，日常的锻炼才能让它变得更强大，更好地应对眼前的难题。

人们过度使用某块肌肉而引起肌肉疲劳，或者换句话说，自制力被消耗殆尽，我们称这种情况为自我损耗（ego depletion），在这种情况下，因为没有了自制力的保驾护航，人们的行为就开始偏离道德的轨道。我们发现在自制力所剩无几，道德的力量之源耗尽后，人们会开始更主动地侵害他人的利益。

数年前，我和同事发表过一篇研究欺骗和偷窃的论文。在实验里我们要求被试在计算机上写一篇关于他们生活近况的短文，我们规定一部分人不能使用带有字母“a”的词，剩下的人不能使用带有字母“x”的词。由于带有“a”的词要比带有“x”的多得多，所以前者在书写的过程中需要反复修改和重写，耗费更多的自制力。当时的情景大概是这样，被试回头看自己写下的一个句子，读着读着，发现句子里有个“a”，只得重写，这种推翻一个念头重新寻找另一个的过程非常耗费精力。所以被要求不能写“a”的被试要比不能写“x”的疲劳得更快。

在这之后，实验中的被试们被带到另一个房间内并被要求完成另一项测试。这是一项算术测试，被试可以根据答对题目的数量领取相应的金钱奖励。他们可以选择自己批改，也可以选择让实验人员给他们批改答卷。在疲劳或者不疲劳，自己批改或者让别人批改这 4 种情况中，多数被试答对的题数相差无几，唯一的例外是经过疲劳写作并选择自己批改答卷的人。不知道为什么，他们上报的算数成绩普遍要比其他人高出许多。这显然不是因为他们遵守了只能用不带字母“a”写作的规定，遵守规定的美德不会让人变得更聪明，何况当经过疲劳写作的人选择由实验人员批改答卷时，他们并没有格外突出的表现。这些人的得分与平均水平相当。然而当没有人查看他们的答卷，而答卷也在随后被销毁之后，他们却说，你知道吗，我可是答对了 6 道题。于是突然之间，他们的成绩就变得比别人高出了许多。我们认为这显示了他们高于他人的说谎和欺骗倾向，目的不过是从实验项目里攫取更大的经济利益。

我们还发现，自制力疲劳的人更有可能在性方面有行为不端的表现。看起来一个人的德行情操的确有可能在道德肌肉疲劳的时候出现滑坡。最近，我们正和马克·豪泽合作，研究自制力疲劳会不会影响我们对他人的道德评判，两者的联系并不像上述实验中那么稳定。自制力的作用更偏向于调控自身的行为，而不是对他人的看法，因此得到这样的实验结果也不足为奇。

除了自制力之外，还有一些别的东西也与我们的实验相关。抉择在消耗上的作用似乎与自制相当，它耗费的是同一种力量源头。由此我在实验中让被试进行了许多二选一的抉择，在完成所有选择任务之后，他们的自制力受到了消极的影响，从中可以看出抉择消耗了自制力的力量之源，而这种源泉又似乎与生理过程存在瓜葛。我们在被试血液中发现了葡萄糖含量的波动，也就是说，抉择这种更高阶的过程消耗了与自制相同的资源，而它们共同的燃料是某种存在于血液中的物质。

在完成一次实验之后我们为被试提供了分别混有普通白糖和善品糖（Splenda）[1]的柠檬水让他们选择，选择善品糖的被试的实验表现依旧非常糟糕。但是如果被试选择摄入真正的糖分，他们的血糖水平会连同行为实验中的自制力一起迅速回升，在某些情境下，他们的德善行径也会有起色，做出的决断更理性、更合理。反之亦然，当他们的自制力枯竭时，做出的选择也往往变得更肤浅。

对于自我调节和抉择这两种意识活动，你可能认

[1] 善品糖：由英国泰莱公司生产的，以蔗糖为原料的功能甜味剂，有甜味而无能量。——译者注

为背后可能有某种共同的力量支撑着两者，也许它还支持着其他意识活动也没准。相关的实验研究已经初现端倪。与其纠结于谁调控谁或者谁消耗谁，我们不如深究一下这个藏在幕后的更大的力量。受此启发，我把目光转向了“自由意志”这个概念。

自由意志是又一个会让人们争论不休的话题。人们对这个概念有着狂热的偏执，我对此只能敬而远之。在你们想要对自由意志发表看法之前，我想先向你们阐述我所认为的自由意志理论。在我的理论中，自由意志不是一种超自然、无因果的东西。是什么让实验中的被试做出了自己的抉择，并让他们保持理性？我认为这是人类社会现实的缩影。在我们的社会中，理性克制的行为、美德善行、良善决断等都与自由意志相关。自由意志的精神是否得到彰显取决于我们对它的理解和定义，我不知道有多少人觉察到了人们对这种精神的滥用。

我曾经参加过另一场会议，那是一场在以色列举行的关于道德的会议，当时布卢姆和皮萨罗也在场。但是不论是那场会议还是现在这场，没有一个人提到自由意志，千真万确，没有任何一场对话或者一个自由讨论的环节提及这个词。但是在我看来，探讨道德正是探讨自由意志的最佳契机。所以我探讨自由意志的其中一个角度是这样的，道德的前提假设是每个人会做不同的事，然后评价说，这种行为是好的，而那种是不好的。道德的本质是一种说服你做某些特定的事，而不去做另一些事的手段。

与之类似，对他人的道德评判建立的前提也是每个人的行为不尽相同，事实上道德评判认为人的行为理应不同。当然，法律仲裁也是同理。

好了，我发现演讲的进度远远超出了预期。那请允许我借机对其他观点发表一些看法。在进化和道德的研究领域，大卫·巴拉什（David Barash）在其发表的一篇论文里说，通过对动物的观察研究，他认为所谓的公正本能（fairness instinct）是存在的。他在参考文献里引用了弗兰斯·德·瓦尔（Frans de Waal）的研究，弗兰斯在该研究中给予两只完成相同任务的猴子差距悬殊的奖励，受到不公对待的那只猴子因此表现出了明显的愤怒。据此，他们就高呼，快看啊，你们看到公正也是一种本能了吗？这是又一个让我心存怀疑的还原论论调。正如你们所知，类似的动物实验需要同时考虑动物行为与人类行为之间的关联性以及差异性。把实验中猴子的反应称作公正本能有些言过其实了；它确实有这样的倾向，但是恐怕倾斜得还不够明显。

比如你养了两条狗，有一天你奖励其中一条狗一块吃的，另一条狗就会看着你，仿佛在说，我的呢？你恐怕很难看到接受奖励的那条狗跟你抱怨。那条幸运的狗不会跟同伴说，没事，我来跟你分享这块点心；或者对你说，在同伴也拿到点心之前我拒绝吃自己这块。而在人类中我们却可以看到这些行为。我的意思是，如果真有所谓的公正本能，那必须是受到优待和不公对待的两条狗都发出抱怨才有说服力。甚至可能连这样都还不够：在人类社会里，还会有除了当事人之外的第三个人跳出来说，不行，这个人得到的比那个人多，这个第三者会介入然后重新分配当事两人的所得，这种情形在全世界的人类社会里随处可见。

在以色列的那场会议里，保罗·布卢姆的演讲也涉及了道德进步。史蒂芬·平克最近也出版了一本以此为主题的书，我已经拜读过了。是的，这个世界正在变得更好，但我不确定我们是不是正在变成德行更好的人。法律要对这样的分裂情况负责，它鼓动了许多第三方力量介入并教导人们该做些什么。法律介入是人类文明特有的现象，这在其他物种里几乎看不到。

我想说文明是一种人类的生物学手段，它被发明的初衷是用来解决我们面临的生存和繁衍问题。我们会把生病的孩子送到医院去；我们向政府申请减少对科学研究征税，或者减少对某些家庭或者孩子的税收，凡此种种。人类文明到今天为止可谓相当成功。它为我们解决了许许多多麻烦，但人类的文明也有着相当高的心理学门槛。

有人可能会问，如果文明那么有用，为什么其他物种没有文明呢？大概是它们的能力还不足以创造文明。文明的创造需要高度进化的心理学能力。人类在进化中要么获得了某些非凡的新能力，要么就是把一些其他物种也有的能力发挥到了极致。在其他物种身上我们也可以观察到自制行为，但是从烦琐复杂的各种规章、法律和道德约束来看，人类的这种能力无疑要强大得多。我们需要不断修正自己的行为才能符合这些规范。

从唯物主义视角来看待文明，它是一种为个体提供物质和社交方面全部需求的分配体系。为了达到这个目的，它衍生出了调控行为的规范，规范进一步衍生出了道德规范，我们所说的文明就是所有这些规范的总和。文明教导人们克制自己的私心，至少克制自己的短见并遵守文明中的各种规定。文明体系是有效的，我们也因此过上了更好的生活。不过文明体系运行的代价是我们要在很大程度上做出妥协，而道德正是帮助我们进行妥协的制度规范。

为了人类文明着想，自制是我们必须改善的关键能力。自制力是一种内在能力、一种有上限的能量，它能够规范你的行为和反应，让个体的行为契合整个文明体系的运作。还有自由意志，在其他动物中也能观察到自由意志的表现，如它们的抉择之道以及对其他个体的干涉。自由意志很可能是一种在进化中形成的更高级的干涉，它更适用于群体生活，用理性和合作解决文明体系中的矛盾。

自由意志把人类这种动物维系在自己创造的社会和文明氛围中。我的意思是，虽然像松鼠这样的小动物也有意志，但是它们的意志只够与无机的物理环境发生互动，人类具有的高等自由意志则可以让我们应对文明环境中的事务。当认识到在这方面比其他动物更胜一筹时，我们就可以利用自由意志更好地约束自己的行为，让人类文明顺利运转。一旦文明成功运转，身处其中的每个人都将获益匪浅。

保罗·布卢姆[1]

首先，我想要感谢Edge基金会能为我们组织这场研讨会，同样要感谢坐在这里的所有同仁们。正是此刻坐在房间里的你们和你们所做的无与伦比

[1] 保罗·布卢姆：心理学教授，其著作《善恶之源》中文简体字版已由湛庐文化策划、浙江人民出版社出版。——编者注

的理论性和经验性研究，才让道德研究成为如今心理学领域最炙手可热的方向，对此我深以为然。我非常高兴能够成为这个团体中的一员。

今天我想与大家分享一些我的研究中的观点，我的研究一直在关注人性之善的起源。作为开场，我想要跟大家分享莎拉·赫尔迪（Sarah Hrdy）在她的新书《母亲与他人》（*Mother and Others*）开头写的一个故事。故事发生在她乘坐的一班飞机上。那班飞机坐得非常满，赫尔迪的位置在经济舱。她站在长长的队伍里，慢慢朝自己的位置挪动。飞机终于起飞了，乘务员开始发放食品，但是迟迟没有轮到她，其他人都比她先吃上了。祸不单行，飞机上一个婴儿哭了起来。孩子的母亲使尽浑身解数也没法哄好他，坐在他们身边的乘客显然在极力抑制自己的烦躁，另一些乘客则帮着那位母亲一起哄孩子，飞机上众生百态。

赫尔迪觉得，这样的场景人们几乎已经司空见惯。每年有数十亿人次乘坐飞机，而绝大多数的航班就是这个样子。但是她突然灵光一闪，一个念头冒了出来，如果飞机上每个人都变成了黑猩猩会怎么样？骚乱无疑会成为主流。当航班落地的时候，恐怕飞机过道上到处都是残臂断肢，那个哭闹的婴儿如果能够活下来简直就是奇迹。

我在这里只是想说，人类个体之间要比黑猩猩友善得多。人性之善还可以从其他很多方面看出来，美国人每年为慈善事业的支出通常可以达到数千亿美元。当然，有人会对其中不少资金的去向持怀疑态度，但是不可否认这些善款中确实有一部分是某些人出于对陌生人的真切关怀而付出的。有人会在餐厅付一点小费，也有人会在旅馆房间里留下小费。后者显得尤其突出：有些人在离开旅馆的房间时，会给旅馆负责收拾的服务员留下一些小费，即使这样做对于他们自身而言没有任何好处。这样做无助于提高我们的声誉，也不能保证我们今后获得更好的服务。但我们依旧会这样做，因为我们感觉这样做是对的。

我最喜爱的研究成年人良善的实验是由斯坦利·米尔格拉姆（Stanley Milgram）完成的。米尔格拉姆曾经是一名耶鲁大学的心理学家，因服从实验而名声大噪，他发现只要采取恰当的引导方式，人们甚至对陌生人痛下杀手。人类良善也是他的研究兴趣所在，他在一个实验中把许多盖过邮戳的信件散布到纽黑文市内。他感兴趣的是有多少信件会被人们送到信封上的目的地，最后的答案是超过半数。不过信件的派送并不是毫无差别的。如果信封上写的不是一个普通人的名字，而是“纳粹党的朋友”这样的称呼，捡到这封信的人就不会把它送到目的地。他们大概只会扫上一眼，然后就把信丢进垃圾桶里，可能还要骂上两句。

最近，有另一名心理学家重复了这个实验，不过他连邮戳都没有盖就把信散布了出去。仍然有 1/5 的信被送了回来。这已然彰显了人们非比寻常的良善。

作为一名发展心理学家，我会把关注点放在人性之善的起源上。善良至少在一定程度是人性的固有属性，是我们与生俱来的，并非后天习得。

亚当·斯密早在数百年前就提出过人性天生纯良的看法。作为现代经济学的奠基人，亚当·斯密在探讨人性时却显得多愁善感。他指出，当看到别人遭受痛苦时，你会在一定程度上感受到他们的痛苦，如同遭受这些痛苦的是你本人一样。随即你会有驱除这些痛苦，上前帮助他人的冲动。这种感同身受是每个人天生就有的，不逊于任何其他的人性良善。

人类的移情能力甚至在婴儿时期就已经有所体现。当婴儿听到其他婴儿哭泣的时候，他们也会情不自禁地哭起来。当然，许多稍显刻薄的心理学家会质疑这根本算不上移情。他们可能认为这是因为婴儿还太愚笨，把别人的哭声当成了自己的，误以为自己非常难受所以才跟着哭了起来。为了驳斥这种说法，一些心理学家做了一个实验，他们把一个婴儿和其他婴儿的哭声都录了下来，然后放给前者听。他们发现，被试的婴儿对别人的哭声录音要比对自己的哭声录音反应强烈，这暗示婴儿哭泣的原因更可能是受他人的影响。不仅如此，当婴儿看到别人遭受痛苦时，即使对方没有发出声音，他们也会表现出焦虑不安。如果实验中的婴儿已经长到能自由行动的年纪，他们就会移动到遭受痛苦的人身边，试图抚摸那个人，或者递给他一个玩具或者瓶子。

罗伊·鲍迈斯特在最近发表的论文里提到，费利克斯·沃内肯（Felix Warneken）和麦克·托马塞洛（Mike Tomasello）设计了一个巧妙的实验。他们把蹒跚学步的孩子放在没有旁人的房间里，然后在一段时间之后派一个成年人进入房间，假装碰上麻烦，比如想取某样东西但是拿不到，或者因为怀里满是东西而打不开橱柜的门。沃内肯和托马塞洛在实验中发现，在大多数时候房间里的小孩都会摇摇晃晃地走到成年人身边，表现出想要帮忙的行为。

囿于自己的研究，我对于利他和利己行为本身并没有那么关注，我的研究兴趣在于道德认知和道德情智。为此我和同事凯伦·温（Karen Wynn）合作进行了一系列实验研究，温是耶鲁大学婴幼儿实验中心的负责人。我们的实验还得到了一名优秀研究生的协助，她的名字叫基莉·哈姆林（Kiley Hamlin），现在已经是不列颠哥伦比亚大学的助理教授了。

我们为实验设计了许多组单幕剧。每一幕的主角都会试图做一件事，而他总会碰上一个好人和一个坏人。我们会用动画、简单的几何图形或者木偶来演每一出剧。我给大家举个例子，在其中一个实验里，主角正在奋力向一座小山的山顶前进。这时候会有一个人赶上来从后面推着他上山，还有另一个人则想要把他推下去。还有一个实验是主角正在高兴地玩着球，他会把球推到另一个木偶面前。他们互相对视一眼，那个木偶会把球推回给主角。而另一个木偶则在他们对视一眼之后抓起球就跑了。我们还有第三个实验，有一个木偶想要打开一个透明的盒子。被试的婴儿能够看到盒子里是一件玩具，突然一个木偶跳出来帮主角把盒子打开，但是一会儿，第三个木偶出现并“砰”地把打开的盒子合上了。

这是我举的三个例子，如今我们的实验里多了很多模拟场景。我们的发现是，如果你问一个 19 个月大的婴儿“谁是好人”和“谁是坏人”，他们对好坏的评判已经跟成年人一样了。我们的预设没有能够逃过孩子们的眼睛，他们会把帮助主角达成目标的人当成好人，而把干扰者当作坏人。

可能这个发现算不上非常激动人心，毕竟这些被试的年纪已经相当大了。所以我们不断重复实验，让被试的年龄越来越小。在一组实验中，我们把剧中的角色放在了参与实验的孩子面前，然后观察他们会爬向哪个角色。我们在实验中着力避免了偏倚，给孩子展示木偶的人事先也并不知道木偶扮演的角色，以免那些人无意中引导孩子做出选择。当然，整个实验过程都在孩子父母的监督之下。

我们在《发育科学》（*Developmental Science*）上发表了一篇论文，在这个研究里我们观察了3个月大的婴儿。3个月大的孩子除了水灵灵、肉嘟嘟，甚至都不会控制自己的动作。但是在先前由6个月大的婴儿作为被试的实验中，我们已经发现在向目的地爬动之前，他们会先用眼睛牢牢地盯着那个地方。所以对于3个月大的婴儿，我们也在实验中记录下了他们盯着的方向。而结果也正如我们所预料的，他们会看向好人所在的位置，对坏蛋则侧目而视。

孩子的反应算是道德感的体现吗？我们的实验能证明道德本能的存在吗？不能。这一系列实验只能说明，婴幼儿已经能够感知第三方介入力量的积极性和消极性了，他们会被干扰行为的性质所影响，对行为的实施者有自己的态度，并在实验后期影响他们对不同角色的评价。我认为这已经非常类似道德感了，是一种非常有用的道德建立的基础。那么这到底算不算是成熟的道德感呢？这些反应真的是婴儿做的道德评判吗？实话实说，我们也不知道。对于这些问题的答案，我们也在积极地探究。

为此，我们正在筹备新的实验，这里要感谢耶鲁大学的研究生妮哈·马哈詹（Neha Mahajan）的协助。亲近好人、疏远坏人还远不是成熟道德感的全部，在亲近和疏远的感受之外，成人还信奉好人应当受到嘉奖而坏人应该受到惩罚。因此我们测试了19个月大的孩子，看他们有没有辨别这种是非的能力。在经过上面介绍过的实验步骤之后，我们给孩子一块零食，让他们送给好人或者坏人中的一个。我们发现通常小孩会把零食给好人。此外，我们还有模拟惩罚的环节，让孩子们从好人或者坏人手里没收一块零食。而他们倾向于从坏人手中没收零食。

最近，我们在实验里测试了9个月的婴儿的正义感。为了达到这个目的，我们设计了一场两幕剧。第一幕和上述一样，里面有一个好人和一个坏人。他们会分别做好人或坏人应该做的事。在第二幕里有两个新的角色登场。其中一个实验是这么安排的，一个新角色会奖励第一幕中的好人，而另一个新角色则会惩罚第一幕中的好人。我们发现被试的孩子更喜欢奖励好人的人，他们表达喜欢的方式是爬向那个角色。

有了前面的铺垫，我们已经知道孩子喜欢积极的行为，所以这个结果并没有出人意料。这个实验似乎不能说明更多的东西，但是第二个实验就耐人寻味得多。我们先在实验里展示一个好人和一个坏人，随后在第二幕里，一个新角色登台奖励了坏人，而另一个新角色则惩罚了坏人。这次，孩子们显然更喜爱惩罚坏人的人，这暗示他们能够分辨行为的目的，当惩罚这一行为发生在坏人身上时，就不会引起他们的反感。这里我更愿意相信，婴儿的这些反应犹如朦胧的“正义感”。

有关婴儿的道德感，还有很多其他实验室也在致力于这个方向的研究，比如伊利诺伊大学雷尼·拜爱宗教授（Renée Baillargeon）领导的实验室，还有特伦托大学的卢卡·苏里安（Luca Surian）领导的实验室，等等。这番欣欣向荣的景象也印证了婴儿中早熟得令人惊讶的道德感和对道德行为的认同感。既然如此，可能有人要问我的演讲是不是该结束了，因为我在开头提出的问题似乎已经有答案了：我们关心的人性之善在婴儿中就已经出现，它是我们天性中的一部分。犹如达契尔·克特纳（Dacher Keltner）所说，我们“生而为善”。至于你在成人身上看到的良善的消退，那是不同文化和社会对人性后天塑造的结果。

但这并不是我要提出的观点。我反而认为纯粹的良善几乎不可能是与生俱来的。其中一个原因是，我们的大脑是经历自然选择的产物。这意味着，人类心智进化的终极衡量标准是它能否保证个体的繁衍生息。大脑进化的动力包括亲缘选择和互利主义。由此可以推断，我们会更偏袒那些与我们有血缘关系的人。此外，相比于陌生人，我们会更喜欢经常打照面的熟人。

越来越多的发展心理学证据显示，我们先前探讨的那些人性之善都有地域性。它是狭隘的，只适用于婴儿直接接触的人和环境，更广义的良善通常要到发育的后期才会成形。

我来给大家介绍一些支持这种观点的例子。我们很久以前就知道，婴儿在与他人的互动中会更喜欢自己熟悉的人。与陌生人相比，婴儿更喜欢盯着母亲的脸看，更喜欢听母亲说话的声音。这种偏好并不局限于某个人，有时还针对某一种类。婴儿更喜欢听人们讲自己的母语，不喜欢其他语言。出生和成长在白人家庭的孩子更喜欢白人的面相，而黑人家庭的孩子则更青睐黑人的面相。

我们都知道最后这一点不是出于婴儿对自己白人和黑人的身份认同，仅仅是出于周围哪种人居多。理由是在多种族混居环境中长大的孩子，不管是白人还是黑人，对两者并没有明显的偏好。随着婴儿长大成人，这种偏好上的偏倚逐渐沉淀为行为上的偏倚。年幼的儿童喜欢模仿，并从与他们外貌相似、口音相近的人身上学习。在大概 9 个月大的时候，婴儿就会表现出对陌生人的焦虑感，他们会主动躲避没见过的人。

还有一些研究显示，学龄前和稍微年长一些的儿童，以及青少年非常容易通过分组建立群体认同感，即便有时候分组毫无依据、完全随机。这些研究都建立在亨利·泰弗尔（Henry Taifel）的“微群体”（minimal groups）理论之上。比如比格勒（Bigler）等人所做的实验，他们招募了一群孩子，实验人员给孩子们随机分发了一些红色 T 恤和蓝色 T 恤，这样就有了一队穿红 T 恤和一队穿蓝 T 恤的孩子。随后，实验人员跟红队的一个孩子说：这里有一些糖果要发给这里的小朋友，他自己一个都不能拿，要把糖果发出去。你认为这些小朋友想把这些发给谁？是想平均分给所有的小朋友，还是多分一些给红队的小朋友呢？

实验的结果是，即使不能从中获利，孩子们也会把更多的糖果分给和自己 T 恤颜色相同的人。而如果我们询问一个孩子，他觉得谁大方，谁小气，谁聪明，谁笨，穿上红 T 恤刚没多久的孩子就已经学会袒护红队里的成员了。而红蓝两队孩子的分配是完全随机的。

还有一些人性的瑕疵体现在某些经济学游戏中。你们中许多人应该都对最后通牒博弈[1]非常熟悉，它是行为经济学家们设计的众多博弈游戏之一，设计这些博弈游戏的初衷是他们希望在一定程度上显示成年人未泯的慷慨和良善之心。如今，我对这些博弈游戏研究的结论抱有高度的怀疑，具体的探讨可以留到提问环节。不过这些实验也有它们的有趣之处，即儿童在这些博弈游戏中的表现往往与成人有天壤之别。

我来给你们举个例子。这个例子是一场独裁者博弈[2]，独裁者博弈游戏的规则实际上比最后通牒博弈要更简单。我的做法是随机招募两个人，其中一人，也就是实验对象，非常幸运。他会得到一笔钱，比方说 100 美元。他可以决定分多少钱给另一个人，分多分少完全由他决定，从 0 美元到 100 美元都可以。而另一个人永远不会知道是谁决定给他多少钱的，整个过程是严格匿名的。

从利己主义的角度来看，实验对象应当把所有的钱据为己有。但是你会发现人们的确愿意分享。大体上被试会拿出约 30% 的钱分给别人。有的人一分钱都不给，也有的人会给别人一半的钱，而有的人甚至会把大半的钱分给别人。他们真是出人意料地慷慨。厄恩斯特·菲尔（Ernst Fehr）和西蒙·盖西特（Simon Gachter）最近以孩子为实验对象重复了该实验，他们设计了一个非常简单的最后通牒博弈游戏。两个孩子每人得到了两块糖，他们可以两块糖都留着，也可以拿一块给对方，尽管他们互不相识。

七八岁的孩子通常会选择分享手里的糖，而再小

[1] 最后通牒博弈：由一人向另一人提出分配方案，在得到对方同意后实施该方案的非零和博弈。——译者注

[2] 独裁者博弈：取消最后通牒博弈中响应者对提议者所提要求的否决权，即为独裁者博弈。——译者注

一点的孩子几乎总是选择自己独享两块糖。如果说我们对于陌生人也怀有慷慨之心，那这份心意应该是后来才出现的。现在我要说，标准的最后通牒博弈也不是十全十美的，它将两种冲突的欲望置于针锋相对的境地。孩子心中可能有表现公平、亲切、公正的冲动，这些冲动让他希望分享手里的糖果。但是孩子都喜欢糖果，所以他的内心也渴望把两块糖都留给自己。我们让这两种欲望相互对抗，实验的结果可能只是说明，当时孩子吃糖的馋劲战胜了他们慷慨的冲动。

菲尔和盖西特对此有更深入的研究。他们让孩子们进行二选一，其一是再给他们一块额外的糖果然后把糖果分给别人，其二是再得到一块糖果但是不送给别人。这下，从结果论者的角度来看，上面的烦恼就消失了。没有了上面两种欲望的针锋相对，孩子们既可以做好人，又不需要蒙受损失。但是实验中发现，对于没到七八岁的孩子来说，两种选择似乎没有区别。给与不给的概率基本都是 50%，年幼的孩子们根本不在乎。他们并没有想着从别的人手中私吞糖果，不管是留着糖还是把糖分给别人，他们都没有感觉。

这样的结果并没有出乎我们的意料，甚至可能比我们预期的结果都要好。人性发展的主流趋势是为了应对陌生人，如生活在其他部落里的人。贾雷德·戴蒙德（Jared Diamond）详细记述了他在巴布亚新几内亚一个部落中的遭遇。他指出，对于那些部落里的人来说，从自己的部落出走并进入其他部落的行为等同于自寻死路。还有学者在这些部落称呼同伴和其他部族人的语言方式中也发现了部落之间深深的敌意。打个比方，部落里称呼族人的词意思往往相当于“人”或者“人类”；而有些用来称呼其他人的词，只相当于“某人”，就像美剧《迷失》（*Lost*）里那样。还有些时候，部落之间用来形容对方的词也被用来指代“猎物”或者“食物”。

那么，既然今天占据主流的人性之善，至少是我们这些人认同的善良，与我们天性里的道德观相抵触，而且后者和良善几乎一点关系都没有，那我们是怎么跨过两者之间的鸿沟的呢？我们的本性是怎么变得如此友善的呢？

注意，我在这里把关注点放在我们对于陌生人的善意上，但是我们还可以用这些实验探讨有关道德的其他问题，例如新道德观点的起源，再比如为什么奴隶制度是错误的，以及我们为何不应该有性别或者种族歧视。

这些都是很深奥的议题。对于人性之善的起源，我在此以两个旗鼓相当的理论作为演讲的结尾。

第一个理论的中心是人与人之间不断增强的相互依赖性。依赖性是罗伯特·赖特（Robert Wright）所著的多本书的主题，彼得·辛格和史蒂芬·平克对它也有过探讨。依赖理论的主要观点概括说来就是：当你和其他人接触，就会产生相互依赖；当你的生活品质因为与他人的接触和相互关怀而提升，并且两人的关系是非零和关系时，你就会变得在意他人的命运。

这种人性之善的本质是利己主义。罗伯特·赖特曾经在一次访谈中说："我不希望日本遭到轰炸的原因之一是，我开的小货车是日产的。"可见，和日本有商业上的利好联系，才是他爱屋及乌的原因。

亨里奇和同事们几个月前在《科学》杂志上发表的论文正好可以作为这种观点的佐证。亨里奇等人研究了 15 个国家，让这些国家的人参与一系列经济学游戏。他们发现，人们对陌生人的亲切程度有着显著的地域性差异，于是他们转而分析决定这种亲切程度的因素。研究的发现之一是资本社会使得人们对陌生人更亲切，即沉浸于市场化社会和人们对陌生人展示友好之间有很强的关联，可能是因为当你生活在一个市场化社会，你就要经常为了长远利益接触陌生人，就算这些人既非家人也非朋友。第二个因素是宗教，尤其是基督教或伊斯兰教。信仰宗教可以让人变得更亲切和善，这可能是因为宗教作为一个更大的社会组织，促进了人们与陌生人之间的交流。

第二种解释人性之善的理论认为这是故事的力量。虚构作品和新闻行业带给我们的影响之一是缩短了陌生人与我们之间的距离。通过它们，你可以像认识自己的亲人或者邻居一样认识本来毫不相干的人，这让我们更容易对陌生人移情。不过，根据玛莎·努斯鲍姆（Martha Nussbaum）等人的观点，小说和新闻不仅让我们对个人，甚至可以对一群人产生移情。

我们来回顾一下美国的道德演进。我认为美国社会在过去 50～100 年间最重大的道德变迁，是白种人对黑人态度的改变。而过去 10 多年内最重要的改变则是传统性取向的人对于同性恋人群态度的转变。我认为驱使这两种变化发生的力量不是哲学辩论、宗教信条或法律规定，而是虚构的作品，是想象力，这种力量把弱势人群的境况展现在其他人群员面前，使他们获得同情。我个人认为，在美国驱动道德变迁的最重要力量之一是情景喜剧。作为结尾，我要讲的东西可能与在场的许多人有关，那就是理性思考在道德中的作用。理性思考似乎是自相矛盾的。一方面，社会心理学家们早就发现人们对理性思维总是无动于衷。我在这里所讲的这些关于奴役、同性恋的观点都是我自己的，并不是谁说服我的。而另一方面，我们都知道某些理性的观点强烈地影响了人们。最近的例子是彼得·辛格提出的对待非人类动物的态度深深影响了世界。

和乔纳森·海特提出的观点类似，我认为打破这个矛盾的一个逻辑就是承认理性推论的确能够改变我们，但它们的影响是间接的，是以情绪为媒介的。倘若如此，它就暗示了一个非常有价值的研究，其主题是：人类是如何获得新的道德观念的，他们又如何让别人认同这些新观念？

我在此提出三个观点。第一，人类是友善的，人类身上有许多有趣的行为。第二，人进化出了一种强大的感知道德的能力，人类的友善在很大程度上能够用感知道德的能力解释。道德感知力的内涵远远比一些经验主义者认为的更丰富。第三，与生俱来的道德感知力是不够的，保证我们实现那些引以为傲的成就的因素远远不止是进化的力量，还有人类的文明、智慧以及想象力。

大卫·皮萨罗

和之前的演讲者一样，我首先要真诚地感谢约翰和 Edge 基金会把我们聚到一起。于我而言，能够在这样的场合就自己所钻研的话题发言了却了我事业上的一桩心愿。感谢这里的各位，你们给了我新的启迪。

我的话题将会紧接保罗，他在演讲的结尾提到了一个在心理学和哲学中被争论不休的话题，那就是关于理性推论和情绪在道德评判中的作用。我会尽量简明扼要地阐明我的观点。我一直反对一种看法，我想在场的人都会反对，因为我们都是深思熟虑的人，但是这种说法经常被人提起，那就是情绪和理性推论是相互冲突的。情绪占优势的时候，理性就被丢到了一边；而理性占上风的时候，情绪又被忽视了。这里说的情绪，广泛地来说指的是所有的情感体验。

我觉得这种说法是一种误解，虽然在某些情况下两者的确会有冲突。两者之间的关联才是更有趣的地方，因此我将和大家分享一些我们完成的研究，部分研究成果已经发表，而还有一些则没有，因为它们实在不适合发表，但是我想和这里的听众分享一下倒是无伤大雅，它们是关于情绪化的冲动是如何影响我们的道德评判的。我在这里用了“情绪化”（emotive）是因为它们与某种动机有关，而这种动机会在我们做道德评判的时候影响理性推论的过程。

情绪可以通过许多微妙的方式影响我们的推论，我想在这里简单介绍其中的一种。通过和在场的某些人合作，以及约翰和他的同事们的研究，我们发现如果给予足够的时间跨度，单纯的对厌恶感的感知能力就能够塑造我们的信念。我们相信这种关联，虽然暂时没有很好的证据证明其因果关系。

我们发现对厌恶的敏感性，也就是人们对厌恶感的感知能力，在时间流逝后会逐渐反映在道德观念里。我们不仅发现容易有厌恶情绪的人在政治上更保守，而且这种政治保守性在以下这些方面体现得尤为突出：他们坚定拥护美国保守党派近年来青睐的道德观点，如反对同性恋和堕胎。

我们的研究显示，那些容易对事物不满的人倾向于持有上述政见。这种现象的原因可能是在接触新事物的初期，不同的情感反应模式影响了我们的认知取向。我们不是因为受简单的情绪影响，而忽略了心中理性的声音，然后在情绪的本能影响下随波逐流，当然这种情况也是有的。但是两者间的关联要比这更复杂一些。

今天我要探讨的是情绪和理性推论之间的另一种关联方式，这里以道德准则为例。说到道德准则，我指的是规范伦理学家、发展心理学家通常所说的道德准则，也就是一系列用于推出特定评判结论的道德指导原则。

我们需要道德准则，或者说至少理性的人认为我们需要道德准则。我们想要做出一个道德评判，比如杀害一个婴儿是不对的——可能这个例子太极端了，这个道德评判无法以论证经验主义事实的方式被佐证，而是可以通过维基百科查询，然后说："看啊，维基百科上写了杀死一个婴儿是不对的。"

道德评判需要一种不同形式的论证方式。对于道德事件，你没有标尺可以丈量，也无法用投票进行裁决，当然也有人辩解说在某些情况下也有通过证据论证的道德评判。但是大部分的道德评判还是要建立在道德准则之上。道德准则为道德评判提供了正当的理由，因为你不能只是说"同性恋是不对的"。"为什么不对？""没有什么为什么。"

通常你会借助一些纲领性的总则。在劳伦斯·科尔伯格以及他的同事看来，道德总则的应用是道德推论和评判的核心特质。道德总则看起来非常强大，是因为它们宽泛的定义囊括了许许多多性质类似的情形。总则是一种缺乏针对性的原则，它的宽泛犹如基础的数学公理，往往能够适用于许多不同的数学问题。

我不需要在这里过多地探讨这个话题，因为这个问题已经被许多人解释得非常清楚了，而在座的你们肯定也已经非常了解，但是哲学家和心理学家们口中说得最多的两大道德准则都带有浓浓的结果论意味。也就是说，如果按照某条通用法则来裁定一件事的好与坏，你可能会说，一件事的好与坏仅仅由它的结果好坏所决定。这是两大宽泛的道德准则之一，我们称之为功利主义，结果论相当于更宽泛的功利主义。

除此之外，还有另一种判定好坏的方式，那就是义务论。比如义务论会认为不管在何种情况下，谋杀一个无辜的人都是不对的。如今，哲学家们经常会把这两大准则放在一起彼此较劲。要我说的话，显然它们不总是相互矛盾的。但是让它们相互矛盾的情况往往显得非常有趣。之前乔舒亚·格林给我们介绍的电车难题就是这类例子之一，你可以清楚地看到人们陷入了结果论和义务论相互矛盾的境地。

心理学家和哲学家传统上把这种情况称为陷入道德的两难抉择。你看到了一个难以裁决的道德情形，然后说有没有哪个道德准则可以用来衡量眼前的情况到底符不符合道德呢？然后你找到了那条最贴切的道德标准，不管它属于结果论还是义务论，于是你开心地说，哈哈！就是这种情况。然后你做出判断，这种行为是错误的。

我今天想要举的例证，实际上是想说明道德准则不是这样用的。我们的做法其实是出于某种更深层次的动机，这种动机仅仅是我们想要巩固自己已有的信念。这些信念中的某一些恰好涉及道德。我们各自的道德观念都不一样，但是我们相信它是正确的最重要前提，是它不拘泥于任何既成的价值评判准则。事实是，我们都喜欢拿证据以准则的形式说事，因为准则听起来是如此有权威性。鉴于准则的这种说服力，你会说，看啊，这种做法会危害这么多人的利益，所以它是不对的。

我在这里想借用社会心理学里耳熟能详的一个说法，我们不是不理性，而是太过于理性了。由于偏见的存在，理性推论会把我们引入歧途，比如之前提到过的证实偏差。社会心理学里有一些经典的研究显示，我们在面对与自身信念相悖的结论时会变得格外有干劲。

一个同事和我一起完成过一些这方面的研究，他的名字叫彼得·迪托（Peter Ditto）。迪托设计的其中一个实验是这样的，他告诉别人，他有一种检验人们是否得某种病的简易方式。他为此专门捏造了一种疾病，我们这里就假定是疱疹吧。也就是说，实验人员会给被试展示一小片试纸，就像石蕊试纸那样。被试只要把这片试纸放进嘴里，蘸一蘸唾液，就能知道检验结果。迪托告诉一部分被试，如果试纸变绿就说明他们没有得病；而对于其他被试，迪托说如果试纸变绿，就说明他们得了这种病。所以说，他告诉一部分人如果试纸没有变化，那他们就很健康；而对另一部分人，他说如果试纸没有变化，那他们就患上疱疹了。实验中，那些认为试纸没有变化代表健康的人把试纸放进嘴巴里，然后就表现得很自信，像是在说："是啊，我就知道我很健康！"顺便提一下，实验里用的试纸事实上并不会发生任何变化。

但是对那些被告知试纸没有变化就代表得病的人，他们会坐在那儿不断地重复测试，你可以想象一下他们一遍又一遍地把试纸放进嘴里，然后拿出来看有没有变化的样子。这是一个很好的类比，它展现了当我们面对与自己的信念抵触的事实时心中的感受。我们会非常执着地寻找能证明我们所认同的信念的证据。

我开始思考这些，源于我早年向父母请教某些问题的经历。我还记得第一次跟父母问起广岛和长崎的事。我对他们说："爸、妈，广岛和长崎的事你们有没有觉得美国做得不对？"他们回答的是："如果不是美国当年在广岛和长崎投下了原子弹，战争也不会那么快就结束，死的人会更多，所以美国的做法没有问题。"他们的评判可谓是非常典型的结果论论调。

后来的经历又让我仔细玩味过这个问题，在别的场合我的父母又转而否认了之前的观点，当他们在其他领域里探讨另一件完全不同的事时，就跟我说"结果的好坏不能抹杀手段卑劣的本质"。但是打住，所谓准则，难道不应当在评判不同的一系列事务时保持标准的一致性吗？而我的父母在这件事里告诉我结果论是衡量道德的准则，却在另一件事里说结果论的准则是衡量道德的一种糟糕的方式。那么到底结果论是好还是坏呢？

当有机会着手相关的研究时，我们做的就是把一系列实验放在一起进行分析。我们希望知道，人们是不是只是把不同的道德准则当作顺手的工具使而已。换句话说，我们都非常善于借助道德准则，不论是义务论原则还是结果论原则。我们所做的只不过是在与自己已有立场契合的时候，从两种原则中抽调出一种。

表面上看，我们的结论与乔舒亚·格林的看法相悖，但是我认为两者在更深的层面上是一致的。道德哲学和道德心理学在应对这些道德困境的例子时，长久以来的传统做法是把两者等同处理。经典的论调是这样的，关于这个问题有两种观点，“琼斯和史密斯是这么说的”，或者“甲和乙是这么说的”，又或者“鲍勃和爱丽丝是这么认为的”。乔舒亚·格林告诉我们，人们的自动模式青睐于义务论原则，但是如果你让他们多花一点时间深入思考，他们往往会转而拥护结果论原则。

但是我们感兴趣的情形，就如和同事们探讨实际的道德问题时那样，是那些必须二选一的情况，到底是“甲”还是“乙”，或者不能是“琼斯和史密斯的说法都对”，比如我们需要为自己的朋友、祖国或者篮球队站队时，等等。我们日常生活里的这些情景往往涉及自己的立场和已经认定的信念。

为此，我们设计了一组实验，来检验这种想法的对错。人们会不会出于彰显自身信念的需要而偏好或者认可一种道德准则，并声称它放之四海皆准，而又会在批判自己所不认同的道德观念时否定这种道德准则。

我们研究的目的是试图寻找一种决定人类动机的天然源头，而我们发现政治成了道德信念当仁不让的天然来源，因为政治在很大程度上诞生于道德观念的差异，正如乔纳森·海特一针见血指出的，所以我们想要看看保守主义者和自由主义者秉持的道德信念以及他们对这两种道德准则的拥护程度，另外还有他们是否对自己的信念有哲学家和心理学家们所认为的那种“如一性”。或者，他们实际上只是拿准则当幌子来印证自己的信念。

我们给电车难题掺入了一些别的元素，使其成为一个改良版的电车难题。乔纳森之前介绍过，电车难题讲的是5个人被困在铁路上，而你和一个大块头恰好在过街天桥上，只要你把那个大块头推下天桥挡住火车，就可以救下5个人的命。大多数人觉得这个处境很难抉择，他们不想把无辜的大块头推下天桥。但我们稍微做了一些修改，给这个大块头取了一个名字。我们告诉参与实验的人，有一辆飞驰而来的巴士将要撞上前方的人群，假如你不把天桥上的一个大块头推下去挡住巴士，就会有很多人丧命。

我们把被试分成数量相同的两组，其中一组人听到的故事中，大块头的名字叫蒂龙·佩顿（Tyrone Payton），而在另一个版本的故事里他叫奇普·埃尔斯沃思三世（Chip Ellsworth III）。我们这么做的目的是暗示这个大块头的人种，在论文审阅者的要求下，我们也问过被试，结果是大多数人都认为蒂龙是个黑人而奇普是白人。然后我们直接问被试，你们会把奇普·埃尔斯沃思三世推下去，或还是会把蒂龙·佩顿推下去？

我们还让被试用一道 7 个分度的题目表明他们的政治倾向，1 分表示他们是自由主义者，而 7 分表示他们是典型的保守派。如果你好奇如此简略的单题量表除了衡量人们的自由主义或保守主义倾向之外，对更高层面上的政治倾向的度量是否准确，那么我们可以告诉你它准确地预测了人们在选举中的投票倾向，以及其他几乎所有你希望依靠它预测的东西。在确定政治倾向之后，我们会问被试“你觉得这样做合适吗，比如把一个大块头从天桥上推下去以拯救更多人的性命”“你认同这个人的行为吗”。还有最重要的，我们会问：“你认同有时候为了大多数人的性命而牺牲其他无辜的人这种说法吗？”这是一种非常露骨和直白的原则。

实验结果表明，自由主义者在面对叫奇普·埃尔斯沃思三世的人时，往往会乐见其成地说：“显然结果论的观点是有道理的。”你要把那个人推下去是吗？你必须救那些地上的人。自认为是保守派的被试的看法则相反，他们更有可能会说你应当把蒂龙·佩顿推下去，这时候他们也会认同说，对啊，结果论是对的。请记住这时候大块头的名字是蒂龙·佩顿。

我们首先在加州大学欧文分校进行了这个实验，随后我们想要一些更接近普通人的样本，就去了奥兰治县的一个购物商城，在那里寻找真正的共和党支持者和民主党支持者。我们在这些人身上发现类似的倾向变得更明显了。在这里我们用的故事是“救生船”困境，救生船上必须有一个人要被丢进海里以保证其他人的生存，我们同样给那个人取名叫蒂龙·佩顿或者奇普·埃尔斯沃思三世。我们发现了同样的规律，只是这次更加明显。

如果你要说是不是保守主义者有更强的种族歧视，好吧，保守主义者当然可能有更深的种族歧视观念，但让这些研究更有说服力的结论恰恰来自自由主义者，他们在得知要推落的人是白人的时候更有可能认同这种行为。因此，我们以前会戏称这个研究是“白人倒大霉”实验。这个实验中的种族歧视不是体现在保守主义者身上，而是体现在对牺牲蒂龙持厌恶态度的自由主义者身上。当然，如果要找出一些证据来证明保守主义者的种族意识更深，我想你肯定也能找出来。

这只是我们用经典的电车难题得到的结论。我们是不是应该再用其他更直接、更现实的道德问题来试试？之后，我们还是以加利福尼亚大学欧文分校的学生为对象，给他们假设了一队准备进攻敌军的士兵的情景，这个情景是哲学中经典的“双重效应”，宣布进攻的将领事先知道士兵在进攻行动中会不可避免地误伤平民。士兵无意伤害平民，但是这在可预见的范围内不可避免。

对其中一部分受调查者，我们说这是一场美军打击伊拉克叛军的行动，这次行动中，无辜的伊拉克平民会出现伤亡。而对剩下的受调查者，我们预设的情境是伊拉克叛军进攻美军，并将不可避免地造成美国平民伤亡。

我们又询问了被试的自由主义和保守主义倾向，在分析了区别明显的结果之后我们发现——我先给大家读一下我们当时实验里用的虚拟情景：“美军最近对伊拉克叛军开展了一次军事行动。这是一次针对伊拉克叛军几个主要军事领导人的战略行动，外界确信这次针对性的目标打击行动会给美军和美国平民带来严重伤亡。此外，本次军事行动还有可能造成伊拉克平民伤亡。虽然平民伤亡不是美军本次军事行动的初衷，军方也在行动前承诺将最大程度控制无辜伤亡，但是一旦行动开始，平民伤亡将不可避免。”随后我们告诉被试，军方还是采取行动，造成了平民伤亡。

我们问被试，从道德上来说这样做可以被允许吗？当军方能够预见不可避免的平民伤亡却仍然坚持发起军事行动时，这样做合理吗？我们得到的结果又分成了两派。在这个例子里，自由主义者似乎更包容伊拉克叛军发动的军事行动，所以我们又把这个研究的代号命名为“叛国者”。

不过我们在这里看到了更自然的交叉效应，当假设的情景里伤亡的是伊拉克平民时，保守主义者们更容易认同结果论的原则是正确的，他们会说有时候牺牲无辜的平民在所难免；而自由主义者相同的论调更多出现在美国平民有伤亡的情景里。

正如你们看到的，我们设置了几个不同的电车难题式情境，还有一个军事行动的情境，从中看出人们对义务论或者结果论并没有天生的、稳定的偏倚。事实上人们总是倾向于在特定的情境里选择两种中更有利于自己的那一个。

到这里为止，我们都在利用被试已有的政治信念，但又非常想知道能否操纵这种信念。

基于社会心理学，我们以解密句子[1]的方式对被试进行启动（priming）[2]。半数的被试解密的每个句子里包含了至少一个与爱国主义相关的词，而另一半的句子里则包含了与多元文化主义有关的词。我们以这种方式操纵被试的政治信念，让他们的想法更接近“保守主义”或者“自由主义”。

结果表明，不管被试先前的政治倾向如何，最终都会向启动操纵的方向倾斜。在我上面提到的伊拉克或美国军事行动实验里，如果在启动中被植入爱国主义的想法，你的反应就会接近于保守主义者；而如果在启动中被植入多元文化主义，你的反应就会接近于自由主义者。这里说的保守主义者和自由主义者都是以之前没有启动操纵的实验为准的。

由此可以看出，通过启动操纵，我们可以给实验

[1] 零和博弈：指一方受益必定带来另一方损失的博弈方式，属于非合作博弈。——译者注

[2] 启动效应：心理学中以内隐记忆的方式影响被试判断，植入内隐记忆的过程被称为启动。——译者注

的参与者植入内隐性的动机，至少我们的目的如此。植入的动机决定了被试在不同情境里对结果论的认可程度。

我想告诉大家我们用相同的方式检验了所有假设的情境，而在完成试验之后如果你问参与者："你觉得在道德困境里国籍或者种族该不该成为考虑的因素？"人们会毫不犹豫地否认说："不能。"不仅如此，有些参与者还为我们提出考虑种族和国籍的问题而深感被冒犯，我们时常因此遭到他们的冷嘲热讽，比如："你好大的胆子！"或者："我才不回答你这种问题呢！"我们的另一个发现是，当我们把实验的结果告诉有些人时，他们会辩解说，你们也知道，自由主义的观点是正确的，事实上，黑人的生命比白人的更重要。如果你们想知道的话，我可以告诉你们，说这话的自由主义派的白人们居住在纽约、芝加哥。也许这只是这群人自己的观点而已，但大部分被试在被问及是否有这种倾向时，都会予以否认。

此外，比方说，你给自由主义者们电车难题的情境，然后问他们要不要牺牲蒂龙，他们回答"要"，然后你再把蒂龙换成奇普，他们还会说"要"。这是因为他们意识到了自己需要保持说法的一致性。我们认为从中可以看出人们有对前后保持一致性的需求。如果自相矛盾，就会让人心生尴尬。

这个结果与结果论或者义务论无关，更像是心理学家会感兴趣的东西。我再给你们举一个例子，我们还会问人们对于言论自由的看法：你认为在任何情况下，言论自由的权利都是不可侵犯的吗？人们的反应取决于具体的情境，比如，我们告诉一半的参与者，现在有一个伊斯兰教抗议者在焚烧美国的国旗，并诋毁美国。

我们问自由主义者和保守主义者："你能认同他的做法吗？"大多数人回答说："不能。"而当我们问："尽管有人这样做，你还认为言论自由神圣不可侵犯吗？"自由主义者的回答是："当然不是，这种说法是不对的。"但是如果我们把情境换成一个基督教抗议者当众播放丑化穆罕默德的动画，并宣扬伊斯兰教是异端，这时候保守主义者就会说："言论自由神圣不可侵犯！"而自由主义者却会说："不行，言论自由也有它的短板！"

我们在实验中使用的情境还不止于此，还包括调查人们对于有失公允的法律的态度。其中一个情境是关于贩卖紧急避孕药的制药师，而买卖这类药物是犯法的；另一个情境是医生拒绝协助执行死刑。不出意外，自由主义者和保守主义者在这些情境里的选择大相径庭，他们对能否触犯有失公允的法律的态度正好相反。

通过这些实验，我想我们希望大家看到的不是理性推论在道德中的确实性；相反，理性推论在道德评判中往往扮演了说服者的角色。比如在某个生活场景里，我想要在某件事上说服一个人，于是我说，他的某个行为是错误的。他可能会问："那我错在哪儿了？"我马上说了一大堆含义宽泛的大道理给他听。而这么做，很可能会有效果。这些大道理会让他信服："哦，对啊，你说得很对，我的确应该按你说的做。"但其实我们只不过是各怀小心思，对吗？

支撑我们道德信念的动机不是为了抹杀我们的理性思考能力，它的作用是引导推论的方向。在动机的驱使下，我们用技能和精力来寻找支撑自身信念的证据。这个现象可能在大多数的社会价值评判中都有，但是我想正是因为强大的暗示作用，它在道德评判领域里显得尤为有趣和微妙。

在演讲结束之前我还想说，我非常擅长理性思考，而且我经常说理性能够改变和塑造我们的道德信念。实际上，早些时候乔纳森·海特发表了一篇广为传阅且影响深远的论文，论文的主要观点认为情绪主宰了道德感。我当时就说："绝对不是！"保罗·布卢姆在一篇联合发表的短篇里写道："绝对不是，你的说法不对！"可是自那之后，我所做的所有研究似乎都成了乔纳森的观点的佐证。

即便如此，我依旧对理性思维抱有乐观的态度，我还是坚持一个观点，那就是如果被他人当面指出自相矛盾的地方，谁都会尴尬得无地自容。但是至少，我们需要保持这种对自由主义者和保守主义者挑刺的态度。现在，我得站出来跟乔说两句话。虽然我很清楚不论用哪种量表来检测，我都会落入自由主义的范畴，不过我真的不是一个自由主义者。

实际上，我是一个有自由主义倾向的共产主义者，而且常常对政治兴趣索然。我想这就是为什么我能够以科学家的身份来研究这些课题，且做到了没有偏倚。

乔舒亚·诺布

到目前为止，我们一直在探讨道德心理学领域的问题，探讨过的问题有：人们是如何进行道德评判的？他们在做道德评判的时候是基于情绪还是理性推论？道德感是后天习得的还是先天的本能？

在这次演讲里，我会把话题稍稍拓展一下。我想提出的问题与上述的稍稍有些不同：人们的道德思维在整个认知活动中到底扮演着怎样的角色？道德感这种特殊的思维类型和认知是什么关系，在我们理解事物的过程中又有什么样的作用？

假设我们正在目睹某件事情的发生。当我们看着眼前的情景时，都会对看到的东西产生自己的道德评判；我们可能会觉得这种情况下某人的行为从道义上说不过去，或者说得过去；我们可能会觉得某人的行为值得嘉奖，或者应该被责罚。但是道德评判不是审视事物的唯一视角。我们也可能会看着某个情景心生疑惑：这些人在干什么？他们想要干什么？他们是感到高兴还是不高兴？他们这么做会有什么结果，结果发生之后又会怎么发展？

那么我的问题是：这两种思维角度之间的关系是什么？人们思考的道德角度，比如思考某人的行为到底是符合道德还是有违道德，和直白的事实角度之间，比如这些人在干什么？他们这么做会导致什么？等等，到底有怎样的联系？

对于这个问题，认知科学里长久以来的主流看法是这样的：人们看待事物时，两种角度之间的关系犹如一出话剧里的前后两幕。按照这种说法，当看到一个场景时，你做的第一件事是试图弄清眼前正在发生什么。这时候你思考的问题就是：他们在干什么？他们想要怎么样？结果会如何？你想要的仅仅是从面对的情景里抓到一些关于事实的客观信息。随后，一旦明白了眼前正在发生什么，你就可以更进一步，进入第二阶段了。在第二幕里，你把关于他人行为的所有信息整合到一起，并对它们进行道德评判。

根据这种说法，道德层面的认知仅仅占到了我们全部认知活动非常有限的一小部分。当我们想要理解这个世界的时候，大部分的认知过程与道德没有半点瓜葛，仅仅是对事物的客观理解而已。道德评判就像以客观理解为基础，在意识活动的最后加上的一条小尾巴。当其他问题都搞清楚之后，我们用道德认知给之前的事实贴上标签。所以，主流说法认为道德认知没有那么重要，它不过是整个认知过程中具有一定作用的一个方面而已。

我认为这种主流观点在一定程度上是明显的直觉经验产物。人们相信这种观点不是没有理由的，因为它非常契合我们的思维体验。因此，它长期以来支配着道德认知研究领域。

不过在过去的几年里，反对这种观点的声音越来越多，其源头出乎许多人的意料。曾经有那么一帮哲学系的人，他们认为研究概念的最好方式莫过于通过实验直接测试人们对于这些概念的理解。哲学系里有人专门研究“知识”，有人专门研究“因果”，有人专门研究“意图”，凡此种种，不一而足。于是这些人想到：如果想知道这些概念对人们到底有什么影响，就不能光是坐在手扶椅上凭空想象、捕风捉影；也许应当走出去，通过实验看看我们是怎么理解这些概念的。这也是我们做这类实验的原因 ：我们系统地调整特定的因素，然后看这些因素的变化如何影响人们对概念的应用。

这一做法在哲学领域掀起了一场革命，促成了一种哲学质询的新方式。同样的情况在数年前也在经济学领域发生过，当时的经济学家们首先开始做经济学实验，这成了后来实验经济学诞生的契机。今天，同样的情形再次发生在哲学领域，它的产物被称为“实验哲学”（experimental philosophy）。

实验哲学最让人激动的地方不在于让哲学家动身去做实验的猎奇想法，而是在于它呈现给我们的研究结果。当年的那帮哲学家走出办公室开展实验性研究时，他们的实验结果没有能巩固先前的主流理论。他们没有发现人们认知活动的两个阶段，类似那种第一步先弄清楚事实，也就是眼前正在发生什么；随后进入第二阶段，用前一个阶段的信息进行道德评判。他们的发现恰恰和这种主流观点相反。

那些哲学家发现，人们的道德评判从一开始就在影响认知的过程，所以人们认识世界的全部方式似乎就是不断地进行道德考量。从这个角度来说，我们认识世界的通常方式就显得非常不客观了，反而是一种具有价值负载的方式。

今天我想要举一些例子，和大家探讨道德认知对认知活动的影响体现在哪些地方，我们又该如何理解它们。我想介绍的第一个实验可能很多人早就听说过了。在第一个实验之后，我会接着介绍一些更新的研究工作，那些实验对你们来说可能就比较新鲜了。

我想要介绍的第一个现象，是人们对于“故意”这个概念的直觉性判断。我们用是否“故意”来判断人们是否有意做一件事。问题在于：我们是怎么区分有意和无意的？人们通常是如何辨别他人的行为是故意为之还是无心之过？

当你刚开始思考这个问题时，会有一些看起来很容易理解的答案。比如，这种区别非常客观直白，只要看当事人在做出一个行为时的想法就可以了。故意的行为概括来说就是：那个人知道自己在做什么，或者至少意欲如此。

但是我们没有就此罢休，我们觉得这个概念应该有更多的内涵。也许人们感知故意的直觉有一些更微妙的特点。我的意思是，也许人们实际上的道德评判影响了他们对别人行为是不是故意的衡量。

这让我想到，当你判断某人的行为是不是出于有意时，仅仅知道他们的行为是否出于自己的意愿还不够。你还会先根据行为本身是否符合道德规范做出评判，而这会影响你对对方有意与否的认定。

为了证明这一点，我们做了一个非常简单的实验，在实验里被试会被安排在两个情境中的某一个里。这也就是说我们设置了两个不同的情境，而被试会被随机分配到其中一个。两个情境只有一个不同的地方。

我们设置的其中一个场景是一个故事，故事的梗概如下。

> 一个公司的副总裁去见董事长并对他说："现在有一个新方案，这个方案会给公司带来巨额的收入，但是也会导致环境破坏。"董事长回应说："我知道这个方案会破坏环境，但是我一点儿都不在乎。我关心的只有我们能赚到多少钱，尽快落实吧。"他们最终实施了这个方案，不出所料，这最终导致了环境破坏。

讲完故事之后，我们给被试提的问题是：这位董事长是故意破坏环境的吗？

面对这个问题，绝大多数人都说："是的！"他们都认为这位董事长是故意破坏环境的。而当你刚开始思考为什么他们会回答"是的"时，看起来这好像和故事里描述的董事长的心思有关系。他在行动之前就知道自己的行为会破坏环境，但是他置若罔闻，一意孤行地推行了方案。也许是因为他明确的想法这个事实，让被试认为他的行为是故意的。

但是我们在想也许还有一些更复杂的原因。人们认为董事长是故意破坏环境的，不仅仅因为他事先知道自己的行为会破坏环境，并且他知道之后还想要这么做，还因为人们认为他破坏环境的行为从道德上来说是不对的。为此，我们在实验中给另一组被试讲的故事与这个几乎完全相同，除了在一处地方进行了修改，把"破坏"改成了"帮助"。于是这个故事就变成了下面这样。

> 一个公司的副总裁去见董事长并对他说："现在有一个新方案，这个方案会给公司带来巨额的收入……不仅如此，这个方案的实施还能够帮助改善环境。"董事长回应说："我知道这个方案可以帮助改善环境，但是我一点儿都不在乎。我关心的只有我们能赚到多少钱，尽快落实吧。"他们最终实施了这个方案，不出所料，环境因此得到了改善。

讲完故事之后，我们给被试提的问题是：这位董事长是有意帮助改善环境的吗？

这次被试的回答就不一样了。他们不认为董事长有意帮助改善环境。相反，他们认为董事长只是无心之中帮助改善了环境。但在这两个故事中，董事长的态度看起来完全相同。不管是帮助改善还是破坏环境，他在方案实施前都清楚地知道后果，他也都决定推动方案实施，对方案导致的后果都持不在乎的态度；无论后果是什么其实都不是他试图实现的。这两个故事之间唯一的区别是主角的行为道德与否。第一个故事里董事长的行为因为导致环境破坏而被视为是不道德的，而第二个故事里他的行为因为帮助改善了环境而被视为是道德的。所以看起来人们的道德评判能够影响他们对于别人是否有意的直觉判断。

多年前当我们刚刚发表这些结果的时候，大家都很疑惑为什么会这样。就连我们自己也摸不着头脑，我们不知道这种现象的本质，也不知它有多大的适用范围。但是就在过去的几年里，从许多不同研究者完成的各式各样的研究里，我们渐渐明白了这种现象发生的原因。我认为探讨的最佳方式，是介绍一些由在座的各位完成的研究。大家也可以从中体会到关于这个问题的研究在过去数年里取得的长足进步。

我想从马克·豪泽实验室的工作开始探讨。马克·豪泽感兴趣的问题是：以上我们刚刚介绍过的现象，是出于人们的情绪反应吗？是因为情绪化的反应，才让我们把破坏与故意，以及帮助与无意之间画上等号的吗？

豪泽实验室的研究人员想到了一种非常有趣的方式来检验这个假说，那就是以患有严重情感障碍的人作为实验对象。如果想知道为什么正常人会有这种反应，这种反应是不是跟情绪反应有关系，那我们就可以以在这方面与正常人不同的人作为观察对象，寻找那些有情绪反应缺陷的人，然后观察他们如何反应。豪泽实验室以腹内侧前额叶皮层遭受损伤的患者为对象进行了实验。

这场研讨会上已经有很多人提到过，腹内侧前额叶皮层受损的人患有非常严重的情感反应障碍。与普通的被试相比，他们在涉及情感和情绪方面的反应往往不尽相同，因此，在面对需要情绪参与的与道德有关的问题时，他们的回答也会很不一样。一组研究人员由一名优秀的名叫利亚纳·杨（Liane Young）的研究生带领，前往探访被试，所有的被试都存在腹内侧前额叶皮层损伤。研究小组给他们描述了与我刚才介绍的情境完全一样的故事，就是那个董事长破坏或帮助改善环境的故事。

结果出乎他们的预料。这些被试的回答与普通人的回答一样出现了一边倒。即便这些新的被试患有严重的情感障碍，他们依旧认为故事里的董事长在破坏环境时是故意的，而在帮助改善环境的时候则是无心的。利亚纳·杨、马克·豪泽以及他们的同事随后总结认为，人们的倾向与情绪无关。也许这种现象和情绪反应没有什么关联。也许我们真的有一套专门进行无意识道德评判的认知系统，正是这套系统纯粹、无意识的认知评判让普通人在我们的实验中做出了那样的反应和回答。

我们首先假设情绪反应影响了被试在这些实验里的回答。但是当把情绪反应从被试身上抽离之后，我们得到的答案还是一样。这说明它并不是最大的影响因素。

当然，像这样的研究，常常会有许多不同的实验试图从各个角度寻找答案。大卫·皮萨罗和保罗·布卢姆也针对这个问题开展过一系列实验，只是实验结果把他们带向了一个独特的方向。他们的假设是人类的情绪反应对他们的评判的确有影响。尤其是，他们猜想即便人们不认可最初的情绪反应，它们的影响也一样会被保留。

试想你目睹了一个场景，你看到某个人正在做某件事，而这件事让你感到非常厌恶和恶心。它让你惴惴不安，无法平静。然后你开始推敲这个状况，最后认定这个人的行为其实没有你想得那么糟糕，它合乎情理。你最终的想法是，不应该为眼前的景象感到厌恶。你随即抹消了厌恶感，实际上能这么做是一件很好的事。

皮萨罗和布卢姆提出的假设是，在这样的情况下，相同的现象还是会出现。即使人们不认可自己的第一反应，它们也会在评判他人行为是否出于故意的时候影响被试的判断。

为了验证这个猜想，他们需要的是人们最终不认可自己第一反应的情境。

那么到哪里可以找到这样的情境呢？嗯，他们发现的情境之一，是在人们被问到跨种族性关系时。

在实验的开端，实验人员会直接询问被试："你怎么看待跨种族性关系？你觉得这种行为有没有不妥的地方？"100%的被试都会说："当然没有。跨种族性关系没有任何不妥的地方，绝对没有。这是再正常不过的事了。"

随后，实验人员会用一种非常巧妙的手段把被试对这件事的第一反应套出来。他们杜撰了一个和我之前说的董事长故事类似的情境。

> 假设有一个唱片公司的经理，有一天他去见自己的助手，助手告诉他："我们这里新到了一部MV，它很有希望提高唱片的销量，但是我们看完这部MV之后，觉得它有鼓励跨种族性行为的意味。尤其是，它明显暗示了黑人男性和白人女性之间的暧昧关系。"
>
> 经理思考片刻之后说："听着！我很明白这部MV里某些镜头在暗示跨种族性行为，但是这不关我的事。我关心的只是怎么提高唱片的销量，所以我决定就用这部MV了，准备发货。"最终唱片公司开始销售这部MV，不出所料，它掀起了一场跨种族猎艳的风潮。

我们的问题是：唱片公司的经理有没有故意鼓励跨种族性行为？

在这个实验里你可以看到一种惊人的关联性。那些第一反应倾向于厌恶的人，通常他们在日常生活中遇到各种琐事时，都很容易心生厌恶之情，更偏向于认为经理有意鼓励跨种族性行为。

到这里为止，我们发现了一个独特的现象：即便所有参与实验的被试都事先声称自己对跨种族性行为没有异见，但是那些抵触情绪更多的人在情境实验里的情绪化反应更明显。第一反应虽然被隐藏，却似乎依旧在影响他们对经理行为是有意还是无意的判断。

面对这些差异明显的实验结果，我们很难说到底能从中概括出什么来。也许为了解读这种现象和效应我们还需要做更多的研究，但这不是我在这里需要做的。现在让我们再来看一个完全不同的例子，这个例子的情境完全不同，但是它的结果和前面介绍过的如出一辙。

这次我想跟大家探讨快乐的概念，我们在日常生活中经常会问别人：“这个人真的快乐吗？”或者：“这个人这样做真的让自己快乐了吗？”而我想问大家的是：当我们问别人快乐的时候到底在问什么？快乐到底指的是什么？

你的第一反应很可能跟探讨“故意”的那个例子里一样。你会想，快乐不就是人的一种精神状态嘛。快乐相当于拥有如下情绪：感受到愉悦、对自己正在做的事情感到享受、获得满足感。如果有这些精神状态，那么你就是快乐的。如果没有，那你就不快乐。这种理解的角度可谓非常客观。

但是，当思考这个概念的时候，我们想的是：也许快乐的内涵不止于此。也许当你向一个人问“你觉得这个人快不快乐”时，你问的实际上不是“你觉得这个人具有快乐这种心理状态吗？”而是在问一些别的东西，一些包含了价值评判的东西。你问的其实是：你觉得这个人的生活过得有价值或者有意义吗？

如果你对别人说“我希望这个孩子能够快快乐乐地成长”，你想说的其实不是“我希望这个孩子在快乐的心理状态下成长”，你想说的是“我希望这个孩子能过上一种我的价值观所认可的生活”。

倘若真的如此，那么“快乐”就显得与我们熟知的、用于形容情绪的概念相去甚远。尤其是，它的内涵可能与自己的反义词“难过”都无法对应。

在介绍实验之前，让我来看看你们有没有直观地理解我的意思。假设我们正谈论某个人，我说：“她真的快乐吗？”按照我所说的快乐的概念，你应该想到我问的不是“她真的具有快乐这种心理状态吗”“她感受到某种情绪了吗”“她现在很愉悦吗”，我们想要表述的东西远比这要丰富。当你说“她真的很快乐”时，你想说她的生活很有意义或者价值。

但是现在，让我们从反面来看一下这个问题。假设我们在讨论某个人，我说：“她真的很不快乐。”我这么说不是为了指责她的生活很糟糕、空洞而无意义。我的话更像是在描述她现在的某种情绪。她此时陷在自己的感受里，心烦意乱。因此，我们可以看到快乐和不快乐从适用的范围上就存在差异。

在说明快乐和不快乐这两个概念的区别之前，我想给你们举一个关于快乐的例子，让你们先感受一下这个现象。我们递交这个研究的论文还没有几周，所以你们肯定没有读到过。我们首先给被试展示了一段文字白描，然后问他们故事里的角色是否快乐。白描有两个版本，只是在某几个点上有区别。

参加实验的第一批被试听到的故事是这样的。

> 玛利亚是三个孩子的母亲，孩子们都很爱她。说实话，孩子们很难想象这个世上还有比玛利亚更好的妈妈。玛利亚平时总是为照顾三个孩子而忙得不可开交。她常常奔波在为一个又一个生日派对做筹备的路上。她还经常去杂货店购置日用品，或者为孩子们买文具。
>
> 除了一心一意地照料自己的孩子，玛利亚还偶尔抽空去看望老朋友们。几乎每天晚上，她都要为第二天的日程做详细的规划，或者为孩子们的未来精打细算。

如你们所见，我们在故事里给被试呈现了一位勤劳务实的母亲的形象。然后我们告诉被试，过着这种日子的玛利亚对自己的生活抱有非常积极的态度。

> 日复一日，玛利亚常常觉得充满活力，她非常享受自己拥有的生活。当回忆过去的生活时，她从不后悔。除了眼前之外，玛利亚似乎再也想不出第二种可以让她如此满意的生活，她认为过去所有的付出都非常值得。

我们给被试的问题很简单：你觉得玛利亚快乐吗？

而第二批被试，他们听到的这段故事犹如那个一会儿破坏环境，一会儿又帮助改善环境的董事长的套路。在给他们展示的那段白描里，主角过上了一种非常不同的生活，不再踏实勤劳，反而有些空虚乏味、虚度光阴的意味。第二批被试听到的故事是这样的。

> 玛利亚一直希望在洛杉矶过上上流社会的生活，她最近甚至为此开始与一些名人约会。玛利亚平时为出人头地而忙得不可开交。她常常奔走在出席一个又一个名流派对的路上，经常需要购置烈酒和礼裙。玛利亚心心念念跻身社会名流，为此她不惜向昔日好友信口雌黄，唯一的例外是对旧友中那些已经出人头地的人。几乎每天晚上她都会喝醉或者吸毒，如同她歆羡的那类社会名流。

听完这段白描之后，第二批被试随后被告知玛利亚对自己的生活怀有非常积极的态度。事实是，他们听到的叙述与第一批被试听到的几乎一模一样。

> 日复一日，玛利亚常常觉得充满活力，她非常享受自己拥有的生活。当回忆过去的生活时，她从不后悔。除了眼前之外，玛利亚似乎再也想不出第二种可以让她如此满意的生活，她认为过去所有的付出都非常值得。

我们给第二批被试的问题也一样：你觉得玛利亚快乐吗？

也就是说，对于两批被试来说，玛利亚的想法和态度是一致的。两种情况下她的情绪都很正面和积极，都觉得很愉悦，对自己的生活无比满意。两个故事的区别仅仅在于玛利亚的生活是否有价值和意义。

而结果是，两批被试对于玛利亚是否快乐的判断大相径庭。尽管她在两个故事里的情绪都很积极，人们还是会说当过着有意义的生活时她才是快乐的；而当生活缺乏那种意义时，她就是不快乐的。

为此我们通过控制不同的变量，又进行了一系列实验来验证这个现象，结果相同的现象总会出现。一旦人们相信玛利亚过的生活是空虚、乏味和无意义的，他们就不愿意承认她是快乐的。

当然，我在这里想要提出的不仅仅是快乐这个概念如何如何，而是快乐这个概念本身与其他概念的区别。与其他形容情绪的概念相比，快乐有它的独特之处。为了便于说明，我们为进行不同的实验设计了一份 2×2 的表格。这张 2×2 的表格被用于统计涉及两个不同因素的实验结果。

第一个因素是故事的主角过着的有价值的生活，比如当一名称职的母亲；或者没价值的、糟糕的生活，比如帕里斯·希尔顿过的奢靡生活。

第二个因素是我们在实验中的两种问被试的方式。我们会问："你觉得玛利亚快乐吗？"或者："你觉得玛利亚不快乐吗？"

对于我们询问玛利亚是否快乐，被试的回答与我之前介绍的那个实验如出一辙。如果玛利亚的日子过得很充实，他们就会说玛利亚很快乐；反之则会说玛利亚不快乐。但是假如你用另一种询问的方式问被试："你觉得玛利亚不快乐吗？"你就完全看不到偏倚的现象了。当评判的方向是玛利亚是否不快乐的时候，你会发现人们的道德评判被关闭了。判断玛利亚是否不快乐的唯一标准变成了她主观的感受，但白描里并没有说她感觉伤心，或者说她感觉良好。

在三个不同的研究里，我们在被试身上都发现了同样的联系。对于"她快乐吗"的判断，对角色生活的道德评判起了重要作用。而在判断"她不快乐吗"时，道德评判就不会参与了。

作为总结陈词，我想要简短地谈谈对这个研究的展望。在刚开始研究"故意"这个概念时，我们曾一度认为人们偏倚的现象只是某种个人癖性的体现，是对特定概念的偏颇理解。我们猜想可能是概念本身有一些特别之处，而没有怀疑过我在演讲开头所说的认知科学的那种主流观点。

但是随着研究的进行，我们在一个又一个概念的实验里反复看到了同样的现象。不是只有对"故意"和"快乐"这两个概念的理解受到了道德评判的影响，道德评判还影响着我们对知识、因果关系、自由以及某些本能反应的直觉认知。

道德评判对于他人行为是否出于故意的判断的影响，似乎只是一个缩影。从我们的研究来看，道德评判影响的似乎是我们对世界的理解方式。我对于在座同行如何解释和看待这些认知现象怀有浓厚的兴趣。

WHAT'S INTERESTING
IS THAT
MANY A TIME PEOPLE
HAVE INTUITIONS THAT
THEY'RE EQUALLY
CONFIDENT ABOUT,
EXCEPT THEY'RE WRONG.

有趣的是，许多时候人们对自己的直觉总是盲目自信，
而对自己的执迷不悟毫无察觉。

——《直觉思维的伟大与缺陷》

02

THE MARVELS AND THE FLAWS OF INTUITIVE THINKING

直觉思维的伟大与缺陷

Daniel Kahneman

丹尼尔·卡尼曼

行为经济学家，普林斯顿大学教授，2002年诺贝尔经济学奖得主，著有《思考，快与慢》

我想要讨论的优劣正是直觉思维的伟大与缺陷。我思考这个话题已经有40多年了。我想先让大家看一组图片，图片中的人是我早期的合作者阿莫斯·特沃斯基（Amos Tvorsky，见图2-1）。我今天想要带来一些最新的研究。而且，我也会介绍一下研究的起源，以及如今对它的理解。

我正是跟阿莫斯·特沃斯基一起完成了判断与决策的早期研究。我很喜欢这两张照片，尤其是图2-1（b），这是阿莫斯·特沃斯基完成工作之后的样子。我一直觉得，只有这么超凡的人做出这样的研究，才让我们见识到什么是杰出的科学研究，以及谁在完成这些科学研究。人们爱戴那些活得有趣并致力于科学研究的人。

（a）

（b）

图 2-1　阿莫斯·特沃斯基

我们关注的是直觉和直觉思维的缺点，这一领域的研究源于一场关于人们是不是优秀的直觉统计学家的讨论。阿莫斯和密歇根大学的一些研究者得出了他们的结论。那个时候正在教授统计学的我认为人们绝对不是优秀的直觉统计学家。这不仅是因为我的学生们都不擅长直觉统计，而且因为我自己就是如此。我对于事物的直觉总是很不准，这其实是一件非常诡异的事情，也是我今天想要讨论的问题：统计思维的难点在哪里？它为什么会这么难？

我们最终开始研究一些我们称之为“启发式和偏差”（heuristics and bias）

的东西。这些东西都是思维的捷径，每一条捷径都以它们带来的偏差来命名。这些偏差非常有意思，同时也是启发式思维存在的主要证据。如果你想知道某些事情是如何发生的，最有效的方法就是观察这种思维产生的错误，因为错误会告诉你它在做什么。我们更能从错误而不是正确表现中去了解思维过程。

我们关注错误，并逐渐确定了一个想法：人们基本上都是错误的。我们就好像变成了非理性的预言家，证明了人不是理性的。但我们从来就不愿承认这一点，原因之一就是我们在自己心中是最棒的。我们不会觉得自己愚蠢，虽然做的尽是蠢事。我们不是在研究其他人的错误，而是在不断探索自身思维方式产生的错误，即便当自己对此有了更多的了解。我们能够分辨自己正在被什么样的错误所诱导，以及从根本上判别诱导我们的错误是什么。

在这 40 多年里涌现了大量的研究。但是我要说，并没有很多研究关注我们所关注和研究的内容。相当多的研究立论还是成立的，但是对这些立论的解读发生了变化。现如今，当我们谈论直觉的伟大之处时，还会讨论之前知之甚少、讨论寥寥的内部机制，而且能在这些伟大之中发现缺陷与不足。我们大部分的时间都花在了研究这些缺陷和不足上，因为这就是我们要做的。

事实上，这些缺陷频频出现，不仅在心理学，而且在其他学科中也是如此。在教学的时候，你会根据花在每个主题上的时间来判断它们的重要性。但你教的其实是正在发生的事情，那些最近发生、当下发生，以及被认为是有趣的东西。缺陷比优点更有讨论的空间。大多数时候，我们做的事情都还可以，但是你能花多长时间来证明我们做的大多数事情都还不错呢？所以，我们关注那些做得不怎么样的事情，但是学生和同行们会觉得我们只对那些糟糕的事情感兴趣。那是我们在很早的时候做的事情。我们并没有努力去驳斥这些失败，因为我们大多数的研究都是关于缺陷和不足的。如今，我们对缺陷和伟大都比以前了解得更多了。

在研究之初尚且模糊，如今已经变得清晰的一件事情是：思维产生想法的方式有两种。一种方式是经过有序的计算，按步骤完成，存储规则并运用这些规则（见图 2-2）。还有另一种方式。比如，你看见了图 2-3 中的女士，她很气愤。你感觉她的愤怒情绪就跟你意识到她头发是深色的一样快。直觉和知觉之间并没有明显的界限。知觉是有预测性的，你知道这位女士接下来会说什么，至少知道她接下来的语气是什么样的，这时知觉和直觉就非常相近。据我所知，知觉和直觉之间并没有非常清晰的区分。我们身处社会情境之中，无法忽略语言和行为的进化。但是对我们来说，尤其是我自己，进化对于直觉的主要意义就在于，直觉如何从知觉中发展而来，它是否源于知觉具有预测性的方面。

24×17=408

图 2-2　第一种思维方式：规则

愤怒

图 2-3　第二种思维方式：预测

如果你想了解直觉，理解知觉是非常有用的，因为很多知觉的规则都可以运用到直觉思维中。直觉思维和知觉截然不同。直觉思维有自己的语言，它还具有以不同方式组织和嵌入的对世界的认识，不仅仅包括知觉。但是，接下来我们要谈到的知觉的一些基本特征会直接发展成直觉思维。

我们目前所知的是：心理操作大致存在两个系统，为了更清楚地表达，我称它们为第一类机制和第二类机制。接下来，我会采用更模糊但是更有用的表达。

第一类是自动的、不费力的，也常常是无意识的，具有关联一致性，我后面会讨论它。第二类是有控制的，需要投入的，通常是有意识的，也更倾向于逻辑上的一致，是有规则的。知觉和直觉属于第一类，它们的特征比较粗略，不够细致。训练的技能是第一类，非常重要，如我们知道怎么开车、说话、理解语言，等等。它们自动自发，不需要我们有意识地去做，所以也难以控制。

第二类是有控制的，更慢，更精细，就像迈克尔·加扎尼加（Michael Gazzaniga）[1]昨天说的，第二类就是我们认为自己是谁。我觉得，如果一个人能拍一部关于这两类系统的电影，塑造一个英雄的人物形象，第二类只会处于次要地位，因为我们每个人都认为自己是英雄。事实上，第一类是最重要的，因为它完成了大部分的任务，而我们对这些大多数的任务一无所知。

我并不认为这个观点会被普遍接受。并非每个人都认为如此，但是，认知心理学和社会心理学的很多人都认同要对心理加工的系统进行非常基础的分类。在最近 15 年里，我们在心理加工，尤其是第一类心理加工到底是如何工作的认识方面，有了非常大的突破。我将从以下这个例子开始阐述。

这是一份研究报告，该研究是在英国一些大学的食堂进行的，这些食堂里会有一个诚信系统，允许人们在买茶或牛奶后自助投币。有些人想到一个非常聪明的点子：在牛奶或者茶的货架正上方贴一张海报，而且每周都更换一次。海报每周都会换，从花变成人

[1] 迈克尔·加扎尼加：当代伟大的思想家，认知神经学之父，现执教于加州大学圣塔芭芭拉分校心理学系。《谁说了算？自由意志的心理学解读》《双脑记》已由湛庐文化策划，浙江人民出版社、北京联合出版公司出版。——编者注

的眼睛，相应地你可以看到人们付钱的数量变化。纵轴最下端是最开始的一周，效果也最显著，事实表明了一切。最终的数据说明了很多，但是人们完全不知情，没有人知道海报意味着什么。海报上是人的眼睛，这些眼睛就是符号，代表有人在看着你，因此产生了效应，人们支付了更多的费用（见图 2-4）。

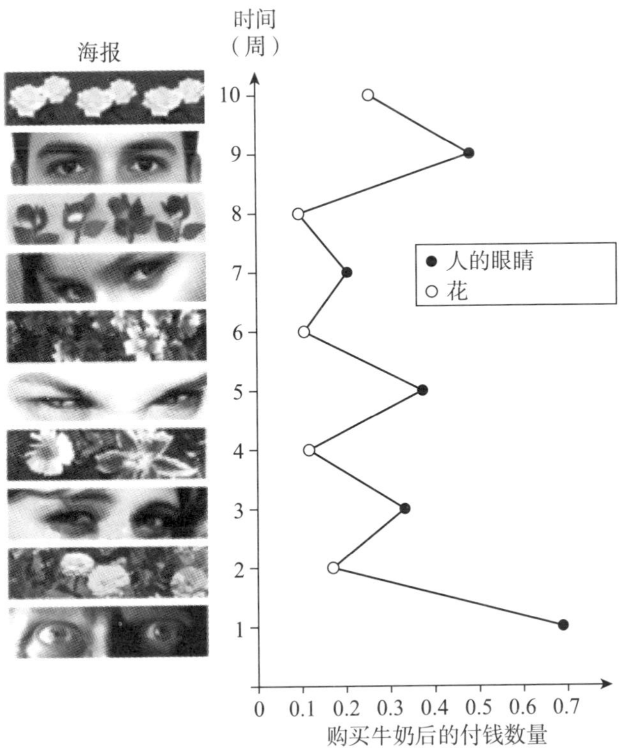

图 2-4　第一类心理加工研究

设置的效果、启动的效应，以及无意识思维的力量，所有这些都是心理学领域的一个重要转折。我无法想象自己人生中还有比这更大的转折。如果你问什么让我兴奋？对我来说，这就让我非常兴奋。

对于第一类机制有一个非常极端的例子，它完全无意识，却非常强大，以一种必然的方式融合了认知和动机，并强有力地控制了行为。

香蕉　　　　　　呕吐

你看到上页的两个词之后的几秒中都想到了些什么？我所说的所有内容都已经被最近的研究证实了，大多数研究都是近 10 ~ 15 年内完成的。看到这两个词后，人们一般会回避“呕吐”。事实上，你会不自觉地往后退，这个是可以被观测到的。你会做出厌恶的表情，虽然不是很明显，但确实会有。这种厌恶的表情会让你觉得更糟糕，因为我们知道，强迫他人塑造某种特定的表情会改变他们的思考和感觉。所有这一切都会发生。好了，你现在知道这些了，但还会有其他的一些事情发生。你会根据这两个本身毫无关联的词编出一个故事来使这两个词之间产生联系。香蕉可能导致呕吐，你突然开始讨厌香蕉了。这种事情或多或少都发生过，尽管这并非你的本意。

这非常有趣。发生的这些事情就是你的联想结构和联想记忆（我接下来会讨论联想记忆是如何发生的）发生了改变。你应该把它们想象成一个巨大的思想储存库，这里面的想法以各种关系彼此关联，包括因果关系和其他关系。从一个想法到另一个想法的激活需要庞大网络中某一个局部网络的激活，而这个激活的局部网络正是当下正在运行的。你可能对此一无所知或知之甚少，但这就是真相。这些被激活的关系联结包括了和“呕吐”相关的任何词汇，如“疾病”“宿醉”等，而它们被激活的事实也表明你已经提取出了这些词汇。

这是一个非常有趣的功能。对于正在发生的事情你有一个小型反应，这种反应是对真实事件反应的一种模糊复制，使你准备好应对接下来要发生的事情。所谓的准备好，就是你只需要少量的刺激就可以组织出词汇，这就是核心。激活所有脑海中跟“呕吐”相关的词所需要的能量大大降低了，和“香蕉”有关的很多词汇也是如此。

关系联结是需要建立的，这就是最为神奇的部分。你编了一个因果故事，呕吐看起来像是结果，它需要寻求因，所以你编造了一些情境。所有这一切都是自然发生的，大多数时候都是无意识的，但是你被启动了，已经为接下来要发生的事情准备好了，尤其是那些香蕉导致呕吐的故事。

在过去 10 ~ 15 年里，关于这整个过程我发现的另一个令人惊奇的事情是所谓的“关联一致性”（associative coherence）。任何事情都会强化另外一些东西。你让人们戴上耳机，说你要测验耳机音频质量，所以希望他们在听的过程中晃动脑袋。他们中有些人被要求点头，另一些人则被要求摇头，你给他们的听力材料都是政治社论。那些点头的人相信了听力材料，而摇头的人不相信。这个实验没有产生非常大的效果，但确实是存在的。仅仅是少数的实验参与者就已经展现出这样的效果，这是很可靠的。

这个系统置入了对现实的稳定表征之中，这就是一个巨大的成就。“那是一个奇迹。那不是纰漏，那是一个奇迹！”一致性是需要付出代价的。

一致性意味着你要接受一种普遍适用的理解，在这个过程中，模糊性会被削弱。这就是一个想法激活其他想法的一部分机制：这些想法之间的一致性越高，相互激活的可能性就越大，其他不一致的东西就会被搁置在一旁。我们总是在强化一致性的理解，这种理解甚至超过了事实。

这也是我们知觉的特征。如果你给人们呈现出一些模糊的刺激物，他们可能并不会注意到模糊性。如听到“bank”这个词，大多数人都会理解成“银行”，一个有地窖、有很多钱的地方。但如果你正在读一篇关于溪流和钓鱼的文章，“bank”就意味着别的东西。你没有意识到自己处于非此即彼的选择之中。即使意识到了，你也曾经忽略过。也有可能两种意义被同时激活，但其中一种很快就被压抑了。创造一致性理解的机制既是日常发生的，也是主观发生的（我用“发生”这个词，是因为这不是我们有意去做的事情，而是发生在我们身上的事情）。知觉也是如此。按照柏拉图的说法，观念想法在某种程度上强行进入我们眼中，这就是我们感觉的途径。在第一类机制中，我们是被动接受的。但是在第二类机制中，在形成精密思考时，我们在形成精密思考的过程中，都是自身行动的决策者，因此这一机制下的现象论是非常不同的。

我要给你们介绍一下这些天我对直觉思维的思考，从以上观点出发，我取得的进展可能会招致很多人的憎恨。在这里我将用第一系统和第二系统对此进行描述。第一系统完成各种各样的事情，而第二系统完成其他的事情。对于我们大脑里发生的事情，我将采用两个虚构角色之间的心理剧来进行描述。

第一系统和第二系统分别为两个角色，它们彼此斗争。它们两个都有自己的偏好，以及做事的方式。我首先要为自己这么做道歉，因为我并不相信大脑中真的存在这样两个相互影响的系统。但是，事实证明，我们的记忆和心理就是这样被塑造的，某些操作确实比另一些操作要更容易。

我最近读了一本值得推荐的书，叫作《与爱因斯坦月球漫步》(*Moonwalking with Einstein*)。在这本书中，乔舒亚·福尔（Joshua Foer）描述了自己如何采用从希腊人那里留传来的技术，在短短一年内将自己训练成了美国的记忆冠军。他表达的观点非常直观：我们在记忆列表信息方面非常差，但很擅长记忆路径。如果在路径上安排了列表，你就会记住这些列表里的内容。

事实证明，我们确实在某些事情上格外擅长。我们特别擅长找一个代理，然后给这个代理设置特征，并记住这些代理拥有哪些习惯，能做哪些事情。关于第一系统和第二系统，或者第一类机制和第二类机制（基本就是一回事，你可以将第一类机制和第二类机制看作第一系统和第二系统）。一定有一些事情是这两个系统喜欢做、可以做的，也一定有一些事情是它们无法做到的，但没有一件事情是这两个系统同时都很擅长的。我的这个观点可能会让人觉得讨厌。人们会告诉我，你使心理学倒退了 50 年，因为不关注人的想法罪孽深重。我接受这种批评，但是它真的可以帮助你在思考这些不同的角色时想到它们各自的特征。我可以给你们举几个例子。

第一系统可以做什么？有哪些操作是不需要指挥，在不思考的情况下自动发生的？有一个。我们不需要思考就察觉侦查到不连续或者异常的东西，而且速度非常快。它的敏锐度也非常惊人。我最爱听拥有一口纯正英国上流社会口音的人颇有英伦范儿地说：“我有文身，我整个后背都有文身。”但 250 毫秒内我就会觉得不对劲。操着一口上流社会英式口音的人后背不会有大片文身的。

如果一个男声说：“我觉得我怀孕了。”200 毫秒之内你就会觉得不对，男人不可能怀孕。这就是真实发生的事情。我们必须了解的和可以记住的信息让我们很快就能发现以上这些例子中不对劲的地方，而且它们常常以一种超乎寻常的速度出现。这表明了人们能快速从大脑中提取出这些东西，在200～400毫秒间形成一个令人惊讶的完整反应。这就是第一系统在做的一件事情。

第一系统还能推测原因和意图。当然，这也是自动发生的事情。婴儿也能做到，我们经常能观察到这点。婴儿可以识别意图，他们也拥有可以判断屏幕上物体意图的系统，比如一个物体正在追逐另一个物体。婴儿会希望追逐者沿着直线运动，不是沿着被追逐者的路线，而是径直去抓住它。很明显，我们具备这样的功能，它是与生俱来的东西。我们天生就具有因果的知觉。

正如之前提到的，第一系统还会忽略模糊性，压抑怀疑，夸大一致性。我已经提到了关联一致性，而且在很大程度上，这正是化神奇为腐朽的地方。我们看到的这个世界的一致性比它实际上的一致性要强得多，正是因为这种“创造一致性”机制的存在。大脑里有一种感觉器官，这使得我们会将万事万物都看作情绪一致、关联一致的，所有这些都是由第一系统完成的。

这个系统的另一个特征（我称为“所见即所见”）及其机制使得我们对那些缺失的信息并不敏感。这样的机制非常重要，可以获得任何信息，同时从当前可用的信息中提取出最合适的，并让你忽略那些缺失的信息。因此，你可以看到人人都跳进了结论的坑里，我称之为“跳进结论的机制”。这一过程是在短时间内发生的，没有什么样本基础，甚至仅仅是基于不可靠的信息。你可以列出细节说这些信息很可能不靠谱，但除非这个结论已经被拒斥为谎言，人们才会全心地进行推论。你能观察到的就是这样。

现在，我们来看看第一系统常犯的错误——造成过分自信。人们对自身信念的信心并不是基于证据的质量，也不是基于对证据质量的评判，而是基于对他们在脑海里建构的故事一致性的判断。很多时候，你可以在没什么证据的情况下编造出一个绝妙的故事来，故事从头到尾非常通顺。人们经常对那些没有什么根据的故事非常信服，其中拓展了阿莫斯和我的“自然计算”

（natural assessments），也就是说，有些计算是自动发生的。例如，我们会自动计算自己和其他物体之间的距离，因为那就是我们会做的事情，这是知觉过程中发生的自然反应。

但是，我们不会计算所有事情，有一些计算我们会做，有些不会。

你可以看看图 2-5 中的线段。

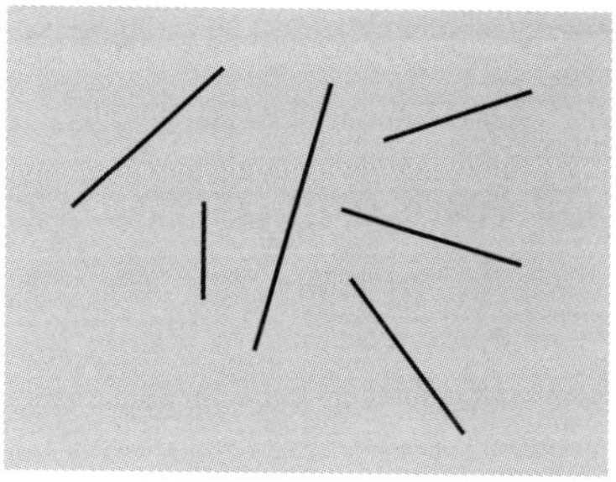

图 2-5　一些线段

这是一些人（包括我妻子）在实验中发现的证据：人们在做着其他事情的时候，只需看一眼就能轻松估算出这些线段的平均长度。提取这个信息的过程是即刻发生的。但是，如果有人问这些线段的总长度是多少，人们就无法立刻回答出来。你可以轻松答出平均值，却不能轻易算出总和。为了得到总和，你必须先估算线段总数，然后算出平均长度，然后将两者相乘才能得到结果。但在自然计算中你可不是这样做的。在自然计算和非自然计算之间存在着非常重要的差异。对于有机体来说，有些问题回答起来轻而易举，有些问题则很难回答，这就产生了很多不同。

我思考这个现象时发现，求平均值和求和之间的不同是非常重要的，因为一些变量具有我所称的“类和”（sumlike）特征。它们是发散性的类和变量。经济价值就是一种类和变量。

这是奚恺元教授（Christopher Hsee）的一个经典实验（见图 2-6）。他让人们为 A、B 两套餐具出价。实验中有两个条件，在其中一个条件下，人们能看到图 2-6 中同时呈现的两套餐具；在另一个条件下，人们只能看到 A 套或者B套餐具。如果你看到的是图2-6中的实验材料，决定似乎很简单，明显A套比B套更划算，因为里面有更多的餐具。但是，如果你只能看到一套，人们对B套的出价似乎会更高，基本比A套要高出10美元，因为B套每件餐具的平均价格要比A套高。我们激活了这种思维原型，而忽略了另外一种。这种现象随时随地都在发生。

	A套：40个	B套：24个
餐盘	8个，都是好的	8个，都是好的
汤碗或沙拉盘	8个，都是好的	8个，都是好的
甜点盘	8个，都是好的	8个，都是好的
杯子	8个，2个坏的	
小碟子	8个，7个坏的	

图2-6　奚恺元的实验（1996）

在其他的事物中，概率也是一种类和变量。概率是可以叠加的，但我们总是将它视为平均变量，概率判断中的大量错误都来自这样的混淆。

对于第一系统的功能，我想谈论另外两个特点。它的运行机制非常神秘，但是我会用一个例子来说明。朱莉在她4岁的时候就可以流畅地阅读了。那么以朱莉4岁的阅读能力，她已经读了多少个故事了？你是可以回答这个问题的，因为你有一个基本的判断。有些人如果回答“两个”，显然太少了；但是回答25个，可能又太过了。我们产生了一个和绩点对应的想法。非常有趣的是，当你告诉人们朱莉现在要从耶鲁大学毕业了，让他们预测她的绩点时，人们的预测都是跟他们认为朱莉4岁的故事阅读量相匹配的。尽管对于朱莉4岁时阅读的故事数量的预测都毫无根据，但他们就是会这么做。

跨维度进行强度匹配也是第一系统可以做的事情。这种能力非常有用，因为正如你将看到的那样，它可以让人们回答关于自己的问题，而这正是我们大多数时候都在做的事情。第一系统的计算比我们预想的还要多。心理动因是指你有一件想做的事情，而这件事情通常会产生很多结果，不只是单个的行动，而是很多事情会同时发生。

下面就是个例子。

VOTE - NOTE
VOTE - GOAT

在一项实验中，实验人员给被试播放这些词语的录音，他们听到的这两组词都是押韵的，但是对下面一组词的反应比上面一组词要慢得多。你觉得是为什么？事实上，被试都在自己的脑子里进行了拼写。他们本来不应该想到拼写的，没有人让他们回想这些词如何拼写，但是他们就这么做了，没法禁止。你问了一个问题，他们却在回答另一个。

以下哪些句子是通顺的？你可能会花时间去想这是不是一种隐喻，但这并不是我们希望你去做的事情。对于“有些工作是毒蛇”，人们确实要花更长时间去判断语义是否通顺，因为它从隐喻角度是成立的，而人们在不需要判断隐喻的时候硬是进行了隐喻拟合。人们对“有些工作是监狱”的判断很慢，但是对“有些道路是毒蛇”的反应很快。没有什么隐喻。我想通过这个例子去探究第一系统是如何工作的，但是它似乎变成了一支发令枪，让人们想了太多我不希望他们想的东西。

Some jobs are snakes.
（有些工作是毒蛇）
Some jobs are jails.
（有些工作是监狱）
Some roads are snakes.
（有些道路是毒蛇）

有时候，第一系统计算出来的东西比它要计算的快得多，这会产生更多的错误。

我和阿莫斯·特沃斯基主要研究人们用相似性取代概率的案例。我们最有名的研究案例是一位叫琳达的女士。我不知道你们有多少人听说过琳达，她在一所大学学习哲学，大多数人都认为是伯克利大学。她参加了一些反核游行，且非常积极活跃和聪明。10年过去后，她现在怎么样了呢？是不是成了一名会计师？没有。她成了一名银行出纳？也没有。她成了一名女权主义者？是的。她成了一名具有女权主义思想的银行出纳？是的。从相似性上来说，她更像是一名“女权主义”的银行出纳，而不是一名“银行出纳”。但是从概率上来说，这根本就不成立。事实上，当人们需要计算概率的时候，概率很难计算；但相似性是可以立刻判断的，它是一种自然计算。相似性总是会第一时间出轨，蒙蔽正确的计算。

这就是我们的观点。这个观点一直以来都被质疑，但这就是我们提出的观点，也是一种普遍的现象，即启发式思维无法正确回答问题。也就是说，你问了一个问题，但其实你问的是另一个和原问题有关联的问题。对于启发式思维还存在一些其他的观点。吉仁泽就认为启发式思维是一种“快捷而节省”的正式运算，因为它们基本不需要信息，有时也能达到非常准确的估计。我对此观点存疑，节省的运算并不是必需的。我们的大脑是一种平行处理器，它可以同时做很多事情，也可以一次运算大量信息，所以我们并不需要在运算中节省。

那么，第一系统不能做什么呢？它无法同时处理多种概率。同时处理多种概率是指我们必须有意识地、仔细地去做事情。第一系统被设定为避免模糊性，因此意味着只会有一种解释。它不能处理类和变量，类和变量需要另一种思维。第一系统无法准确地判断概率，也不能进行准确的经济价值判断。

这里有一个重要的问题：你会如何将个案信息和统计信息结合起来？我认为第一系统在处理统计问题上有很多不足。第一系统（这里可以将它类比成知觉）是有目的的，或者说是被设计好的，它在处理个案的时候能非常漂亮地完成任务。例如，它可以累积大量个案信息，这也是我想要探究第一系统的部分原因。当我在形容它的时候，它就已经活跃起来了。你或许正在积累有关它的信息，但是结合不同种类的信息，即那些有关个案和统计方面的信息，这看起来似乎更难一些。

下面是一个有点老的例子。

假设一个城市里有两家出租车公司。其中一家 85% 的出租车是蓝色的，另外 15% 是绿色的。某天夜里出了一场肇事逃逸的车祸，一辆出租车涉案。有一个目击证人声称他看到的肇事出租车是绿色的，也就是比较少的那种颜色。法庭对目击证人进行了测试，结果是，当目击证人说是“蓝色”的时候有 80% 的概率是可信的，当他说是“绿色”的时候也有 80% 的概率是可信的。如果你问别人，你的判断是什么？总体上人们还是更关注那个 80% 的概率。也就说人们忽略了基础概率，他们只运用了这个案例的因果信息。之所以是因果，是因为在车祸和目击者之间存在因果联系。

其实，只要一个非常小的变化就能改变这一切。如果这座城市里有两家出租车公司，它们的规模都一样大，而 85% 的车祸都是由蓝色出租车造成的，这种基础概率就不可能被忽略了。它和基础概率完全结合在一起。在这样的情况下，目击证人的陈述将与前一种情况完全相反。这两个案例的不同之处在什么地方呢？不同之处在于，当你读这个案例的时候，你很快就得到了结论：蓝色出租车的司机疯了，他们都是马路杀手，对每个司机来说都是如此。这是你瞬间就能形成的刻板印象，但这是对于个人的刻板印象，而不是对整体的描述。这是对每一个蓝色出租车司机的描述。我们这样的操作完全不同于之前的概率描述，这种概率只描述了肇事出租车在整体之中的可能性。第一系统在这方面存在缺陷，但它并非无法实现。当然，这方面还有很多值得探究的地方，这将会是一个长期的研究。

我还想讨论一下第一系统的伟大和缺陷所在。到目前为止，对我自己而言，我可以看出周围的大多数缺陷。这是一种专长，而专长正是第一系统完成的。也就是说，专业行为在第一系统。大多数时候，我们会做自己擅长的大多数事情。举个我很喜欢的例子：当我接起电话时，妻子安妮只要说一个词，我就知道她的心情怎么样。开口第一个词基本没有什么信息，但是那对我而言就足够了。这是一种高阶的擅长。它是如何产生的？是通过大量的强化训练形成的。我们所有人都是专家。一个面对巨大火灾现场的指挥官或一个面对重要手术的医生，只要在自己的领域有足够训练，他们就能沉着应对这些非凡情境，就像我练习应对安妮的电话一样。这就是第一系统，它伴随着完全的自信。

有趣的是，许多时候人们对自己的直觉总是盲目自信，而对自己的执迷不悟毫无察觉。这种事情是由一种“替代机制”（mechanism of substitution）导致的。你可能被问了一个问题，但是回答的却是另一个问题。然而，你回答得非常有信心，甚至意识不到自己在处理一个根本就不擅长的任务。你心中已经有了一个答案，不管这个答案是对是错，你主观上对它们的感觉都是一样的。不管你得到这个答案是基于大量信息，还是没什么依据，这都是你应该进行审视的问题。对于因擅长或启发式思维产生的直觉，人们对它的主观自信是一样的，而后者其实源于替代机制。

第一系统的伟大之处当然比缺陷更显著。比如在量化方面，在大多数我们能做好的方面；再比如我们能很好地适应环境，否则也不可能会在这里；等等。但缺陷是有价值的，区分好直觉和坏直觉的难处就非常有价值。

回顾20年前，我们因为一个研究问题跟莱达·科斯米德斯（Leda Cosmides）和约翰·托比（John Tooby）有过一场讨论。这是阿莫斯·特沃斯基和我在30年前的一个研究。我们在不列颠哥伦比亚省对所有年龄和职业的成年男性样本进行了一个健康调查。“请你对以下问题给出最佳预估：你认为受访男性中，有多少比例的人得过一次甚至多次心脏病？”人们回答的平均值是18%。“请你对以下问题给出最佳预估：你认为受访男性中，有多少比例的人在55岁以上且得过一次甚至多次心脏病？”人们回答的平均值是30%。大多数人认为第二个问题的概率比第一个更大。

以下是针对我们的观点的另一种思路，也是健康调查。这个调查获取了100个成年男性的样本，所以可以看到具体的数字。“100个受访者中有多少人得过一次或多次心脏病？”“100个受访者中有多少人在55岁以上且得过一次或多次心脏病？”这个版本的问题显然简单得多。之前那个实验中的大部分人都犯错了，而在这个实验中只有少部分人犯错。预估的比例很要命，而具体的数字就很简单。

关于如何解释这些现象，还有很多有趣的讨论：莱达和约翰提出了一种关于进化论的解释。我对此的解释是认知上的过程。尽管我们对此还没有有力证据，但我非常确定我们是对的。对我来说，100 个样本中的数量而非百分比所产生的效应的原因，就在于空间表征（spatial representation）。如果我有空间表征，这 100 个样本中有过一次或多次心脏病的人会被放在房间的角落，而这群人中年龄在 55 岁以上的必然会更少。依我看来，这完全是“优势频率”（frequency advantage）的认知理解。因为说到个体与个体数量，就需要完全不同的一种表征，而这正是我所强调的第一系统中的一种表征，能让你截然不同地面对它。

昨天午餐的时候，史蒂芬·平克和我进行了一次非常有趣的对话，主题是这些不同的解释模型中谁最有解释力。事实上，可能并不是哪种模型更强大的问题。我原以为我们可以对这个话题讨论几分钟，但事实上进化一直都是个大话题。并非我不相信进化，而是必须有清晰的说明。进化为我们提供了对这些问题的最佳解决方式，并没有锚定在我们的认知之中。我认为我们或许希望回答所有问题，或者我们只是想讨论这个问题。

就是这样。

“个体即大脑”“仅凭大脑就足心作为意识产生的充分条件”等说法就像巫术里的咒语，不足采信。

——《世间有生之物即为生命》

THE IDEA THAT **YOU ARE YOUR BRAIN** OR THAT **THE BRAIN ALONE** IS **SUFFICIENT** FOR **CONSCIOUSNESS** IS **REALLY JUST A MANTRA** AND THAT **THERE** IS **NO REASON** TO **BELIEVE IT.**

03

LIFE IS THE WAY THE ANIMAL IS IN THE WORLD

世间有生之物即为生命

Alva Noë

埃尔瓦·诺埃

哲学家，加州大学伯克利分校教授，

著有《视觉与大脑》(*Vision and Mind*)、《动态感知》(*Action in Perception*)

在思考的所有东西中，我最在意的是人类亦人亦兽的本性，以及人在世间存在的形式。什么是“人”？什么又是意识？眼下，人们对于这两个问题的探讨真可谓如火如荼，热情不减。

人们对这两个问题的探讨往往被包装成对于大脑的好奇，相比于问什么是“人”，人们会问大脑是如何产生意识的，会问大脑是如何塑造每个人自身、如何决定我们的个性、如何支配我们的欲望的，用另一种方式说，就是大脑是如何决定我们所有的行为的。于我而言，根据以往的经验，我认为实际上我们还暂时无法通过单纯研究大脑的功能为人类体验的产生找到令人满意的答案。

我抱有这种想法的原因很简单：你的大脑不等于你。每个人都有一个大脑，而人是一个与环境相连的生命体，在存在的同时与环境发生着剧烈和频繁的交互。我们不能单纯以大脑来解释关于意识的一切，因为大脑不是意识产生的唯一条件。

很大程度上来说，当今关于意识的新观点以及针对大脑的研究其实还是走在一条老派传统的哲学思维的路上，这些陈年的思维和观点被装在了新兴出现的神经科学的酒瓶里，呈现在世人面前。对人类意识怀有好奇的人很容易把一些经不起推敲的事实当成理所应当。比如，他们认定思维、感觉、欲望、意识通常都是发生在我们身体里的。他们认为整个世界，以及我们肉体的大部分，对于意识的产生而言不过是刺激和应答的跳板，而肉体的运动与思绪、感受、意识以及体验没有直接的关系。他们会想当然地认为人天生就具有智力，人类体内有某种东西让我们生下来就会思考、能感受、敢决断，这种东西基本上就跟一个擅长解决问题的达人或一台计算器无异。人们一直把这种能够对外界进行认知，并能够对刺激做出反应的能力当成是自己的天赋。

事实上，我们应当对把大脑纯粹当成一台长在身体里的计算器的想法说不。有各式各样的理由能够驳斥这种观点，我想要提到的是其中一个，可以简单地概括为：我们的身体里其实没有什么东西能够进行思考、感知并且具有意识。意识不是我们体内被动的反应，而是能动的行为。

舞蹈家为我们提供了一个很好的参考。跳舞的人通常会被限定在某个特定的环境里，需要仔细聆听配乐、观察舞伴的动作。没有人会说舞蹈是一种僵直的状态、一种内在的反应或者发生在我们体内的过程。诚然，跳舞需要动用我们所有内在的能力，但是总体来说，跳舞本身是一种旨在与外界相协调的行为。这种观点可以概括为，意识是我们为了达到更高的目标而发生的一个动态的、能动的环节。阐述这种观点正是我的研究工作的重点。

体验的触发和激活只是暂时的。而知觉意识（perceptual consciousness）作为感知世界的手段，带有鲜明的个人色彩。我可以伸手碰一样东西，知觉意识可以帮助我在做出碰触的行为时，让我理解自己碰触的动作并保证碰触行为的发生。我想说的不仅仅是我们能够通过碰触这个动作进行感知和学习。更重要的是，感知的结果是指导我们下一步行动的根据。

视觉意识（visual consciousness）的产生有赖于一系列身体机能的配合，尤其是眼睛和头部。我不用动就已经知道如果转动眼睛，所看到的画面大致会发生的改变。知觉意识是我们探索这个世界的手段，仰仗的是对肉体某种习得性的理解，而这也就是舞蹈的含义。所以，于我而言，舞蹈就是对意识最好的比喻。

舞蹈和意识之间的相似点还不仅限于此。

在对于大脑传统的理解中，如果你想要研究自己的内心体验，就需要闭上眼睛然后内省。你把视线转向自己，仔细琢磨内心正在涌动的思绪和正在发生的变化。但是如果个人体验，如视觉、听觉、思考和感受，不是内心自然而然地发生，而是主动产生的，那么你就需要遵从一种不同的范式。就像现象学范式那样，你需要寻找一种能够反映体验本身的东西，以便对体验进行研究。

对体验进行自省不是把视角对向自己的内心，而是关注自己正在做的事，并考量当时当地，此情此景下，你顺应形势和环境所做出的应对。比如我是一名徒步旅行者，我摆动自己的双腿，沿着一条小径小心地跨步前进。但是不论多小心，我跨出的步子都取决于小径高低凹凸的路面。这就是我前面提到过的“限定在某个特定的环境里”。想要研究体验，思考体验的本质，就需要以这种客观世界与主观感受者之间频繁交互的眼光来看待它。

舞蹈本身不仅能够很好地作为意识的喻体，观赏舞蹈表演这一行为也能够作为我们理解现象学范式的典型例子。观赏类似舞蹈这样的表演能够提升我们的审美水平。你在观看舞蹈的时候看到的是什么？你能够理解某一场表演中舞者的动作、舞蹈的形式以及它们与场景组合的整体效果，不管这场表演是发生在舞台上，还是其他地方。观赏舞蹈不啻于理解眼前所有动作被赋予的含义。

现代舞，或者说几乎所有的当代艺术，都有一定的欣赏门槛。如果不是对某个艺术家的作品相当熟悉，你甚至都不知道在欣赏的时候把注意力放在哪里。但事实是，多数人都很乐于欣赏当代艺术。我们要把纯粹出于美感需求的舞蹈或者其他艺术欣赏行为，放到现象学的范式当中。如果给这种有趣的对比换一种说法，就是以科学的眼光来看待体验。换作科学家，他们会问的是，人类的生物学机能是如何让我们产生这所有的体验的？这个问题的中心不应当是大脑如何产生图像的感觉，而是在具体环境中我们作为与周遭相联系的整体，如何产生相应的感知。以这种视角再看待同一个问题会带来某种有趣的可能性。也许我们可以把审美的体验作为人类意识最核心的组成（知觉意识）的一个范本，随即，所有人类艺术性、创造性和美学性的行为和活动就成了心智研究的对象。诚然，艺术与科学属于不同的范式，不过艺术仍然可以作为科学研究的对象，甚至作为科学的左臂右膀。当然，要对意识进行实证研究就需要先对现象本身进行界定。

我特别感兴趣的一种体验是人们能够理解图片并从中获得体验。如果有人向大家展示一张报纸上的图片，比如一张希拉里·克林顿的照片，当你看着这张照片的时候，你就意识到自己看见了希拉里。看啊，希拉里在照片里。当然啦，她并不在，所以在看到照片里的希拉里时，你很清楚她其实并不在场。你既看见了她的影像，又知道自己其实没有看见她；她在照片里出现了，而实际上那又不是她；她出现了，也没出现。这就是经验主义和概念主义叙述方式的分歧所在。

也有人会说，得了，看见希拉里的照片不就是等于看见希拉里了吗？不管是看见希拉里本人，还是看见希拉里的照片，两者在一个人体内引起的效应是相同的。如果这种观点是正确的，那么我们就丧失了界定看见希拉里本人和看见希拉里的照片两者之间区别的可能。面对希拉里的照片的独特之处在于我们看见了她，而实际上她并不在场。希拉里一直都在世界上的某个地方，只是通常我们见不到。眼见而不为实，听起来非常自相矛盾，而这也是照片值得人琢磨和玩味的地方。

我认为传统哲学和认知科学对照片提出了一个错误的问题。它们通常会问，照片是如何影响我们，让我们产生相应的体验的？我认为他们应当问的是，我们在看到一个不是希拉里的东西时，比如在照片上看到她，为什么就会联想到、感受到那是希拉里本人？

关键是两者之间的联系，也就是照片和照片中实际上并不在场的事物之间的联系。我们为什么能够对两者进行联想？同样的问题又一次出现在我们眼前，所谓的感知就是对我们已经掌握的技能和知识进行运用的手段。只有事先知道希拉里长什么样子，我才能认出照片中的人是不是她。

照片一个突出的特点是它的直接性。希拉里的照片里不是一堆暗示希拉里的符号，我们的感觉就足以辨认出这是她的照片，不用谁来教我们怎么识别照片中的一个人。我们不需要特殊的技能和额外的知识，就可以感知照片中的事物。

这个观点非常有意思。不过实际上的确有一个例子可以说明照片的这种直接性并非它所独有。大家回忆一下苹果电脑的操作系统，苹果公司没有为自家的操作系统做过专门的宣传，但是Mac操作系统的用户亲和性非常高。你只要知道操作系统中几个基本操作行为的含义，你就能触类旁通地搞定任何想要使用的软件。

可见，图形用户界面的功能的确给人一种直接和亲和的感觉。不过，这种特征完全是因为工程师在设计程序时重点照顾了我们的思维能力和偏好。程序设计的初衷就是为了方便我们使用，它们容易上手并不是偶然。技术的进步让我们对自己原先不知道的东西越来越熟悉，图片也是一样的道理。如果在报纸上看到一张希拉里·克林顿的照片，我们不需要任何复杂的训练，就能不费吹灰之力认出照片里的人是她。这不是因为你不需要训练，而是技术进步降低了这件事的难度，降到平时受到的训练已经足以让我们认出照片里的希拉里的地步。

那么这句话是什么意思呢？形形色色的图形技术，不管是绘画还是摄影，发展的方向都是为了降低受众识别的难度。它们把图形的直接性和亲和性提高到知道背景的人用眼睛就可以认出内容的地步。大多数情况下，人们早就已经掌握了识别一张图所需要的视觉技能，他们需要的仅仅是与图片有关的背景知识。

如果从来没有见过相机，我就不知道该如何看待一张照片。关于视觉到底有多依赖背景知识这个问题，我们再看一个来自艺术领域的例子。去博物馆的时候，你可能会盯着一张挂在墙上的画，这张画在你看来很有可能平淡无奇，带着让人无法参透的深意。你看了又看，想了又想，还仔细读了贴在墙上的有关这幅画的简介，并和同去的朋友聊了几句，突然你灵光一闪，眼前的画变得生动起来。你的理解和思绪让画的内容显得不再生涩。现在再来思考一个问题：你需要学习才能看一张画吗？那你需不需要通过学习才能认出照片里的父亲？

不久之前我碰上了一件事，我觉得可以作为一个有趣的例子来讲。我去博物馆有一个习惯，就是用手机把看过的画拍下来，以便以后经常可以翻一翻。当时我在拍一幅杜勒的画时，这幅画外面包着一个玻璃罩子，上面倒映着我的脸。儿子问："你在拍的是什么？"我反问说："那你看见了什么？""他看起来很像乔治·华盛顿，"他指着杜勒画里的商人回答，"另外那个看起来像马丁·路德·金。"他没有认出那个倒影是我，以为那是马丁·路德·金。

我觉得这个例子里有趣的地方在于当我儿子（他当时只有6岁）在面对一张画的时候，对画的评估落入了一个相当狭窄的眼界里。他对于眼前的画一无所知。而大多数情况下，我们在看一幅画时，对画都有自己的预期，有想在画里看见的东西，也有自己感兴趣的地方。这些是普通人，这些是名人肖像，那些是手工艺品，还有那些是高级艺术品。那么我们是不是可以这样说，所谓艺术品就是我们对之没有太多预设的作品，"仁者见仁，智者见智"就是乐趣所在。

不管是用哲学还是经验主义的方式来解读意识、认知和体验，都是一种人为的选择。对心智现象感兴趣的人常常会有一连串想要弄明白的问题：什么是思维？什么是情绪？什么是意识？什么又是认知？在其他方面与动物无异的我们到底是如何进行这些心理活动的？长久以来，哲学和科学一直在为解答这些问题而携手前进。

事实上，科学大体上根植于哲学思辨。科学家们有时候会说，既然如今已经有了全新的技术来研究脑科学，我们就不再需要哲学家那一套玩意儿了。而实际上，经验主义的科学家们对意识、语言、记忆、知觉和情绪的说辞，与哲学家们的表述如出一辙。科学家们的说法隶属于哲学的一个分支，我们称之为“内在主义”，以及个人主义的哲学。他们认为心智是一种每个个体内在的存在；心智独立于他人，独立于肉身，也独立于身外的整个世界。如果自然科学要在这个领域争得一席之地，把人类的本性当成经验主义的研究对象，那么唯有以开放的眼光探索一种概念学、方法学、哲学和经验主义的新思路。

科学家会问，为什么脑细胞产生兴奋并放电之后就能把看到的东西转换成视觉感受呢？这个问题没有切中要害，因为脑细胞放电本身就不足以解释视觉。我们至今也没有对细胞的本质属性有谈得上透彻的理解。细胞这种独有的特性让人类有了各种知觉体验，让我们能在下雨的早晨闻到咖啡的香味，能看到怒火般的红色。就算这是一群细胞协同作用的结果，也算不上是什么有说服力的解释。

我们的眼界要放得比这些都高才行。问题的关键不在哪个细胞，也不在哪群细胞。我们必须把动物和它所处的环境作为整体看待。嗅觉的关键在于它是一种感受交互的体验。如果我在进行嗅闻，气味源的变化会在鼻腔里造成不同的嗅觉体验。如果我们要问是什么让鼻腔里细胞的活动能够被称为嗅觉感受活动，那就是这些细胞在动物做出不同行为时，能够做出相应改变的能力和运作方式。

大脑的功能也是同理，它为我们适应周遭的环境构建了一整套感觉运动能力。接下来我要说的完全是基于大量的经验主义的猜想，这个猜想有它深远的哲学渊源。我希望科学家和哲学家能够找到合适的方法，增加彼此间的交流，以便他们能够共同解答下面的这些命题。

尽管我是一名理论家而非经验主义者，但是哲学研究也不能完全背弃经验主义。我忠心希望自己的理论研究能够为经得起经验主义推敲的理论学添砖加瓦。为此我与许多经验主义的研究者进行过合作，虽然他们中还没有一个是实验主义的行家。

我和哲学家苏珊·赫尔利（Susan Hurley）曾经合作过一篇论文，她已经在2007年去世了。我们在论文里的预言在随后得到了临床上的证实。具体说来，我们为幻肢痛提出了一种理论上的解释，并据此预测了一种可能的缓解方式，这种方式后来在拉马钱德兰发表的论文里得到了印证。我和赫尔利提出的方法是用镜子映照作为感觉反馈，以作为缓解幻肢痛的治疗方式。拉马钱德兰和他的同事所做的正是让遭受幻肢痛的患者顶住不适感，盯着镜子倒影中完好的手臂，用晃动手臂的方式提供视觉反馈，让身体以为运动的是失去的手臂。他们的研究发现，通过运动完好手臂的方式的确能够缓解断臂侧的绞痛感。幻肢痛治疗面临的一个巨大问题，是人们无法对失去的手臂进行按摩。无法碰触也就无法缓解疼痛。我和合作者假设的运动感觉和动态理论成功预测了拉马钱德兰在临床上的研究发现，这就是一个哲学理论预测经验主义的例子。

我开始研究视觉大概是在20世纪90年代中后期。我决定开始研究视觉，是因为我发现很少有人提到运动对于视觉感受的重要性。视觉研究假设我们的视觉系统就像一台照相机，相机的运动仅仅在调换机位的时候起作用，一旦机位确定，剩下的就全都仰仗机器内部的构造了，也就是大脑和眼睛。

过去100多年中出现的学说和方法，都倾向于以这种眼光看待视觉：视觉不过是眼睛接收到刺激之后引起大脑中发生的一系列变化。倒也不是所有人都信奉这种说法，茫茫历史长河中有一个例外，他就是美国心理学家吉布森（J. J. Gibson）。有意思的是，吉布森本人是一名对哲学有相当悟性的心理学家，他的写作颇有亚里士多德、维特根斯坦的遗风，甚至和梅洛－庞蒂（Merleau-Ponty）有几分神似。我个人把吉布森视为自己目前所在领域的先驱。

我的部分工作是探究把感觉与运动分开看待的这条歧途。苏珊·赫尔利对这种看待两者的理解方式有一个漂亮的称呼："输入–输出模式"，意思是说，知觉是世界对我们的输入，运动是大脑对世界的输出，而藏在大脑里的认知和意识就是联结两者的过渡。在我看来，这种看法完全是错误的。我们应当完全抛弃这种输入–输出的观点。这也是我2004年出版的书《动态感知》里的主要论点。"看见"本身是一种需要习得的用来认知世界的技能。因此，视觉是基于运动的。我的意思不仅仅是说我们需要运动才能够看见，而是为了能够看见，我们需要在运动中理解视觉信息的含义。视觉是后天习得的、与运动有关的感觉经验。

如果我朝某个物体走去，那个物体就会在眼前渐渐清晰；如果我眨眨眼，物体传进眼睛里的刺激就会变得断断续续；如果我围着物体转，它在眼里的轮廓就会发生改变。通过这样或者那样的方式，运动让我的感觉发生了改变。我坚持认为应该用感觉运动的理解方式看待"看"这种探索世界的行为。现实世界充斥着各种体积、颜色、形状的三维物体，只有在感知者具备感知能力的情况下才能被感知到，而感知的程度取决于经过锻炼的感知能力水平的高低。

想要测试这种说法，我有一个非常直接的办法。如果我戴上一副让人左右视野颠倒的反转眼镜，你可能会觉得我看到的景象不过是原先在左边的东西到了右边，而原先在右边的东西到了左边。事实完全不是这样。我手头有实验对象对戴上反转眼镜后的体验的回忆描述，他们都反馈说戴上眼镜后眼前的东西变得奇怪、虚幻，周围物体的轮廓开始变得分崩离析、膨胀扭曲，甚至在做不规则的运动。总之，他们的视觉世界崩溃了。

如果我们假设，反转眼镜只是让视野左右颠倒，而没有扭曲光线的信息。那么为什么眼镜反转视野的改变会产生让我们眼中的事物扭曲变形的效应呢？答案非常简单。2001年，我和心理学家凯文·奥瑞根（Kevin O'Regan）在《行为与脑科学》上合作发表了一篇有关视觉知觉的论文。在论文里我们首次提出，戴上反转眼镜彻底改变了一个人的动作带来的感觉效应。戴上眼镜后，当向左或者向右移动眼睛时，你得到的画面和期望与原本预计的完全不同，所以感知的画面才会是令你目眩的画面，而不是简单的左右调换，这是感觉出现了混乱。当然，如果把反转眼镜戴得足够久，那么你也很有可能会逐渐适应并看清事物的本来模样。

这种适应可以被理解为，戴上反转眼镜后被试学到了解读世界的新模式，适应了同一个动作产生的新体验。感觉随着动作发生系统性改变。一旦你破译了动作和感觉之间建立的新联系，眼前的世界就又有了意义。这个例子里一个有趣的点是，我们不需要借助某个细胞或者某群细胞来解释体验的改变。在解释体验的改变时，细胞们以功能为单位被视为一个整体，与其他部分组成更高层面的动态事件：动物个体、环境以及大脑一同作为产生意识的温床。

我在这里所强调的是，如果我们想要理解人类或者动物的意识如何产生，就不能只是盯着大脑不放，还要考量动物的肉体和它所处的环境。没有哪种脑部扫描技术，能够揭示意识活动的本质，因为意识的本质并不是发生在大脑里。

大脑并不是研究意识的正确分析层面。意识在这个水平上还没有探出襁褓，它的成人礼也不在人的脑子里。有不少惺惺相惜的哲学家对我所提到的延伸至环境的、广义心智的说法表示认同，比如安迪·克拉克（Andy Clark）和丹尼尔·丹尼特。我视他们为同一阵营的战友，非要较真的话，安迪其实并不认为延伸心智（extended mind）能够用来解释意识。他认为延伸心智的说法能够用于理解认知和某些认知行为，比如记忆和认知能力，但是对意识不行。

研究意识的关键问题在于如何理解这个世界。世界存在于我们的感觉里，存在于我们的思维中。我们的感受、兴趣和忧虑指向的都是这个世界。我们思考、体会的都是这个世界。这就是我研究意识的命题所在。这真是一个非常非常独特的问题，亟待进一步研究。

探讨生命是对探讨意识一个很好的类比。关于什么是生命这个问题，我们可以说出一大堆化学反应、新陈代谢以及生殖行为等，它们都是生命的特征。但是我们在说完这些之后还是不禁会问，到底什么是生命？你不会说生命就是某种存在于生物体内的东西。生命是生物体参与的一个过程，其中还牵涉环境和动态的抉择。如果你想寻找生命，你指的其实是与这个世界不断互动的那些动物。生命就在那儿，但是它不是某种存在于动物体内的东西。世间与世间有生之物，即为生命。

这大概是我今天与你们对话中所要提出的最主要的观点。研究意识和研究生命面临着相同的问题，今天科学研究对意识现象无从下手的最主要原因，是科学企图把意识从它所处的动态模式中剥离出来，离开了这种模式的意识其实并不是意识。这个观点是埃文·汤普森（Evan Thompson）工作的重心。他认为意识和生命研究面临相似的问题。他最近还出版了一本书,书名叫《生命中的心智》(*Mind in Life*)。

这个观点的一个有趣的推论是当我们用它看待某个生物体时，生物体不是区区一堆化学反应的加和，它有其独特的整体性。只有当我完整地把整个生物体的概念纳入考量，才能够进一步研究它，甚至才能认出它。一旦能够识别出一种生物，我就能够探究它喜欢些什么，它的目标是什么，它的需求是什么。我无法面对一堆化学反应，然后问它们的需求是什么。还有一种倾向是将眼前的肉体等同于生命，我需要把眼前的生物体从它的环境中分离出来。一旦完成这种分离，我同样能够理解它拥有哪些需求和有趣的目标，在某种程度上这就是我们所说的心智。这并不是说单细胞的细菌也有心智，我的本意是但凡在探讨生命的情境下，就会有寻找一种“说法”的必要，以便让“心智”这个概念显得有意义。

这就是进化论的力量：它把这种说法官方化了。进化试图告诉我们生命是如何延续的，它让我们能够讲述生命之所以具有各自特征的原因。于是我们就都能够讲起历史故事来了。如果只是停留在原子、分子或者化学反应水平，显然我们是讲不出这些的。某种程度上来说，对于研究动物和我们自身的认知科学而言，它一直赖以生存的立足点正是生物学本身；有了这个立足点，我们才能够对动物进行探讨。不幸的是，认知科学的发展趋势是它选择了一条偏离生物学的道路。认知科学家们声称他们在关注大脑和神经系统，但是他们更倾向于把大脑和神经系统类比成计算机系统，一个只有计算功能、只会解答问题的系统。这个系统在本质上和动物的生命活动相去甚远。

哲学家们喜欢说，以我们目前的所见和所知，人的本质就是一个藏在木桶里的大脑。但是如果细细想一下上面那些有关思维的实验，你就会发现这种说法越来越站不住脚。比如，我想没有人会说培养皿里的一小簇细胞是具有意识的。那么要从多少个细胞开始算，我们才会考虑它们是不是具有意识的呢？我想这个具体的数字目前是没有定论的，要回答这个问题必须借助实验验证，但这么一来事情恐怕就没完没了了。也许我们只是想在实验室里造出一个复杂的大脑，但是不得不连带着给这个大脑造出一个完整的虚拟现实才行。这给我们的启示可能是，如果我们想要人造心智，就可能需要人造整个世界。哲学家嘴里的“木桶”可能就是指整个世界！现在我们的疑问是：大脑的界线到底止于哪里，肉体外的世界又是起于何处？这个问题的关键点是，我们还没有办法以先验的方式明确地画出这条界线。

埃文·汤普森和迭戈·科斯梅利（Diego Cosmelli）针对这个问题合作发表过一篇论文。他们指出了这样的一个“木桶”，其内部的层次会有多复杂。大脑需要新陈代谢，需要营养供应，还需要及时移除代谢的废物。所以，如果你真的想要设计一个“木桶”，这个木桶实际上就和我们自己的肉体看起来没有太多区别。但是这又有什么意义呢？每个人都已经知道一个活生生的人和大脑是有意识的啊！

科学家会这么问：“如果我找到一种恰当的刺激，能不能让我们在场的每个人体验到你此时此刻正在体验的感觉？”答案当然是肯定的。但是这又能说明什么呢？动物和周遭环境互动的时候就会产生意识活动，对于这一点，我们也早就已经知道了。当脑海中浮现出一个疯子科学家刺激着一个脑子的画面时，我们就是这么想的，不是吗？我们在这里探讨的互动关系是一种涉及大脑、肉体和环境的新关系。重点是，你需要知道我们没有在说什么：我们没有说大脑不需要环境的参与就能够独立地产生意识。我们认为环境是一个在探讨大脑的时候不能剔除的因素。而剥离环境因素恰恰是科学实验在老牌笛卡尔一元论拥护者们的眼中的全部意义。在他们的眼里，仿佛一个人的体内活动就可以取代整个世界。

就在不久前，一些心理学实验室（比如奥瑞根的实验室）完成了一项非常有趣的研究，它们试图证明眼球的运动和环境刺激对吸引和引导注意力的重要性。忽略两者的关联性是如今的虚拟现实设备难以达到以假乱真的效果的原因之一。

建造飞行模拟器是另一回事，飞行模拟需要的只是一个还原度较高的驾驶舱和能够进行互动的虚拟航线，但是对于电子游戏和其他数码技术而言，它们营造的虚拟世界的真实性仍然有巨大的违和感。部分原因是我们对于世界的感知非常依赖于环境对于我们的反馈，以及两者之间的协调性。各种地标、标识和指示牌，这些需要我们反应的东西都会影响相关的实验。如果剥离了环境，我非常怀疑孤立无援的大脑是否能够产生足够丰富的体验。

事实上，我有那么一点与上述说法契合的证据。有一位名叫史蒂芬·拉伯奇（Stephen LaBerge）的科学家，他是研究清醒梦境的行家。在一组实验中，他向做清醒梦的实验对象询问他们在梦境中的感受。虽然不记得这个实验具体的方法论了，但是我记得他得出的一个基本结论是这样的：在梦里，如果一个人先看到一块牌子，把视线移开，然后再把视线移回这块牌子上，那么他不会看到一样的信息。

在现实世界中，我们之所以能够两次看到同一块牌子上有着相同的信息，是因为现实情况就是如此。牌子上的信息客观上是固定的，一块牌子只包含一段信息。但是人类的大脑可没有客观现实那么擅长保留信息。如果把视线移开，你基本上就再也不可能在梦里看到同一段信息了，因为在梦里，负责决定这段信息是什么的正是你的大脑。

我们日常生活里的体验，比如在高低起伏的地面上平稳走路的感觉，只有在自身与环境紧密联系在一起的时候才能实现。如果你改变了环境，或者干脆剥离了环境，那么你的意识也会相应发生改变。我颇费周折想要提出的基本论点只有一个："个体即大脑""仅凭大脑就足以作为意识产生的充分条件"等说法就像巫术里的咒语，不足采信。

MY ORIGINAL CONCERN WAS TO THINK ABOUT LANGUAGE WITH A CAPITAL "L." HUMAN LANGUAGE, WHAT IT'S LIKE IN THE BRAIN, WHAT THE BRAIN HAS TO BE LIKE TO SUSTAIN THE CAPACITY FOR LANGUAGE.

我想提出一个建议，让我们把所有“语言”看成一个整体的专有名词：人类语言。人类语言在人的大脑里会以什么样的形式呈现？掌握了某种语言的大脑又是什么样子的？

——《递归和人类思维：为什么毗拉哈语里没有数字》

04

RECURSION AND HUMAN THOUGHT: WHY THE PIRAHÃ DON'T HAVE NUMBERS

递归和人类思维：为什么毗拉哈语里没有数字

Daniel L. Everett

丹尼尔·艾弗雷特

语言学家，本特利大学艺术与科学学院校长，

著有《不要入睡，有蛇》(*Don't Sleep, There are Snakes*)、《语言》(*Language*)

在过去的大约25年或者30年时间里，一直作为我研究中心的问题是：什么是语言的本质？这也是大部分语言学领域研究的中心议题。我从踏上研究之路的那天起就在关注这个问题，经年累月直到今天，而我发现这个问题本身就有谬误。现在，我愿意用一种新的方式来看待这个问题。

首先我想提出一个建议，让我们把所有“语言”看成一个整体的专有名词：人类语言（Human Language）。人类语言在人的大脑里会以什么样的形式呈现？掌握了某种语言的大脑又是什么样子的？在步上研究道路之初，对我影响最深的观点来自诺姆·乔姆斯基，他认为语言是人类基因中固有的能力，而学习某种语言的过程就相当于重新设置这种能力的具体参数。那么这里说的参数指什么呢？

我们来看一个例子，这个例子里需要调整的语言参数我们称之为“主语脱落”。在英语中，即便没有任何具体的意思和指向，我们也总是需要一个主语，例如英语中说“it rains”（下雨了），“it”在这里其实不指代任何东西。之所以加上“it”完全是因为英语中必须要有一个主语。但是在其他语言中，比如在西班牙语和葡萄牙语中，我们不会说“it rains”（下雨了），我们会说“rains”（下雨了）。chuva是葡萄牙语里“下雨”的意思，乔姆斯基在他的研究中发现，葡萄牙语是一种允许省略主语的语言。据此，我们可以把所有语言分为允许主语省略和不允许主语省略两类。除了能否省略主语之外，还有很多其他类似的“参数”，它们的不同设定决定了每一种语言各自的特点。

人类出生时各项有关语言的参数都处于未经过设置的默认状态，等待着环境作为“触发”参数设定的条件，这种观点非常吸引人。正如史蒂芬·平克所说，这相当于人类具有学习语言的本能，环境只是起到了触发和塑造这种本能的作用。在平克–乔姆斯基学说中，环境是语言的触发者，也是塑造者。但是除此之外，环境对于人类天生固有的语言能力而言似乎没有更大的用处了，我渐渐意识到可能不是这样的。“语言参数”以及“语言是一种本能”的说法非常有吸引力，但是我仍然发现了一些语言的基本特征，它们似乎不是人们天生就具有的。

根据乔姆斯基的观点，人类语言的一个突出的特点是它能够让有限的大脑产生“无限”的语法。乔姆斯基所谓的“无限”不仅指人类能够表达的意思，也指我们能够说出的句子的数量以及每个句子的长度上限。乔姆斯基指出，赋予人类语言无限创造性的利器是递归：一个短语能够作为另一个类型相似的短语的组成成分。比如我说“约翰的哥哥的房子”（John’s brother’s house），第一个单词是“房子”（house），它又出现在了另一个名词短语“哥哥的房子”（brother’s house）里，然后这个名词短语又出现在了另一个名词短语“约翰的哥哥的房子”（John’s brother’s house）里。通过这种递归，语言能表达许多种意思，而这也是人类语言一个有趣的特质。

那么，如果一种语言没有递归会怎么样呢？递不递归又有什么区别呢？

首先，不递归的语言就不是无限语言，而是变成了一种有限语言，它的语句数量有一个上限。这意味着你可以在这种语言里找到一句话,它是所谓的“这种语言里最长的句子”。这听起来很奇怪，不过如果你想一想国际象棋可能就会恍然大悟，因为国际象棋的棋路数量也是有限的。国际象棋是一种套路非常多变的游戏，它被人们下了好几个世纪，至今人们都还在棋路上推陈出新，乐此不疲。国际象棋可能不是一个很好的例子，因为变数实在太多，以至于你完全感受不到它的有限性。

如果有一种语言因为没有递归而成为有限语言，这并不意味着该语言的使用者是一群怪胎，也不意味着这种语言就不能满足使用者丰富的交流需要。但如果生活的环境有意限制你能够说的话题数量，而且这种限制不仅因为环境见识所带来的眼界宽窄，还因为当地文化中明确的价值导向，教导人们不要讨论自己没有看到的东西，也就是只探讨直接经验（immediate experience），不要讨论任何没有亲眼看见，或者不是从亲眼目击的人口中听来的东西，这下，你能说的东西就变得非常少了。如果满足了这里所说的各种条件，那么这种语言就很有可能是一种有限语言，但是这依然不足以判定它是一种贫瘠的语言，它可能还是一种相当丰满的语言。一种语言的有限和丰满不一定是相互抵触的，如果它有限而丰满，那么你需要再确认一下它是否真的没有递归。

接下来我们来看看毗拉哈语,在所有研究过的亚马孙流域的24种语言中，这是我研究时间最长的语言，将近有30年。毗拉哈语里至今还没有类似“约翰的哥哥的房子”这样的表达，你可以用毗拉哈语说“约翰的房子”，也可以说“约翰的哥哥”，但是如果想要表达“约翰的哥哥的房子”，你只能这样说：“约翰有一个哥哥，这个哥哥有一所房子。”毗拉哈人必须把句子拆分成这样表达。

当把句子的结构和单词拆开来看时，我发现毗拉哈语中没有递归。乔姆斯基、马克·豪泽和特库姆塞·菲奇（Tecumseh Fitch）曾经把递归称为“语言必不可少的特征”，是语言构建的基石。实际上他们对递归的推崇不止于此，他们认为递归是人类语言系统区别于其他任何体系的根本。而现在我们发现了一个没有递归的例外——毗拉哈语，这意味着当年他们的研究还是百密一疏。

当我提出毗拉哈语缺乏递归的特性时，有人曾经提出过一种解释，认为递归不一定要以具体的形式出现在语言里，它可以由大脑思考的功能进行弥补。倘若如此，那只能说明递归并不是人类语言的必要特点，因为如果有一种语言是不需要建立在递归上的，那也就是说事实上它没有出现在一种语言里的必要。如果一种语言中递归是可有可无的，那只能说它不是语言构建的必要条件。

我们不知道递归是怎么产生的。事实上，我们之前在伊利诺伊州立大学举办了一个有关人类语言递归性的国际会议，这是世界上第一个探讨类似主题的国际会议，汇集了来自世界各地研究递归的行家。会上出现的一个有趣的情况是，语言学家、数学家和计算机科学家们对于什么是递归以及递归的重要性有着非常不同的看法。不仅如此，会上还提出了很多缺乏递归的语境，如果不是亲眼所见，我依旧会认为递归在这些情景里是必需的。所以，如果乔姆斯基的理论如果没有谬误，递归的确是人类语言必不可少的基本特征，那么我实在不知道该如何建立一个有关人类语言的学术理论。因为首先，没有人能够说清楚什么是递归，也没有人知道它是不是每一种语言所必需的。

那么如果要改口的话，我们应该怎么说这句话呢？要么，我们干脆就说之所以语言里有递归的现象，是因为人类生来就比飞禽走兽要聪明吧。实际上，作为在卡内基梅隆大学有着多年心理学授课经验的诺贝尔奖得主，经济学家赫伯特·西蒙（Herbert Simon）在 1962 年发表了一篇题为《复杂性的构建》（*The Architecture of Complexity*）的论文，堪称经典。在那篇论文里，西蒙的意思大致可以概括为递归结构是信息处理的基本要素，只是当时他没有用“递归”这个词。他认为类似的逻辑结构是人类大脑功能的部分体现，不仅在语言中，在经济行为、问题探讨以及故事描述中都能够看到。

如果回过头看毗拉哈语，仔细想想刚才我们提到的那句话，你还是可以找到递归的蛛丝马迹。你会发现有一些概念架构在另一些概念之上，故事中的一部分隶属和服务于另一部分。但是这些递归的痕迹与语法没有关系，这是叙述者描述故事时的技巧。我的观点是，递归思维无疑是人类大脑的特征之一，鉴于人类的大脑比其他物种要大得多，这种特征也就更加明显。事实是，在我提到的那场关于递归的国际会议上，确实有一篇论文的主题是探讨其他物种中的递归现象的。研究者发现鹿在林间寻找食物的时候经常会采取一种递归的手段。它们会在觅食的区域里来回穿梭，所选的轨迹在经过分析之后被证明具有递归的特征。所以，首先，我们不清楚递归思维是不是人类特有的东西；其次，我们也完全不清楚递归是不是人类大脑所独有的语言功能。

我一直在参与和跟进与毗拉哈语相关的研究，开展与其他研究人员的合作，这些人包括麻省理工学院大脑与认知科学系的学者，他们的领头人正是泰德·吉布森（Ted Gibson）教授，还有一些来自曼彻斯特大学的同仁。我的研究还是欧盟委员会资助的另一个大项目的一小部分，欧盟委员会的这个大项目旨在用复杂性结构理论揭示人类语言的本质。我们与许多来自荷兰、德国和英国的学者试图回答的问题是，相比于其他物种，人类到底更聪明在哪儿？只是大脑尺寸的区别吗？当然，大脑尺寸小肯定是一方面的原因。除了尺寸之外，人类大脑在运转的时候有没有哪个方面是和其他物种的大脑完全不同的呢？

递归被看成是人类思维的亮点，被认为是其他物种所不具有的。对于这个问题我们暂时难有定论，但是姑且让我们假设这是正确的，如此一来，递归就又成了人类思维独有的特征。即便如此，我们也不能直接推论出它是人类语言独有特征的结论。理论上来说，我们完全可以找到一种因为受制于文化而缺乏递归现象的人类语言，但是语言中的缺乏并不能抹消人类大脑本身具有的递归思维。这样一来，就与乔姆斯基提出的有关递归的观点产生了矛盾。乔姆斯基颇具慧眼地发现了递归的重要性，这点无可置疑。但是他，还有豪泽和特库姆塞·菲奇赋予递归的无上地位，在我看来是一种狗尾续貂。换句话说，他们认为递归起源于语言，然后渗透到了其他思维过程中；而我认为递归本就是大脑的思维方式之一，它可以渗透也可以不渗透到人类的语言中。递归不像是语言的必需属性，当然更不是语言独有的属性。

针对毗拉哈语我们能够提出一个预测，预测的根据来自一些学者对数论和人类语言中的数学特征的研究。他们提出，计数法，也就是计数制，都是建立在递归之上的，而递归计数的来源就是语言中的递归性。这意味着如果一种语言缺乏递归思维，那么这种语言中也就没有可用而且成型的计数制度。我已经不止一次提到，毗拉哈语里既没有数字，也没有计数，这个观点近年来得到了两组实验的支持。其中一组实验结果在多年前发表于《科学》杂志，作者是彼得·戈登（Peter Gordon），他提出毗拉哈人从来不数数；之后没过多久，麻省理工学院的研究人员又完成了一系列新实验，证实毗拉哈语中没有数字，这又一次印证了毗拉哈人不会数数的事实。

这方面的证据还在不断出现，我提出的“毗拉哈语没有递归”的观点，让毗拉哈语本身成了语言没有“通用语法”（universal grammar）的证据。这与乔姆斯基提出的想要研究人类语言的出处，就应该研究通用语法的观点正好相悖。也许另一种可能的原因恰恰是人类拥有与别的物种完全不同的大脑，它在智力上远胜于其他物种，让我们能够应对思考和问题解决中出现的各种难题。而在这些亟待解决的难题中，最大的难题之一就是如何与他人交流。在很多情况下，人类选择了用递归的方式解决与同类交流的问题，但这并不是说就一定要用递归的方式。交流的难题有很多其他的解决途径，尤其当你身处的社会网络很小，大多数信息都来自权威人士，社会成员相互之间也没有多少秘密的时候。

我们对一些新问题的研究还在继续，如对于通用语法的存疑以及文化背景对于语法的可塑性。在此之前，50多年来我们研究和看待语言的方式可谓一成不变，50多年可不是开玩笑的。如果我的观点是正确的，那么史蒂芬·平克在他用心良苦写成的书《语言本能》（*Language Instinct*）[1]里提出的观点，可能就不是看待和研究语言最好的角度了，因为人类也许压根就没有针对语

[1] 本书中文简体字版已由湛庐文化策划、浙江人民出版社出版。——编者注

言的本能。这一点非常具有争议性，我们还需要更多更进一步的研究。我和同事正在为相关研究申请经费。辨别我所说的这些学说唯一的方式就是尝试验证它们，把每种学说和反对它们的学说清清楚楚地罗列出来，然后去调查、验证。如果艾弗雷特的说法是对的，那么如何如何；如果他是错的，那么又会如何如何，以此类推。理论上推敲的方法不过如此，你缺少的可能仅仅是一次去亚马孙的机会，去那里拜访一支单语系的部落，那个部落里的人除了自己的语言之外什么都不说。

我不认为毗拉哈语是唯一具有上述特征的语言。我猜想有许多人曾经像我一样，年轻的时候懵懵懂懂地在毗拉哈人的部落里开始研究工作，他们被告知一大堆所谓能够帮助他们进行理论研究的语言分类学知识，这些知识包罗万象，没有纰漏。如果你没有找到某种语言对应的分类和解释，那么只能再埋头使劲找，直到找到一种契合的现成学说。想要为人先需要巨大的勇气，但我能够站出来与其说是勇气，不如说是因为困扰我的巨大挫败感，它们让我不得不开口说：看啊，我一条理论也对不上，所以眼前的东西是原先理论里没有提到过的。看起来我可能是说对了，这个问题没有那么玄乎。

我认为我们还可以再看看其他的部落，比如也许可以研究一下生活在新几内亚和澳大利亚的部落，还有一些非洲大陆上的部落。我们的目标是那些被长期孤立，与更喧嚣的主流文明没有联系的部落。毗拉哈部落的与世隔绝缘于他们极高的文化优越感，他们不屑于与外族部落联系和交流。文化中缺乏计数并没有让他们感到卑微，反而增加了他们对于自身生活方式的认同。他们坚信自己的生活是世界上最好的生活，因此对与其他文化进行交流兴趣索然。他们的文化中还有一种非常有趣的价值观——“不准强迫”（no coercion）。这是毗拉哈人最坚定的价值观之一：不准强迫，你不能要求别人怎么做。

我最初进入亚马孙流域的目的是去教化毗拉哈人，想让他们都成为基督徒，想把《新约》翻译成他们的文字。当时我只有一个从芝加哥穆迪圣经学院（Moody Bible Institute）取得的本科学位，在动身前往亚马孙的时候脑子里只有从《新约》里学来的希腊语，以及一点点关于人类学和语言学的皮毛知识。

在和毗拉哈人接触之后不久我就意识到，如果想要理解他们的语言，就需要学习更多的语言学知识才行。我尝试跟他们讲《圣经》里的故事，他们几乎不为所动。当时我很疑惑，是自己没有把故事讲清楚吗？后来有一天，一个毗拉哈人问我，耶稣的皮肤是什么颜色？他有多高？他什么时候告诉你这些故事的？我回答说，我从来没有见过他，不知道他的肤色，也不知道他有多高。那个人反问道，既然如此，如果从来没见过这个人，那你为什么要讲这些故事？

我开始反思自己一直以来所做的事。我一直委身于一种社会氛围当中，以便能够不断诉说那些我没有实证的、道听途说的故事，也就是《圣经》里对于宗教和信仰的一切断言。正是因为有这种社会氛围，我顺理成章地向别人讲述宗教的故事，而从来没有质疑过自己是否明白说出的东西。我从来没有想过这些故事背后有没有经验主义的证据作为支撑。

而毗拉哈人，在某种程度上他们是终极的经验主义者，他们需要你为说出的每一句话进行引证。与他们接触的经历让我意识到，我从来没有理性科学地看待过自己的信仰。正巧在那时，我开始在巴西南部的坎皮纳斯大学攻读语言学博士学位，现在已经有幸跻身于一群非常聪慧的巴西学者之中。我经常听见同仁为当年那个在读的博士生已经想到了我今天想到的这些东西而惊叹。毗拉哈语的例子给我的冲击非常大，我突然发现自己信仰的故事一直都是空口无凭。除此之外，这些信仰对于毗拉哈人的生活而言没有一丁点实用的价值，我的宇宙观在他们眼里也一文不值。

我有一次跟一个毗拉哈人坐在一起。他说，你们的上帝都做些什么？他能做什么？我回答说，他创造了星星，还创造了地球。然后我问他问这个干什么？他说，你知道的，没人能造出这些东西，它们一直都在那儿。毗拉哈人的文化中没有神的概念，他们相信的是个体的精气（spirit），他们相信自己能够经常看到这种精气。实际上，如果你稍微深入地了解一下，就会知道他们说的精气不是那种半透明的灵魂，而是指环境中有实体的东西。他们会把一只美洲虎叫作精气，也会把一棵树叫作精气，这种叫法完完全全取决于对象展现出来的特质。“精气”这个词在毗拉哈语中的意思与我们的文化相去甚远，他们习惯用经验主义衡量说出的每一句话。这正是我不曾做过的事，它动摇了我曾一度忠贞不渝的信仰。我发现由于不能说服自己相信那些缺乏验证的故事，身心分离的我只能诚实地放弃自己的信仰。

1977 年，我以传教士的身份前往巴西。1979 年，我开始攻读研究生学位。到了 1982 年，我终于笃定自己已经不再相信基督教的教义或任何建立在超自然解释基础上的宗教或者信条。不过当你选择成为传教士的时候，身后已经有了非常棘手的社会关系，包括你甚至你的家人在内，以及长久以来建立起来的人脉关系。所有你认识、喜爱和依赖的人都是极度虔诚的教徒和基要派成员。在这种情况下，你很难跳出来开口说：“我再也不相信这些玩意儿了。”我在大约 13 年之后开了口，这给我的生活造成了非常恶劣的后果。这样的决定对谁来说都不容易，告诉他们我的价值观和他们的非常不同时，那种感觉就像是跳出来承认自己是同性恋一样。

我的妻子现在仍然在巴西，她是负责给毗拉哈人布道的传教士，我们已经分开多年了，我们在观念上的矛盾也相当难以调和。这非常不容易，我的意思是，我必须挑她不在部落里的时候才能去那里。不过我去毗拉哈人部落里的目的并不是告诉他们不要相信耶稣和基督教的那一套。实际上根本不需要我来多嘴，他们一点要相信的意思都没有。他们觉得基督教的整套概念，也就是我之前的信仰，对他们来说一点用也没有。

教皇对他们来说没有一丁点威慑力；教皇穿的衣服在他们看来一点也不实用，甚至非常滑稽。有一次我因为健康问题带一个毗拉哈人去了巴西利亚，也就是巴西的首都。我带他去了医院，然后又一起去看总统官邸。当时恰逢巴西总统正从总统府里走出来，周围的人群发出了阵阵欢呼，于是我对那个毗拉哈人说，那就是巴西人的首领。他兴味索然地说“啊哈，那么我们能去吃饭了吗？”他对我跟他说的东西根本不以为意。

我第一次把毗拉哈人带上飞机的情形和这个差不多。那次我和一个毗拉哈人也因为健康问题登上了飞机，他的一个侄女需要动手术，而他负责陪同。当飞机飞到云端之上时，我知道他们从来没有这样俯瞰过云，所以指着下方说，看啊，下面那些是云。但他显然完全不感兴趣，他的表现就像是每天都要搭乘飞机一般。毗拉哈人对于我们的文明真的一点都不好奇。对于许多新鲜的事物，他们都没有像第一次走出丛林并接触到文明世界的其他部落那样被震慑到。在这一点上，就连当年的亚马孙部落也不例外。毗拉哈人与我们发生接触已经好几个世纪了，但是他们几乎没有被任何我们文化里的东西同化，这很不寻常。

我相信这是毗拉哈人本身的特点，因为他们有非常坚定的文化价值观念。最主要的一条价值观是体验的直接性，他们对于没有亲眼目睹，或者不知道来龙去脉的故事不会有丝毫的兴趣。但是这种眼见为实的传统里难免有一个保守主义的内核。毗拉哈人有时候显得顽固不化，也不会根据环境的变化顺势而为，比如他们坚决不造独木舟。毗拉哈人生活在河流上，他们需要依赖独木舟保证日常生活，有人需要独木舟钓鱼，有人需要独木舟渡河采集食物和打猎，但他们就是不愿意造独木舟。如果没有巴西人造的独木舟，他们就扒下一大块树皮，然后坐上去划水渡河。但是这种方式只能保证他们 1 ~ 2 次的渡河需要。

我曾经带一位造独木舟的巴西老师傅去过毗拉哈人的部落，并和这位造船行家在雨林里跟毗拉哈人一起住了好几天。我们精挑细选木料，最后造出了一条独木舟。在此过程中，体力活全部由毗拉哈人负责，也就是说经此一举，他们已经学会如何造独木舟了。不仅如此，我还把整套工具送给了他们。但是他们后来找到我说，希望我能帮他们再买一条独木舟。我说："你们不是有现成的家伙么，自己造一条就得了。"结果他们却说，毗拉哈人向来不造独木舟。然后这事就这么没有下文了。哪怕我知道有一些人明明就已经学会了造船的手艺，但是这些毗拉哈人再也没有按照那位巴西师傅教他们的那样造过一条独木舟。

第一批天主教传教士大约在18世纪抵达亚马孙流域，试图接触毗拉哈和各个部落，也就是穆拉文明（Muras）[1]，但是没过几年他们就因为该文化异乎寻常的桀骜不驯特性而作罢。其他教派的传教士也是从那个时候开始尝试的，一直到今天仍旧锲而不舍。新教的布道从1958年就开始了，但是至今他们都没有能够让一个毗拉哈人皈依，部落里的人对这一套一丁点兴趣也没有。

[1] 穆拉文明在经历18世纪与葡萄牙殖民探险者长期拉锯之后销声匿迹，毗拉哈是穆拉文明的一个遗留分支。——译者注

许多人都曾说我是一个失败的传教士。许多传教士同行也认为我是个失败者，我的前妻对此深以为然。而关于我失败的原因，他们认为是我没有坚定的信念。他们觉得只要你有足够的信念，就可以万事无忧，上帝会帮你渡过所有难关。如果相信这种说法，你得明白上帝也许是万能的，但是就连上帝也必须面对文化壁垒。毗拉哈人看待这个世界的方式自有他们文化里的禁忌，而基督教试图传达给他们的观念恰恰是对此的僭越。

我提到过毗拉哈的文化里有许多地方反映出对强迫意志的抵触。而宗教偏偏就是一种强加的意志，它们先告诉信徒应该怎么做人，然后再丢给他们一堆需要终生恪守的规矩。但是毗拉哈人的生活里完全没有这种形式的强迫意志。如果有人胆敢违背，扰乱整个部落的日常生活，他们就会被驱逐，甚至可能被处刑。不过千万不要因为这个例子就认为毗拉哈文明是病态的。总体而言，毗拉哈人能够接纳差异，他们甚至不会把自己的意志强加给年幼的后代。雨林生活一点都不轻松，如果毗拉哈部落里的孩子要听这听那，恐怕他们注定要过上忍饥挨饿的日子。对于毗拉哈人来说，

艰苦的生活里完全容不下西方价值观里宗教的那一套东西。

当一个土著部落像毗拉哈人那么出名之后，你会看到许多人不同的反应。你会看到很多人一时兴起，想要去当地开展研究，不过很快他们就发现要去当地可不容易；加上他们不会说葡萄牙语，而学习毗拉哈语又要花好几年的时间，就这样还只能达到日常寒暄的水平。这让很多人打了退堂鼓。

也有些人已经为研究另一些土著部落耗时 10 年、15 年甚至 20 年，却为自己研究的对象没有能够引人注目而郁郁寡欢。

科学家们，尤其是语言学家和人类学家，通常不会轻易说有哪个部落比其他部落更特殊这种话，如果这样的话说出了口，最好保证你有了前所未有的发现。对于这种做法我个人十分苟同。我不认为毗拉哈文化在更深的层面上有任何独特之处。他们当然非同寻常，许多文化里的特点也与我们大相径庭，但是亚马孙流域里所有的土著文明不都是如此吗？我认为我们在做田野调查的时候常常忽略了一件事：过去 50 年（可能比这更长）以来的语言学理论都试图把不同语言之间的差异归纳成语言共有的特征，以此彰显语言的相似性，而对差异本身熟视无睹。

如果你仔细分析不同语言之间的差别，不要有偏好，同时参考它们之间的相似性，就会发现相似性也非常重要。可惜现代语言学几乎容不下差异性，也没有对差异性做过太多具有启发性的论证研究。当你说一种语言里没有某种特点的时候，很多人会说，得了吧，它就是个特例罢了。没有就没有，没什么大不了的事。但是当你在世界上不同的语言之间发现越来越多的差异性时，也许我们认为是特例的那个例子并不是特例呢，也许某种不同之处恰恰是语言本身的共同点呢。或者这种差异性来源于一些我们从前没有想到的地方，可能是地缘差异，也可能是文化差异，或者是研究者本身某些其他层面的差异。承认和关注差异性并不意味着你要举手投降，然后说自己想不出解释来，我们可以单独把它归为一类。寻求差异是为了寻找看待某种文化和语言的新角度。

不少传教士去过毗拉哈部落，在那里生活数年后离开，走的时候他们多多少少会学会一些毗拉哈语。我认识一个巴西人类学家，名叫马尔科·安东尼奥·贡萨尔维斯（Marco Antonio Goncalves），任教于里约热内卢大学。他曾经为研究毗拉哈人离职 18 个月，但最终只掌握了非常基础的毗拉哈语。让许多非语言学科班出身的人感到非常头疼的一样东西是语调，恰好毗拉哈语跟中文、越南语还有韩语一样，音调对词句的表意有着重要的影响。这让许多没有语言学背景的学者吃尽了苦头。目前有两名来自曼彻斯特大学的学者在协助我进行研究，她们是珍妮特·扎克尔（Jeanette Sakel）和尤金妮亚·斯坦珀特（Eugenie Stapert），其中一名是博士研究生，正在撰写她的博士论文，论文的主题是关于递归和它在毗拉哈文化中缺失的影响；另一名是博士后，在我的应允下，她正在研究毗拉哈人对葡萄牙语的掌握程度。倘若她们能够说一些葡萄牙语，她们说的葡萄牙语语法会不会有一些不同的特征？她们使用葡萄牙语的时候会无意中违背毗拉哈本身的文化价值观吗？她们两人都在学习毗拉哈语。我一直建议她们躬亲体尝，也亲自给她们授过课。

由于精力有限，我不能对希望我陪同实地考察毗拉哈部落的请求来者不拒，我也有自己的研究日程要安排。我尝试过帮助其中的许多人入门毗拉哈语，只是大多数人最后都半途而废了。特库姆塞·菲奇和我在去年夏天一同去了毗拉哈部落，他希望有朝一日能够再去一次，我觉得他很有可能如愿以偿。但我觉得倘若有人想要再次造访毗拉哈部落，最好的办法是花点时间好好学习毗拉哈语，然后依靠自己继续进行研究。我会这么说还有另一方面的考虑，那就是如果每一个学者对毗拉哈文化的研究都依赖我，那么有人可能会说我的影响力有些无孔不入了。这个领域发表的每一篇文章里如果都有我参与的影子，谁还能区分我说的话的对与错呢？

彼得·戈登和我曾是匹兹堡大学的同事。他的心理学博士学位是在麻省理工学院获得的，大概也因此对数理异常敏感。有一次闲聊，我无意中提到，有一个土著部落里的人不会数数，我正在研究那个部落，他怎么都不相信，就说想要亲自做个实验来验证。在我的协助之下他真的去了，也做了实验，只是他把毗拉哈人不会数数的原因归咎于他们的文字里没有数字。彼得认为毗拉哈人的语言里只有“1”和“很多”两种区别，我反驳说他们的文字里根本连“1”都没有。我明白彼得的想法，他想用沃夫假说（Whorfian hypothesis）[1]解释毗拉哈人不会数数的现象，也就是语言决定论。如果你讲的语言里没有数字，那么你也就不会数数。换句话说，语言的缺失导致了概念本身的缺失。但是这在很多情况下很难说得通。许多其他土著部落原本文字中的数学水平也没有比毗拉哈人好到哪里去，可是一旦在与外来者建立联系、进行交易的时候需要用到，他们就会从葡萄牙语、西班牙语、英语或者随便什么语里借现成的数字来用。

[1] 沃夫假说也被称为语言相对论，该学说的观点可以概括为语言可以影响语言使用者的思维方式。——译者注

关键的问题在于毗拉哈人没有尝试从外来语中借用任何数字，但是他们又想要学数数。毗拉哈人曾经请求我给他们上上课，教他们认巴西的数字，于是在之后的 8 个月里，我每晚都会用一个小时时间教他们学习计数。结果是根本行不通，倒是有一些毗拉哈部落的小孩学得相当不错，但是每当快要学有所成的时候，他们就不来上课了。对他们来说，上课的全部意义就像是边吃爆米花边看我在黑板上写写画画，纯粹是为了找点乐子。所以我不认为毗拉哈文化中没有数字的原因是本杰明·李·沃夫（Benjamin Lee Whorf）的语言决定论，也即语言决定了人的思维。我不认为这个假说能够解释毗拉哈人的计数能力；同样，它解释不了为什么毗拉哈语中没有形容颜色的词，为什么毗拉哈人的亲属关系体系是所有记录在案的人类文明中最简明的；它也解释不了为什么毗拉哈语中没有递归，为什么没有量词，又为什么没有很多其他的东西。戈登讲不出毗拉哈文化里没有这些东西的理由，所以

他很可能会说："我觉得没有原因，碰巧罢了。"

有人提出，既然毗拉哈是一个不大的部落，那么假设部落里近亲婚配盛行也不是不合理，而近亲婚配会让部落里的某种基因变得格外流行。这些人认为，毗拉哈人独特的文化可能有它的遗传因素。有人曾经建议我给毗拉哈人做基因鉴定，由于我经常探讨人种之间的区别，在别人眼里我的研究早已有半只脚踏进了种族主义的范畴，所以我可不想让别人知道我企图在课题里做基因鉴定，要做也是由其他人去做。尽管毗拉哈人不多，但我不认为部落的基因池很小。经常有人会沿着河流进行交易，毗拉哈人用性从别人船上换取自己想要的物资也不是什么新鲜事，所以我不觉得基因是个重要的因素。

巴西亚马孙流域绝大多数的原住民都是印第安人的后裔，但是现在他们都只是统称自己为巴西人。毗拉哈人见到的大部分巴西人都是顺着河流乘船而来的商人，他们造访毗拉哈部落的目的是购买巴西坚果。作为交换品，他们会给毗拉哈人带来弯刀、火药、奶粉、糖和威士忌，等等。通常毗拉哈人会很喜欢这些东西，但是他们从来不存这些来自西方世界的货品。如果你到那里去卖消耗品，比如一个毗拉哈人跟你买了两斤左右的糖，你把糖倒进碗里，他们就会当着你的面把糖一口气吃完。毗拉哈人不会把这两斤左右的糖放到架子上，留着以后用。他们想吃的时候才买，买了就吃。

只要来造访的商人同意，性也可以作为交换的商品。这也就是为什么你会在毗拉哈人的部落里看到他们抚养明显是混血面相的孩子。皮肉生意主要是由丈夫出面交涉。没有成婚的女性可以由她们自己进行交涉；已婚的女性如果没有丈夫的交涉，是不会独自提出进行性交易的。在和外来者交涉的时候，通常是男性主导，女性除非被男性呼唤，不然都会采取避嫌的做法。除此之外，滥交本身对于毗拉哈人而言不是什么问题，因为他们文化的价值观不排斥这种行为。

我记得有一次和毗拉哈人坐在一间小屋里，他们围过来跟我说，我们知道你想让我们认识耶稣，让我们知道耶稣想让我们以某种方式过日子。你爱耶稣，但这些都是美国人的东西，我们不想过你那样的日子。我们喜欢过毗拉哈人的日子，毗拉哈人也做许多你们美国人不想做的事，但是我们从来没想过让你们跟我们一样。毗拉哈人早就注意到两种文化各自的特点了，只是他们更认同自己文化里的价值观。

我曾经写过一篇相当博眼球的论文，题目是《毗拉哈文化的语法和认知禁区》（*Cultural Constraints on Grammar and Cognition in Piraha*），它于2005年发表在人类学期刊《当代人类学》（*Current Anthropology*）上。这篇论文本来没有发表的希望。首先，它的篇幅长达25 000字；其次，即使是把它放到一本语言学期刊上，也太具有争议性了。我选择把它投给这个期刊，是因为《当代人类学》的发行量要远远高于其他语言学期刊。我很喜欢期刊邀请同行评论论文的方式，好在《当代人类学》这本关注人类学研究的期刊也这么做了。针对我的论文，期刊社邀请了8位语言学、人类学和心理学领域知名的行家，这引起了社会媒体的关注。大众通俗杂志开始报道我的研究，但是大部分的内容都被曲解了。出现在报纸媒体上的东西和我论文表达的意思相去甚远，广播里开始大肆传播，杂志争相报道。每个读过报道的人都以为（实际上我在论文中的确也说了）我的论文意在与乔姆斯基提出的学说针锋相对。随着媒体报道的范围越来越广，我知道总会有人因为坐不住出来反驳我。

麻省理工学院的大卫·比塞茨基教授（David Pesetsky），同属该学院的学生安德鲁·内文斯（Andrew Nevins），还有一位名叫塞林·罗德里格斯（Cilene Rodrigues）的巴西语言学家，他们三人决定对我的观点进行反驳。不过让人忍俊不禁的是，我本人正是大多数与毗拉哈有关的研究资料的源头。检验我的说辞最好的办法是申请一笔研究经费，然后动身到亚马孙流域现场进行实验验证。而他们三人的做法却是翻出了我的博士论文，在里面我探讨了毗拉哈语的语法，他们发现这与我当时发表的论文里的观点有不小的出入。的确是有那么一些出入。于是我在《当代人类学》上声明，两者之间确实有出入，希望读者以2005年发表的那篇论文为准，之前论文中矛盾的观点自动作废。我改变观点以及做出这个决定是出于对在这场演讲里说过的一切的深思熟虑，以及自身阅历和知识的增长。

我在写博士论文时意图把研究对象归入某个已经存在的类别里，这种思路在语言学家的研究工作中可谓司空见惯，当时的我使尽浑身解数想要把毗拉哈语说成是一种“再普通不过的语言”。为了这个目的，我冠冕堂皇地在博士论文里举了几个冷门的例子，作为毗拉哈语里存在递归的证据。实际上，这些例子只不过是我当时的一面之词而已。那三名企图反驳我的作者就像抓到了我的小尾巴，他们用两篇论文的相互矛盾之处来反驳后来那篇文章的观点。此外，他们还引述了一些史蒂芬·谢尔顿（Steven Sheldon）没有发表的研究，后者宣称毗拉哈语里其实有描述颜色和数字的词语。

他们的证据还包括一篇分析毗拉哈语的论文摘要，那篇论文提到毗拉哈人实际上会说葡萄牙语。如果去找他们的参考文献，你真的可以找到这样那样的论文。但是这些论文的作者要么不是科班出身的语言学家，要么根本就不会说毗拉哈语。我们以颜色为例，谢尔顿口口声声说毗拉哈语里有形容色彩的词语。但是如果你仔细推敲,谢尔顿把毗拉哈语的“mii sai”翻译成了“红色”，而实际上它的意思是“像血一样”。毗拉哈语里所有代表色彩的词都只是一个比拟的短句而已。那个看起来像血，那个看着像水，这个像天空，那个又像一团火，又或者是这个像那个，以此类推，不一而足。至于毗拉哈人的葡萄牙语水平，毗拉哈部落的男人通常知道几句非常简单的葡萄牙语，仅够他们与河上的商人谈买卖用。这就好比如果今天动身去巴黎，我也能够在需要的时候问到离我最近的厕所在哪里，但不能因此就说我是个会说法语的人了。我对法语还是一窍不通，毗拉哈人的葡萄牙语水平和我的法语基本不分伯仲。

比塞茨基、内文斯以及罗德里格斯对我论文的批评非常严谨，他们花了许多工夫，做了很多努力，耗费了大概几个月的时间。随后他们把完成的文章发表在了一个叫林格·巴兹（Ling Buzz）的网站上，那时公众对于毗拉哈文化的热情不减，文章开始迅速传播，头几天的下载量就达到了 700 次，之后每天都会有几十次新的下载。当看到他们的文章时，我正在准备写另一篇论文，只能不情愿地放下手头正在进行的工作，撰文进行回应。我逐条回应了他们的论点。他们的文章通篇只有一个地方让我感到羞恼，对方宣称我在用低人一等的眼光看待毗拉哈人，暗讽我是一个种族主义者。当然他们没有直接用“种族主义”这个词，而是指出我极力将毗拉哈语渲染成一种低端语言，企图触犯毗拉哈人作为人的尊严。但事实是我已经发表了 40 多篇有关毗拉哈人的论文，还出版了一本书，绝大多数的内容都是在探讨毗拉哈人有什么，而不是他们与我们的差距。我把回应的文章挂在了林格·巴兹网站上，到目前为止它还是那个网站上浏览量最高的文章。那两篇文章现在还在那儿，下载量也在不断增加，这场争辩还没有尘埃落定。我不清楚比塞茨基他们打不打算回应我的文章，但就现在的情形看，他们很有可能会。

当看到他们三人的反驳后，我在回信里说，他们这是在把 55 岁的我和 26 岁的我放在一起自相厮杀。这么说是因为他们引用的所有数据都是我的。这让情况变得很微妙，因为我需要解释的其实是为什么对于毗拉哈文化，26 岁的我没有 55 岁的我知道的那么多。他们认为尽管我在毗拉哈文化研究领域里著述颇丰，但大部分的工作都似乎是自说自话。而在我目前进行的许多研究项目中，有一个项目的目标正是验证毗拉哈语的语法，参与者除了我之外，主要是麻省理工学院大脑与认知科学系的研究人员。研究的基本原理是我们尽可能地对毗拉哈语进行语法试错和重写，对毗拉哈语进行最大限度的掌握。如果必须先进行这样的试错，才可以在论文里信誓旦旦地提出对于毗拉哈语的观点，那我恐怕永远也发表不了任何观点了。因为发表观点然后等待反驳和探讨正是我研究的一部分，我必须要得到其他人对于我观点的看法和反馈，确保我手头有第一手的资料。现在，我把手头所有的原始数据都交给了其他研究人员，他们正在把这些第一手资料转制成数字文件，最终这些资料都会在经过翻译之后，被共享到互联网上。这要花上好几年时间。但是这样一来，你就不用再亲自跑到毗拉哈部落里去了，只要翻一翻这些资料，检索数据库，就能找到反驳我的证据，或者被我遗漏的地方。我相信一定会有人这样做的。

我曾经接受过《明镜周刊》的采访，当时我正在位于德国莱比锡的马克斯·普朗克研究中心的进化人类学研究所，特库姆塞·菲奇成了我当时的邻居。不管在研究所还是住处，他都在我的隔壁，所以我们才有机会深入探讨，也结伴出过几趟门。他直言对我在和《明镜周刊》记者访谈中所说内容的不信服，于是我写邮件回复了他，同时抄送给了诺姆·乔姆斯基和马克·豪泽。我当时真的以为特库姆塞会回复我的信件，因为那封邮件本来就是专门写给他的。不过实际上我立马收到的回信来自乔姆斯基，他后来还给我补写了很多封很长的邮件。

我和乔姆斯基的通信一开始非常有趣。我对和乔姆斯基很熟悉，几乎一入行就在学习他的理论，他所有语言学方面的文章我全部都读过。所以他的回信我甚至都能自己写出来。我无意冒犯，但乔姆斯基在回信中翻来覆去说的，都还是我们已经耳熟能详的他的理论里的东西。我不知道要怎么样才能让他明白他的理论并不是这个领域的标准答案。他在邮件里跟我说，通用语法是放之四海而皆准的。这句话等于说，语言是人类作为生物的固有属性。但这是不对的，许多相信语言是人类固有属性的人，也对语言是不是本能存疑。实际上，在马克斯·普朗克研究中心里，麦克·托马塞洛领导着一整个实验室的研究员，还坐拥一所世界最顶级的灵长类动物饲育中心，他们的研究主题是人类交流方式的演进，但是他们并不笃信语言本能和通用语法。

我在研究所的时候跟进过麦克的研究，因为我们对于人类语言的观点多少有些志同道合。麦克对于语言学本身的兴趣远远大于灵长类动物学，不过对灵长类动物的研究的确能让我们发现许多有趣的东西。它能让我们看到信息交流方式是如何演进的，看到人类语言和动物交流方式之间的某些共通之处，这是盲目迷信通用语法理论的人所无法想象的。

我认为乔姆斯基的理论在过去50多年里的发展已经让它变得无法被质疑了，没有人关心通用语法的概念到底有什么用。如今这个说法主要对普通人很有吸引力，就像它曾经让很多语言学家神魂颠倒一样。但是如果在研究中经常接触这个词，你就会发现它很难被证实，我想不到任何可以证实这个概念的实验。实际上我在一封邮件里问过乔姆斯基这个问题，我问他有没有哪个通用语法理论做出的演绎，能够让我拿来尝试证伪的？我要怎么证实理论本身？这个理论能够演绎出什么？他回答说，通用语法没有演绎；它是一门学科，学科本身没有演绎，比如生物学。

这么一说，事情就不对头了。的确没有生物学家能够在不相信生物学范式的情况下进行生物学研究，但是不认可通用语法的范式照样不妨碍人们研究人类语言。这样说起来，通用语法根本算不上是一种范式。我知道科学史上很少有一个理论的开创者，或者与一个新理论创立相关的人会轻易地站出来说：噢，我想错了，我得重新想个法子来研究这个东西才行；我想那边那个哥们，对，就是他，他的想法就非常的靠谱。这种情况在历史上凤毛麟角，乔姆斯基也很可能不会是例外。

我希望能够用精心设计的实验来验证我关于递归的观点。我希望有更多的人不受我的影响，致力于毗拉哈语语法的研究。独立进行研究的人越多，让别人相信我今天所讲的这些东西的概率也就越大，我相信我所提出的观点经得起事实的考验。但如果事与愿违，那也非常有价值。必须有人进行验证，如果结果显示我对于毗拉哈语的研究是可信的，那么下一步我们就去研究其他那些因为这样或者那样的原因而与外界隔绝很长时间，没有受到外来文化同化的语言。找到之后，我们再进行检验，希望能够有蛛丝马迹证明语言的差异比我们以前想象的要大，也许我们能够借此重新划分语言的类别，做到精益求精。

我们还需要更多的田野调查。语言学家们已经有 50 多年没有下地了。与数年前相比，人们对于濒危语种的研究热情有明显的上升，但是语言学家们迟迟不愿意动身进行田野调查，“绝知此事需躬行”的观念才刚刚开始复苏，不久前才有人在论文里提出纯粹的语法研究不能解答所有问题。我们需要前往当地，在特定的文化环境里研究对应的语言。

未来几年我留给自己最大的研究问题是：有什么证据可以证实风土文化能够对一种语言的语法有建设性的影响。也就是说，文化氛围能够确确实实影响到语法的特征，而不仅仅是作为触发语言本能、设定语言相关参数的推手罢了。

文化造就了一个全新的社会环境和氛围，实际上，你从来无法在别的生物和它们的大脑中找到类似的现象和功能。对大脑负责文化行为的区域进行研究，是我们分析和阐释人类大脑功能的重要途径。

——《正常而健康的心智》

CULTURE CREATES A WHOLE NEW BIOSPHERE, IN EFFECT, A WHOLE NEW CULTURAL SPHERE OF ACTIVITY WHERE THERE'S OPPORTUNITIES THAT DON'T EXIST FOR ANY OTHER BRAIN TISSUES IN ANY OTHER CREATURES, AND THAT THIS EXPLORATION OF THIS SPACE OF CULTURAL POSSIBILITY IS WHAT WE NEED TO DO TO EXPLAIN HOW THE MIND WORKS.

05

THE NORMAL WELL-TEMPERED MIND

正常而健康的心智

Daniel C. Dennett

丹尼尔·丹尼特

哲学家，塔夫茨大学认知研究中心教授、联合主任，著有《直觉泵》

我想改正几年前犯下的错误，重新思考一下这个观点：理解心智的方式就是将它分解成简单一些的部分，然后再将这些分解开的部分分解为更为简单的单元，一直这样分解下去，直到你可以将它们分解为可以用机器代替的心智。这又被称为“小人儿功能主义”（homuncular functionalism），将一个人分成数个“亚人”（subpersons），每个亚人都是最基础的代理单位，也就是小人儿，这看起来就像是在做回归，只是做的是有限回归，依次将这些小人儿再分解为更傻、更单一的小人儿，这样一层一层直到你可以用机器取代这些小人儿，这也是思考认知科学的一个好方法。这也是老派的优秀人工智能所做并且一直在做的事情。

这个观点基本上是对的，但是第一次意识到它的时候，我犯下了一个大错。我那个时候正迷恋着麦卡洛克–皮茨（McCulloch-Pitts）逻辑神经元理论（即阈值逻辑单元）。麦卡洛克和皮茨整合出了一个非常简单的关于人工神经元和计算神经元的观点，这个神经元是多输入、单输出的，而且有一个触发的临界值，这些输入可以是抑制型的也可以是兴奋型的。他们证明了在理论上，一个由这种神经元构成的神经网络可以计算出任何你想计算的东西。这非常振奋人心啊！这意味着你基本上可以将大脑视作一台计算机，而将这些神经元看作电脑中的一种基础开关元件，这种过度简化太让人吃惊了。每个人都知道这是过度简化，但是人们没有意识到它能简化到什么程度。直到最近，我才慢慢弄清楚这种过度简化是多么可怕，因为每个神经元都是一个议题中非常小的部分，而且它们比任何开关都自主得多、有趣得多。

问题在于，当你认为单个神经元不是忠诚的奴隶或是简单的机器，而是必须遵守规则、必须被适当激励的代理单位，或是可以形成联合、小团体、组织和联盟的代理单位时，它们的计算结构是什么样的？这种将大脑视为政治力量斗争的一个社会场的思路乍一看就像是一种有趣的幻想。但是现在，我越来越觉得这种思路有道理，而且各种不同的证据都指向了这种思路。

进化生物学家大卫·黑格（David Haig）发表了一些关于个体内部冲突的有趣论文，其中甚至讨论了遗传基因方面的冲突，也就是你遗传自父亲和母亲的基因之间的冲突，即所谓的“母系和父系基因冲突”。这些冲突有着相反的方向，如果陷入了紊乱，严重的不平衡就会以某些心理异常的形式出现。

我们开始明白：人类的大脑不是组织有序的分级控制系统，其中的一切事情并非秩序井然，也没有官僚机构那么充满戏剧性。事实上，它更像是有着民主元素的无政府状态。有的时候，它可以保持稳定，也可以互相帮助，以及建立统一战线，看起来一切都很完美。但是，接下来事情会变得紊乱，大脑里会有某个联盟出来领导，而你就会陷入痴迷或错觉等状态。

看到这里你可能会想，正常的冷静思考和组织缜密的思维可能是一种需要努力才能实现的成就，而不是基本的状态，只有完成了某些事情之后才能实现。但是，在人性方面，我们大多数人在大多数时候还是非常正常的。这就让我们对结构有了全新的认识，而我现在要做的就是努力弄清楚如何思考它。

如今，认知科学的成就证实我多年来所期盼的正在发生，而且它发展得如此之快，以至于我都快追不上了。我们现在拥有大量的数据，而且也有很多在这些数据中成长起来的年轻人，对他们来说，以这种非常抽象的计算方式思考已经成了第二本能，哪怕是 30 年前对所有话题都门儿清的专家都不可能达到这种水平。现如今，只要稍有学习动力的孩子在大学之前就已经具备了这些能力，他们的未来值得期待。

将大脑比作计算机的想法（这是我目前依然拥护的观点）如今也经历着快速的变化。大脑是一个计算机，但它和你用过的任何一台计算机都有很大的不同。它不是台式机或者笔记本电脑，也跟 iPhone 不同。这是一个非常有趣的现象。图灵让我们第一次以非常有序的方式来看待这种现象，让我们看到了无数部分同时运算。直到 20 世纪末期，没有人知道一个有无数部分同时运算的机器是如何运行的。这不亚于一个奇迹。

你可能也无法理解，但是计算机科学给了我们一些想法和概念，如在虚拟机器中运行的虚拟机器等。我们对 iPhone 递归结构的想法是一个非常有条理而僵化的想法。

我们的这个僵化的模型恰好成功了，它也值得我们为之竭尽全力。首先，你要以尽可能简单的方式来产生想法。你可以像数字计算器那样生成想法，就像约翰·冯·诺依曼（John von Neumann）的机器那样，结果可能是无法成功。现在，我们已经明白为什么这样无法成功了。你需要的是一个能运行平行结构的机器，因为我们的大脑毕竟是在平行地运行着大量的不同任务。

进展到这一步，就会出现联结主义网络。尽管我们知道联结主义网络的很多功能，但是你觉得我们如何才能将它们组织成一个能实现大脑所有功能的网络呢？谁在其中起主导作用？它是一种什么样的控制系统？控制是其中的关键，而且你会开始意识到：大脑中的控制跟计算机里的非常不一样。在商业电脑中，控制是一个精心设计的自上而下的系统。

事实上，你无须担心笔记本电脑中的某一部分会做坏事，去试图做一些系统不希望它做的事情。它们就如同奴隶，有非常清楚的任务描述。它们每天都需要喂养，而不需担心能量从哪里来。它们毫无野心，只完成被要求的任务；虽然完成得很漂亮，却几乎对任务一无所知。你所见识到的计算机的强大都来自这些没有思想的机器奴隶，但是你的大脑不是这样的。

大脑由神经元构成。我现在认为它们是细胞中的细胞，就像牢房中的牢房。想象一下，我们大脑中的每个神经元，身体中的每一个细胞（暂且不论共生体）都是真核细胞的直接后代，而这些真核细胞就像自由游动、自我供养的微小代理人，已经自生自灭了10亿年。它们自生自灭，最后却存活了下来。

它们必须知道大量的方法，拥有许多功能，以及能实现这些功能的自我保护能力。当聚合成一些多细胞的生物时，它们会放弃一些之前拥有的功能。事实上，它们就像是被驯服了，成了更大、更集中的系统中的一部分。我认为所有的事情都是如此。你不必担心自己的肌肉细胞叛变或出点什么岔子，如果真的发生，我们就会称之为癌细胞。但是在大脑中，我觉得（这是我一个非常粗浅的想法）这可能只会出现在某些物种中，比如人类；而且可能只会出现在大脑明显更不稳定的区域，比如皮质层。事实上，基因中有一些小开关能让我们的神经元变得野蛮，就像你让羊或猪变得凶狠起来那样，神经元能很快恢复这种野蛮的本能。

可能我们大脑中的很多神经元都没有什么功能。但是只要你愿意，它们就可以以自己的行为和生存方式，变得更爱探索或冒险。它们相互角逐只是为了活下来。每个神经元之间都存在着竞争，只要竞争一发生，就有了合作的空间。我认为一个更加自由的组织正是我们伟大创造力、想象力和突破思维的秘密所在，而我们为此付出的代价就是对压迫、心理疾病、欺骗和一些小问题非常敏感。

我们的大脑比任何其他哺乳动物的大脑都更偏爱冒险，而这可能跟一些控制型基因的简单突变有关，这些基因会表现出一些天生的竞争倾向，而这些倾向至今还存在于单个神经元的染色体中。但是，我并不认为基因可以解释这些。你需要用文化来解释。

我推测，这是我们对于文化的一种反馈。文化造就了一个全新的社会环境和氛围，实际上，我们从来无法在别的生物和它们的大脑中找到类似的现象和功能。对大脑负责文化行为的区域进行研究，是我们分析和阐释人类大脑功能的重要途径。

我刚才所说的一切都是推测。如果其中有 20% 是事实的话，我就欣喜若狂了。对我来说，这种关于大脑、心智和文化的思路是非常伟大的，但是它可能会失败。事实上我不担心，并愿意为之不断探索，即使最后证明是错的，我也会说："好吧，我错了。但思考这个问题挺有意思的。"但是，我觉得我会是对的。

我并不打算做很多学科的研究，尽管很多人会做，而且他们已经在做了。自私的神经元已经被麻省理工学院的承现峻（Sebastian Seung）证明了，他在几年前圣地亚哥的一次神经科学学会的报告中展示了这个研究成果。我当时在想：哇！自私的神经元！自私的突触！太酷了！我们接着往前推进，看看会发生些什么。有很多方法可以进行探索。据我所知，大脑自身巨大的可塑性是尚未被解释却非常惊人的大脑特质之一。

迈克·梅泽尼奇（Mike Merzenich）将一只猴子的手指缝到一起，这样它就无须分别激活两根手指。很快，负责这两根手指的大脑皮层就开始服务于其他功能。当拆除缝合的时候，大脑皮层又很快恢复到之前的模式。如果你把自己的眼睛蒙住 8 周，就像阿尔瓦罗·帕斯奈尔·利昂（Alvaro Pascual-Leone）在实验中做的那样，你的视觉皮层就会开始适应盲文和触觉。

大脑为了应对这一类的创伤或体验而自发采取的重组方式，本身就是其一大神奇之处。如果没有一个框架能解释这如何发生以及为什么会这样，你的模型就存在重大缺陷。我觉得你必须将单个神经元看作微型代理人，并搞清楚这对它们来说意味着什么。

为什么这些神经元都急不可耐，一下岗就赶紧投入到其他工作中呢？大概是因为它们失业了。如果神经元没有活干，就不会有神经调节素。如果神经元没有神经调节素，神经调质感受器就会开始消失；之后很快，神经元就会真的失去功能，然后就死了。

从这个角度出发，我想到了约翰·霍兰（John Holland）关于触发秩序的研究。他举了纽约的例子，你总是可以在纽约找到鱼饼等任何你能想到和想找的东西，而且不必担心没有官方机构出来保证物流通畅。市场自然会搞定一切。由企业家精神和自私的代理机构构建起来的网络提供了大量的商品和服务，而且这个网络对需求反应非常迅速且极度敏感。

我们都受强权者的支配。人类文明目前正变得异常脆弱敏感，我们越来越依赖那些并不是太可靠的技术。这些技术的运行有很多条件需要满足，而我们可能将自己陷入了某些非常严重的困境。但是同时，想到大脑自我组织的能力就像一个自治的城市一样，这多少令人感到欣慰。尽管这个隐喻有点谄媚了，但值得注意的是，这种想法在柏拉图的时代就被提出来了。

柏拉图将人类的心智类比成一个国家，其中有统治者、守卫者和工人。“一个人是由许多小人儿组成的”这一观点,虽然在某些方面看起来质朴滑稽，但在某种程度上它并不是错误的。我们不应该因为它们长久以来饱受争议就退缩，可能某些并不那么质朴的观点就是真相。

很多“文化跳蚤”

我接下来的一个重要工作是要严格考察文化演进，研究关于它的不同观点，看自己能不能以一种全面的视角，创立一种模因或者类似模因的角色，以及研究其他的力量在其中发挥着什么样的作用。我们将以恰当的科学观念来看待文化演进。那种传统的历史叙述手法当然很伟大，其中包含着惊心动魄的细节，有时候也是准确的，但它们只能覆盖一小部分的现象，只能发现水面上的冰山。

基本上，我们拥有和已经使用数千年的模型是：文化由文化遗产组成。就像金钱或是工具、房屋，因为它们很有价值，所以你保留它们并传给下一代。有些群体很富有，有些很贫穷，但他们遗传下来的都是商品。我认为这种观点只能运用于那些水面上的冰山。

文化中的大部分规律都不是遗产。它们不仅是歌剧、科学、工事、建筑或船舶，还包括了各种各样的陋习、丑恶和愚蠢。它们没有多大影响，但在某种程度上符合一个社会的特点，因此也是人类生态中的一部分。同样地，泥浆、尘土、污点和跳蚤都是我们居住世界中的一部分，它们不是我们的遗产。我们可能将跳蚤传给了孩子，但其实并没有打算这么做。我想我们周围存在许多“文化跳蚤”。很多事情，我们在做的时候甚至没有意识到自己在做，语言就是最好的例子。没有经过深思熟虑，有意图的语言指令就会发出，或者一定会发出。

父母在教孩子的时候会指着一个物体说：“看！这是一个球！这是红色！约翰尼，你看这是红色的球！这是一头牛！看起来是不是像马啊？”孩子也会这样学着说，但即使没有父母的指令，孩子也会这么做。其实父母本不必那样做。没有这些引导，孩子自然会知道球、红色、马和牛，即便他们被严重忽视了。这个观察虽然不讨好，却是真实的。只要大脑没有严重病变的话，人就不可能学不会语言。

我们来和大猩猩做一个比较。有成千上万只大猩猩被人类囚禁了一生。它们被制度化了，就像囚犯一样，每天能听到跟婴儿一样多的词汇。但它们并没有表现出任何兴趣，也没有表现出对那些声音代表了什么感到好奇。虽然它们可以听见所有的话，但那些声音就跟树叶沙沙作响没什么区别。只是因为这些东西对它们来说，不值得注意。

但孩子可以捕捉到这些。这是一种非常微妙的捕捉。我可以想象，一些非常微小的基因启动了它，如果这些基因的位置稍稍变动一下，就可以让大猩猩像人类婴儿那样急着学习语言。但是没有，这就产生了截然不同的世界。大猩猩不可能像我们这样分享自己的发现，或者交流学习。我觉得，这就是将人类和其他物种截然区分开的唯一差别：人类不会一直重复劳动。我们的孩子不仅受益于祖父辈甚至曾祖父辈的知识，在上学期间也会接触到这个世界上所有人都知道的知识。他们不需要发明算数、乘除法、地图、轮胎或者火，完全可以免费得到这些，这就是环境的一部分。他们不断成长，自然就会得到无比丰厚的知识遗产。

我马上要启程去巴黎，在丹·斯佩贝尔（Dan Sperber）的会议上讲一讲有关文化演进的话题。我觉得他的一些观点非常伟大，但是也有一些观点存在偏颇。这对我来说是一个非常值得期待的机会。

科学家对自由意志的一些天真观点

"推进"是几周前肖恩·卡罗尔（Sean Carroll）在斯托克布里奇开办的一个工作坊。这个工作坊非常有趣，我也在其中学到了很多，更加理解了做这种事情的难度。

严肃地说，苏格拉底向我们提出了催产式的诘问思维，我们想知道自己的障碍在哪里，想象的藩篱是什么，人们什么时候会遇到一段艰难的时光。斯托克布里奇的会议上让我久久无法忘怀的那些事情，正是我们严肃认真思考某些问题的开端。

当然，这也非常令人痛苦，因为我发现自己对一些科学概念很难进行思考。但有趣的是，你总是可以找到一群愿意与之交流沟通的人。这些人并不高调，而是喜欢在一般常识中寻找共同点。虽然他们也会遇到麻烦，但那些是值得研究和了解的东西。你接下来的尝试会变得更加艰难，但会变得更加聪明。你会认识到，要将一个观点或一种思维植入他人的大脑里是多么难的一件事情。

我意识到我的工作真的有点像自己原来希望的那样。对于自由意志，科学家还存有一些天真的想法。我经常讨论这个话题，并尽我所能去打消很多科学家对此的糟粕思想。这确实获得了一定的成绩，但还有更多的糟粕需要去除。我觉得，对于科学家来说，讨论“自由意志”这个几千年的古老概念，而且打出个“全垒打”是一件非常有诱惑力的事情。如果他们真的能做到，我也就信服了。

但是，这根本就不可能。我觉得他们没有恶意，他们想要把自由意志说清楚，但是忽略了很多要点。我和任何人一样，非常期待一个有关人类自由意志和道德责任的自然主义理论，但是我觉得科学家应该比其他人更好地思考这些话题。非常高兴的是，哲学家确实在这方面有所建树。

哲学家已经做出了一些研究成果。在这个领域中，我有一次特别冲动（这种冲动在我的职业生涯中寥寥无几），想对某些科学家说：“在滔滔不绝之前拜托先读点哲学书吧！这些哲学书在这些主题上都有非常好的论述了，你需要先教育好你自己。”

狂妄和懦弱的产物

反映美国人抵抗进化论的数据依然令人沮丧，而且你最终会发现某些东西是被建构的。这并不是因为美国人很愚蠢，而是很明显，我们每个人都有自己的信任者，我们相信其言论。例如，如果你想问一个有关希腊经济现状的问题，就需要考察那些值得考虑的人的观点。我们不会自己解决这个问题，而是会去找一些自己信任的专家。

很多人把自己的牧师当作科学专家。我不是要谴责这些人，只是希望他们能更加谨慎地选择，确定对方真的是非常好的专家。我认为，他们不会不假思索地选一个投资顾问当自己的牧师。我谴责的是这些牧师，但他们是从哪里得到这些观点的呢？他们从自己所在教堂的等级制度中学到了这些。那么他们是如何学到这些的呢？在等级结构的顶层，我认为确实有些人应该为自己感到羞愧。

他们在撒谎，如果我有机会一定要去问问：“如果你的孙子想知道你为什么要在进化论上对所有人撒谎，这难道不会让你感到羞愧吗？”我是认真的。这些都是谎言，他们只要不傻，就会知道这些都是谎言。我只是担心他们的后代如果知道祖先如此狂妄又懦弱后会怎么说。他们就是狂妄和懦弱的产物。

现在，我们必须开始研究人们迷信专家和分析问题的建构方式了，为什么他们会如此顽固？为什么会有这么多有影响力、有钱的公众人物误解进化生物学？这一切是如何发生的？为什么会发生？为什么会持续这么久？他们完全不了解周围的世界，这真让人羞愧，也太令人不解了。而且，如果有一天他们意识到这一点，则会更羞愧。这些人不知道 HIV 是艾滋病的携带病毒，不知道潮汐是太阳和月亮的引力所导致的，真为他们感到丢脸。他们可以不知道细节如何，但应该明白细节是可以知道的，有时只要花上 20 分钟就会搞明白。但他们怎么会轻信那些素昧平生的股票或者债券销售员？要知道，这些人永远不会把自己孩子的手术托付给像他们一样愚昧无知的医生。这种现象真的很奇怪，我还没有完全搞清楚其中的原因。

一种致命的懒惰相对主义

几年前，琳达·拉斯科拉（Linda LaScola）这位极具天赋的调查者、质疑者和采访者与我一起做一个研究项目。在这个项目中，我们发现有些私下并不相信上帝的人依然会运营教堂，并自信地和我们谈论这个话题。琳达是一个非常优秀的采访者，她获得了采访对象的信任。他们向她解释自己如何获得了现在的地位，这一切是什么样的；做一名不相信上帝，却每个周末都要起床、大声念出那些教义的牧师是什么样的。他们已经深陷这个泥潭。

我们发表第一个研究成果的时候，引起了很大的反响，特别是那些闷声做事的人。没有一个人说我们的研究造假，或者否认这是一个问题。每个宗教领袖都知道事实正是如此，这就是他们肮脏的小秘密。他们当然知道我们正在关注冰山一角，有很多牧师并不相信教民认为他们相信的那些东西，有些牧师过得非常痛苦，但有些也过得挺好，这也是非常有趣的形象。

在第二阶段，我们把范围扩大了，观察了更多的牧师，而且开始研究神学院的教授们。这些人的工作是对牧师进行教育，通常在牧师开启这种系统性伪善的生涯时对他们进行指导。他们会学到在神学院中讨论的内容，以及在讲道台上要说的内容，并明白这是截然不同的两回事。我认为，这种系统性伪善的现象非常严重，这是今天宗教中的结构性问题，教堂用了各种方法试图来解决这个问题，但都不奏效。

他们无法解决这个问题的原因是，存在一条原则，它有点像“医学之父”希波克拉底的誓言：不作恶。牧师们学了这条原则，但是是从神坛上学到的。他们不能做的一件事情就是绝不可以动摇他人的信念。如果牧师身处的教区满是谨遵教义者、年轻地球创造论者，以及相信《圣经》中所有的奇迹和耶稣复活都确实发生过的坚定信奉者，他们是绝对不可以破除这些人的幻想的。但他们同时也会意识到，很多其他的教民并没有那么坚定的信仰；他们认为这些都是某种隐喻或是符号，不会认为《圣经》中每一个字都是真理。

他们会如何穿针引线，不冒犯教会中那些坚持认为《创世记》完全真实的老教民，不去惊吓、背叛甚至颠覆那些天真轻信、毫无想象力的教民的信仰？目前看来，这个问题没有什么好的解决方法，因为这里有一条不成文的原则：不许扰乱、消解和破坏教堂里任何人的信仰。

这就意味着有一种强制性的伪善使得牧师在布道台上义正严辞地读着《圣经》，如果不仔细听的话，你会觉得：我的天哪！这个人真的相信他说的这些鬼话！但他们只是在给那些教会中的顽固者一些提示，让对方理解：当然不是如此！这只是一种符号化的表达，这些都只是比喻而已。这就是他们所期待的，但是他们当然不会承认这一点。你不可能在布道台上放一个指示灯，一到隐喻处就提示：“这是隐喻，请注意，这只是个隐喻！”这会破坏所有的一切。

即使当有人问这是否只是隐喻时，他们也不会承认；专业的双向沟通也是如此。但是，如果像我和琳达一样研究一段时间的话，你就会意识到就是如此，他们早已不知道说实话的感觉了。当然，有那么多种事实，这也是后现代经常带给我们的梦魇。后现代运动是可恨的思想破坏主义者，它让这种懒惰相对主义的有毒思想得以畅通无阻。

威廉·詹姆斯（William James）的伟大著作《宗教经验之种种》（*The Varieties of Religious Experience*）中最令人不寒而栗的一篇文章，就是他讨论部队里的士兵："对于一支军队来说，过于残暴、冷酷总比过于多愁善感、理性要好得多。"对我来说，这非常醒脑，也引发了深思。我们来谈一谈进驻伊拉克的经历。美国国防部前部长唐纳德·拉姆斯菲尔德（Donald Rumsfeld）说过："我们无须派驻强大的军队，就可以轻松搞定一切。"同时有一些人（事后看来我们可以称之为智者）说："如果这么做，你就会希望有压倒性优势地入驻，以压倒性的军队数量和力量达到恐吓所有人的效果。但其实你是可以维护和平的，只是为所有人提供一个过渡的机会，这样的话被杀的人会更少，受伤害的人也会更少。你其实只是想展示自己占绝对优势的军力。"

可能拉姆斯菲尔德其实知道，美国人民是不会支持他这么做的。或者，人们看到前线所发生的一切会选择不去那里。但是，对于规则本身我们是非常理解的。如果不想发生暴乱，就需要投入实际需求数量 4 倍多的警力。这就是避免暴乱和不发生伤亡的方法，因为人们不至于傻到去打毫无胜算的仗。但他们不会这样去思考宗教，这一现象值得深思。

我是这样想的，假设我们面临着某些可怕的、强大的敌人，比如另一个希特勒。我们目前有两种不同的部队可以用以自我保护，我称第一种为"黄金部队"，第二种为"白银部队"。这两种部队拥有同样的人数和武器，接受同样的训练，他们的装备都是最好的。不同之处在于，"黄金部队"的人都相信上帝是站在他们这一边的，而这就是他们正义的起源，就是这么简单；而白银部队全部是由经济学家组成的，他们每个人都在下注和投保险，计算所有事情的概率。

你愿意哪一支部队上前线呢？你估计很难说要选择经济学家们，但是你想过这意味着什么吗？你会说，我们不得不欺骗所有的年轻人，让他们持有错误的信念，这既为了保护他们自己，也为了保护我们。这非常虚伪。这也是我非常害怕的东西，即我们要给士兵们洗脑。出于接种疫苗同样的逻辑，我们也应该让他们抵御经济学家（或哲学家）的思想，因为这会让他们开始思考：我真的确定正义的起源是正义的吗？我是否真的准备好为了保护他人而冒险？我是否足够相信自己的战友会做出正确的事情？如果我足智多谋，能制定出一个更好的作战计划，但发现一切都只是徒劳该怎么办？我是否愿意投身到战壕中去？我不知道该如何面对这些困境，但我觉得这是我们应该面对的问题。

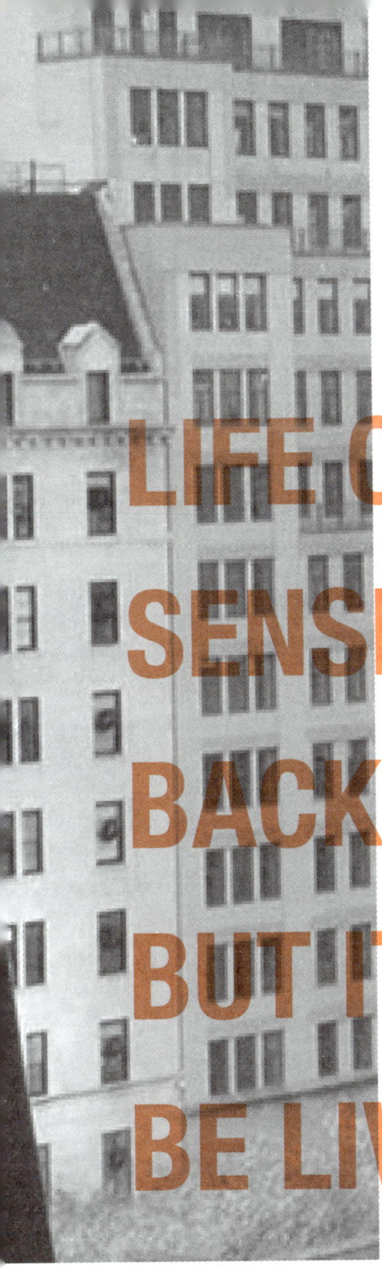

LIFE ONLY MAKES SENSE LOOKING BACKWARD, BUT IT HAS TO BE LIVED GOING FORWARD.

生命只有回顾过去才有意义，但是我们必须为未来而活。

——《如何赢得预测》

06

HOW TO WIN AT FORECASTING

如何赢得预测

Philip Tetlock

菲利普 · 泰特洛克

心理学家，宾夕法尼亚大学教授，

著有《狐狸与刺猬：专家的政治判断》（*Expert Political Judgment：How Good Is It? How Can We Know?*）

丹尼尔 · 卡尼曼的介绍词：

菲利普 · 泰特洛克于 2005 年写作的书《狐狸与刺猬：专家的政治判断》非常到位地阐述了“对政治长期的精准预测是不可能的”这一观点。这一著作是社会科学的里程碑，它的重要性很快就被政治科学与心理学所发现和赏识。更为重要的是，这一研究被情报界所重视，大量资源被投入以提升情报的准确性。这一研究还在继续，还有一些重要发现在不断涌现，泰特洛克给了我们一个窥探的机会。

泰特洛克目前的观点已经比之前否定政治长期预测时的积极多了。他关注近期，在某种程度上人们可以对近期进行准确的预测。他还承担了需要尽可能准确做出政治预测的任务。泰特洛克已经成功了。正如他在评论中说的那样，这些成功将会以多种多样却意义深远的方式对很多机构产生影响。我们有信心预测：下一个应用社会科学的里程碑将会很快到来。

近 30 年来，我一直在问自己一个问题并试图做出解答：为什么下注下得越大，公开辩论的质量反而会越差？

大概 30 年前，我开始研究专家的政治判断。那个时候正是“冷战”的高峰期，对于如何应对苏联，存在很多激烈的争辩，既有自由主义的观点，也有保守主义的观点。每一种观点都会产生一种关于苏联将如何应对各种政策法案的预测。

但是，有一件事情非常清楚，尤其是在戈尔巴乔夫上台让左右派混淆不清之后，即使没有一个人预测戈尔巴乔夫会带领苏联往哪个方向发展，最终每个人都能对事实进行非常强有力的解释。我们看似在处理一个被心理学家称为“outcome-irrelevant learning situation”的东西。人们总是能从历史中学到很多东西。

人们对于政治权威的观点存在着许多怀疑，但同样也有大量的支持。我30 年前感到困惑如今依然困惑的是，那些在重大公共政策预测中发挥重要影响力的政治专家到底起到了多大的作用？

2012 年的总统大选使公众对政治统计学爱纳特·西尔弗（Nate Silver）产生了争论。当然，西尔弗的预测如果比共和党的专家更准确的话，大部分的民主党人会更满意。不可否认的是，西尔弗的预测确实更加准确。他在分析和整合数据的过程中，采用了比对手和告发者更加严格的技术。

但这并不是导致保守派不喜欢西尔弗的什么特殊的保守观念。回头去看共和党获胜的那些总统大选，很容易找到自由派抨击投票、抱怨投票不公平的评论。即使在非常激烈的政治选举中也是如此，就像 1972 年乔治·麦戈文（George McGovern）和尼克松的竞选，有一些自由主义者认定投票有误。党派成员当然很容易相信他们想要相信的，政治权威则常常在做向观众鼓吹偏见的生意，而不是试图对未来做准确的预测。

30年前，我们开始进行一些简单的政治预测研究。我们对于一个非常简单的问题感兴趣，即在各种事务中，预测准确和不准确的政治分析师们的差别到底在哪里。我们不仅仔细研究了准确性的相关概念，还对之前的某个问题产生了兴趣：政治分析家们能否做出比概率更加准确的判断？

我们发现了两件事情：第一，当你把时间放宽到一年之后，政治分析家们很难做出比概率更加准确的判断；第二，政治分析家们认为自己对未来的了解其实超过了他们的实际水平，当他们说有80%或90%的信心时，通常只能达到60%或70%。

系统性的过度自信是存在的。而且，政治分析家们在犯错的时候，并不愿意改变他们的想法。在对未来会发生或不会发生什么做出强有力的预测时，他们倾向于沿着这个路径去进行论证："是这样，如果反对戈尔巴乔夫的人能被很好地组织起来的话，我预测苏联会继续存在"，或是"我预测加拿大会解体或尼日利亚会解体，它目前还在，但它的消逝只是一个时间问题"，或是"我预测道琼斯指数会在2000年降36 000点，它最终会降到那个水平，只是可能需要的时间稍微长一点"。

我们可以发现三个基本事实：第一，很多专家都力图做出比概率更加准确的判断；第二，他们都过分自信；第三，他们都不愿意在新的证据面前改变自己的想法。这三者结合就不可能给专家们带来什么好形象。

我们在2005年写了一本书，引起了非常热烈的讨论。出版这本书最重要的影响，可能是让美国情报界的一些人开始严肃思考测量精度遇到的挑战，以及观察这些分析师到底有多精确。这是我们目前正在做的一个主要项目，由美国情报高级研究计划署（IARPA）资助。这个项目跨度从2011年到2015年，涉及成千上万个分析师，他们每个人在此期间对数以百计的问题进行了预测，并记录了准确性。

这种训练对一个民主体制来说非常重要。纳特·西尔弗的故事在某个很小的方面表明了我期待在接下来几十年里不断发生的事情，也就是有多种方式来标定专家们的准确度。如果专家们觉得他们的准确度是标杆，就会对自己的言论更加小心谨慎，这也将提升公开辩论的质量。

有一种对我的专家政治预测研究的反应是，这在政治上太天真了。我假设政治分析家们都在做准确预测的生意，实际上他们做的是完全不同的另一种生意。这些政治分析家其实就是在鼓吹那些底层观众的偏见，娱乐他们，准确性只是一个边界性的约束。他们不想被抓包一个过分的错误，所以采用一些模棱两可的措辞来假装是自己的预测。他们不会说此阶段有 70% 的概率会遭到恐怖主义的袭击，也不会说 2013 年第三季度 100% 会出现经济衰退。他们才不会这么预测，而是会说，如果真的按当权者说的那样增税，在接下来的 6 个月就会有一次严重的经济衰退，“可能会有”。

“可能”这个词的模糊性太讨厌了。当你问研究对象“可能”意味着什么时，他们会说这取决于具体的语境。“我们可能会在 25 年后遭遇小行星的撞击”，人们会将这个“可能”理解为千万分之一的可能性；或者“这确实可能发生”，人们则会理解成六七成的概率。专家们早已习得通过模糊措辞将责任推卸干净的能力。他们可能经常犯错，但是从不会有误。

对于专家们对西尔弗的反应，有一个非常有趣的研究案例。大多数告发、蔑视、嘲笑西尔弗和提出了相反预测的人都陷入了非常尴尬的境地，因为他们的预测明显被打脸了。这些人违反了自己行当里最核心的规则之一：始终使用模糊措辞，“嗯，奥巴马可能会赢”。他们应该用各种各样的修辞来保护自己。

当人们真的面对错误的时候会怎么反应呢？有些人会很轻松地说：“我错了，我需要重新思考一下这个问题或假设。”一般来说，人们不会重新思考最基本的假设。他们更喜欢说：“好吧，我对威拉德·罗姆尼动员投票的努力判断有误。”他们总是在修补信仰系统的边边角角，比如，“我基本上误读了美国的国内政治，虽然这是我的核心研究领域”。

但令人意外的是，有一小部分人不愿意承认自己言论中的错误。你可能会经常听到这样一个观点:“我是错了，但这是一个正确的错误。”共和党的民意调查分析家迪克·莫里斯（Dick Morris）承认自己错了，但他说自己的错误是正确的，因为作为某一阵营的助威者，他至少非常努力和活跃；如果低估罗姆尼会比高估他造成更坏的结果。

如果有一个关于世界政治运行的理论，可以在评估的时候避免互补误差，你可能就会说:“你看，这对紧急之中保住这个国家至关重要。如果我们没有这么做,就会带来经济上的连锁反应。你们在这次紧急救助中有财物损失的风险，但因为我早意识到了这种连锁反应的风险确实存在，所以你们损失的风险就被抵消了。”如果你认同金融传染理论，这种理论就会将风险救助金合理化。如果你的理论认为，我们如果不作为，敌人就会变得更加大胆，你就会说:“最可怕的错误就是对他们绥靖，所以要对他们进行坚决打击。尽管这导致了冲突的扩大，但是如果我们不予以打击，就会带来更可怕的后果。”这种论调很难反驳，这就是公平竞争下的预测比赛可以提升公开辩论的质量的原因。

对于这种公平竞争下的预测训练，科学界有各种非常有趣的反对意见。有一种反对意见植根于纳西姆·塔勒布一派的思想，也就是“黑天鹅”式的历史观：历史是未知力量的产物，这种力量过去无法预测，现在亦如此。像第一次世界大战的爆发、互联网的发明等跨时代事件，没有人可以预测。在这个角度上，历史确实是间断–平衡模型（Punctuated-Equilibrium Model）。天下大事，合久必分，分久必合。这种不连续是根本无法预测的。

那么，我们在做什么？这样看起来，我们是让人们以为自己在可验证的时间参数和任务内能够开阔眼界，通过这种错误的想法来哄骗他们。我们会被下一轮“黑天鹅”猛烈攻击，因为我们自信对于没有规律、不可预测的世界有很好的概率判断。这是一种很有趣的反驳，也是我们需要进一步探究的问题。

当然，没有任何证据支持这种反对意见。而我认为，人们对自己的短期预测能力很谦虚，他们也会相应地对自己长期预测的能力更加谦卑。当然，这个逻辑跟预测比赛的逻辑是一致的。

这个观点的一个有趣变体就是：我们有可能在某些类型的任务中学习，而在另一些类型的任务中无法学习。例如，我们可以学习如何成为一个更好的扑克玩家，西尔弗也可以学着成为一个扑克高手。对冲基金经理们想成为扑克高手，可能就是因为这是他们职业的重要准备。那么，成为一个扑克高手意味着什么？这意味着你可以不断得到反馈，对手上的牌有一个清晰的认识。你可以学会对扑克中不同类型的手牌做出理性的概率判断。

政治跟玩扑克一样吗？我们在美国情报高级研究计划署进行的预测比赛某种程度上说明了这个问题。你可以很好地说明历史是不同的，并提出一个独特的挑战。人们是否可以通过学习，以在某些任务中有更好的表现，是一个实证问题。在这个问题上我们有大量的证据，证明人们确实可以通过学习表现得更好。这个过程很漫长，它需要很多艰苦的工作，但是某些预测者已经做出了成绩，他们预测的准确性已经远超我根据以往研究而做出的设想。

西尔弗的情况更像是玩扑克。他有来自代表性样本的投票，这些投票具有非常好的统计特性。而且，他也有非常好的样本库。在一个高度民主、投票流程规范、抽样方法科学、投票过程相对透明的社会里，他就像是在玩扑克，而不像是预测撒哈拉以南非洲内战的结果，禽流感的扩散，或是很多那种在地缘政治和技术发展中的突发事件。

社会科学家们对于如何研究社会科学一直没有达成共识。怀疑者们则认为社会现象就是像雾像云的，做不到如钟表般精确的预测。云雾说和钟表说的差别在论辩中尤为突出。如果世界政治真的是像钟表一样精确，那么在原则上，一个观察者就应该可以具备正确的理论和知识，并能精确预测接下来会发生什么。

如果世界政治像云雾一般，空气中小小的一缕云都在以类似随机的方式飘动，那么不管观察者的理论基础如何，他都无法进行精确预测。云雾说检验了这样一种设想：最理想的预测是 100%，而且效应大小也是 100%。相反，根据云雾说，你的最佳预测不可能比随机概率更准确，甚至可能比大猩猩掷飞镖的命中率还低。我们在之前的研究中发现了一件事情：那些对政治持有云雾说的预测者对长远的预测比持有钟表说的人更加准确。

那些对于预测是否准确态度谦逊的预测者，他们实际的预测比那些过于自信的人更为准确。我们称这些貌似更自信的预测者为“刺猬”，而称那些更加谦逊的预测者为“狐狸”，取自以赛亚·伯林（Isaiah Berlin）著名的短篇《刺猬与狐狸》(*The Hedgehog and the Fox*)。

接下来我们来谈一谈，断章取义对预测的准确性有什么危害。举个例子，如果西尔弗预测错了，罗姆尼当上了总统。如果在罗姆尼当选总统的两周前，西尔弗预测依然有 80% 的概率失败。你可以想象一下这对他的声誉有多么大的影响，简直会声名狼藉。人们可能会得出这样的结论：共和党反对者们是对的，西尔弗就是想弄掉奥巴马，他根本不是一个真正的科学家。当然，这没什么意义。当你说有 80% 概率的时候，还是有 20% 的概率会发生其他的事情；而这会降低你对他的信任。但你不应该完全抛弃他。其实这是一个非常严密的贝叶斯式的推理过程，在应对错误的预测时也是可行的。

我们真正应该审视的是反应过度。西尔弗错了就是笨蛋，对了就是上帝吗？并非如此，他既不是笨蛋，也不是上帝。他是一个有思想的数据分析师，他知道如何仔细研究大量的细节性数据，并将它们以非常复杂而精密的方式整合起来，达到比很多竞争者更高妙的前瞻性预测。其他一些整合分析家可能做得跟西尔弗一样甚至更好，但他们的方法论基本是相同的，都依赖于群体智慧。他们都在使用大量的信息，也更加倚重那些已经有准确预测的历史记录。基本上，这有点像加权平均的过程，也算是个好的策略。

我并不参与这些理论之争。还有一派的观点特别强调“闪念”(blink)的优势，以及勇气的重要性。另一派则注重“第二系统”和自我批判性认知的价值：对一切事情都不能只依靠直觉，要进行重新审视。对我来说，这就是一个非常直白的实证问题：每一种思维在什么样的情况下能更好地发挥作用？

在对专家政治预测的研究中，我们通常很难找到对证明简单粗暴的启发式思维有用的证据。一般情况下，那些更加深思熟虑、更善于自我批判的预测家们对未来会有更加准确的概率判断。我相信在某些情境下，闪念是很好的想法；而且在某些情境下，我们根本没有时间去思考。如果认为丛林中可能有老虎，你就会想要快点离开，哪怕还没有处理完所有的事情。这种情况为人熟知且有人进行了大量的讨论。用丹尼尔·卡尼曼的话来说，我们正在寻找更多的证据来证明深思熟虑式的“第二系统”的价值。

我们再回到根本的问题上来，我们能从历史中学到什么？我们能否从历史中学到任何自身没有意识到的东西？正如我之前提到的，历史不是一个好老师，我们可以从人们对纳特·西尔弗 2012 年大选预测的反应，看到历史的反复无常。他要么是天才，要么就是笨蛋。对于这一类的事件，我们需要做出更加深刻、准确的判断。

当然，情报界有责任针对全球时事为美国政府及时提供建议。实际上，一旦他们犯错就会遭到政治打击。基本上，我们会犯两种错误：错误正性预测和错误负性预测。

错误正性预测是什么呢？嗯，最著名的就是对伊拉克大规模杀伤性武器的错误正性预测，结果导致了一场超过数万亿美元损失的战争。那么，有什么著名的错误负性预测呢？很多人会认为“9·11”事件是非常严重的错误负性预测，情报局在应对那些马后炮的政治批评时摇摆不定。我们从基本的行为主义或是组织学习中能学到的一点就是：老鼠、人类和组织对于奖励和惩罚都是有反应的。如果一个机构近期已经在犹豫不决中做出了一个错误正性预测，那么这个机构要做的就是确保不会再做出一个错误正性预测。他们希望通过做一连串错误负性预测来避免以上情况的发生。“我们要确保不会做出错误正性预测，即使那意味着我们要低估伊拉克的大规模杀伤性武器”，或“我们要确保不会做出错误负性预测，哪怕那意味着我们在接下来的 25 年里会遇到错误的恐怖主义警报”。

最后问题变成了：能否建立一种历史学习系统，而不仅仅是以一种非常简单、机械的方法来避免刚刚发生过的错误？能否建立一种可以像我们这样进行复杂思考的历史学习系统，在一定程度上同时降低错误正性和负性预测呢？这里有一个很大的问号。

在美国情报高级研究计划署资助我们这个宏大的项目之前，没有人真正系统性地思考过这个问题。这是一次尝试，探究我们能否将政治预测推向哲学家称为“最佳预测”的边界。一个最佳预测的边界就是你竭尽全力做到最好。如果没有错误负性预测，你也就不会再有错误正性预测；你能消除错误正性预测，也就不会再有错误负性预测。这就是最佳的预测状态，除非你对政治、经济和技术都持有极端的钟表说信念。如果是这样，你可能会认为最佳预测就是100%准确，上帝式的全知全能是可能的。那么，你就会无法容忍任何错误的正性或负性预测。

我猜想，没有几个人会相信这是世界的真相。但你并不一定要走向另一个极端，即云雾说，认为我们根本无法预测。大多数人在某种程度上介于钟表说与云雾说之间，但是不确定自己处于两极之间的哪个位置。而美国情报高级研究计划署的这个项目可以帮助我们搞清楚这一点。

大众对强调纳特·西尔弗的预测可行性的书籍，甚至对纳西姆·塔勒布的《黑天鹅》这种强调宇宙不可预测性的书籍如此痴迷，我感到不可思议。真实的情况往往介于这两者之间。美国情报高级研究计划署项目中的比赛，正是一种粗略估算我们在当下所处概念空间的方法，告诫我们随时都可能出现突然的变化。

丹尼尔·卡尼曼曾经在大型公立和私立机构中演讲的时候，讨论过一系列情况，对人们孜孜不倦提升判断和决策力的严肃性提出了质疑。他提出的问题是：你愿意拿出全年收入的1%去提升自己的判断和决策力吗？据我所知，他到目前还没有得到一个肯定的回答。我在对概率判断准确性的研究中发现一件事情：相对于年纪更大、组织地位更高的人来说，那些年纪较轻、组织地位较低的人更积极地想要参加这些练习。理解这一点并不需要很强的心理洞察力。因为相对于那些年轻、没有经验的人来说，年纪更大、资历更深的人有更多的资本可以承受损失，判断也可能更不精准。

公平竞争背景下的预测训练是极度精英化的，他们把所有人都放在相同的竞争赛场中。在这里，汤姆·弗雷德曼（Tom Friedman）不再比一个不知名的专栏作家更有优势，他在这方面甚至不比一个研究生更有优势。如果汤姆·弗雷德曼对中东局势的主观概率预测比不上伯克利大学的一个研究生的话，那么预测比赛就不再是通过数字来计算。

这些都是潜在的可能动摇地位的干预。他们有可能动摇政府机构中的身份关系，以及影响私营机构中的情况。一种主要观点认为：组织中地位较高的人都想着要保住自己的地位。他们不仅清楚这一点，还知道一些下面的人不知道的事情。而预测训练就是要去检验和洞悉那些人知道什么，他们是否正在进行破坏。

从社会学的角度看来，这种预测比赛的发生是一个小小的奇迹。政府机构不应该赞助那些可能会让他们最终处境尴尬的训练。如果事实证明，那些低收入的外行人士比拿着几十亿美元预算的专家表现得还好就很尴尬了，这可能会带来不稳定；如果事实证明，拥有几十亿美元预算的机构中的初级分析师们比高管表现得更好，也会带来不稳定；或者事实证明，那些首席执行官在预测战略性商业危机时不比他的下属们表现得更好，也是很打脸的。

使判断透明化是危险的。我们可以来看看医学中正在发生的情况。基于证据的医学协议越来越有影响力，医生也越来越依赖算法，否则他们就可能没钱付账单了。如果不遵循这些算法，医生就没有收入。当医疗系统对 GDP 的贡献占 20% ~ 25% 时，一些有影响力的经济活动参与者们开始呼吁要对医学判断负责。

总而言之，一旦专业人士和官员不能维持对判断的某种神秘感，他们就难以保住自己的地位，情况就会变得非常危险。我心里的社会学家们会告诉我：当一个好想法和既得利益相冲突时，通常都会失败。这是一件很难抑制的事情，公平竞争下的预测比赛就要有燎原之势了。它们很有趣，信息量巨大，扩散迅速，而且适用于私营和公立机构。这即将演变为一场运动，这一切多么有趣啊！这将在多大程度上动摇现存的等级制度？又在多大程度上会让组织中的大人物倒台？

美国情报高级研究计划署在几年前支持一个5所大学联合的研究团队，资助他们招募预测者，建立抽取预测结果的网站，雇用统计学家进行数据整合，并进行一系列实验来验证提升或降低预测准确度的因素。一年半以来，我们一直在做预测。

这主要体现在两个层面：类似赛马的层面，以及基础科学的层面。赛马的意思是：哪个团队预测得更准确？哪个团队的概率判断更接近实际情况？产生一个接近实际情况的概率判断是什么意思？如果我说奥巴马有90%的概率赢得大选，而纳特·西尔弗认为有80%的概率，最后奥巴马赢了，那么说90%概率的人就比说80%概率的人更准确。而说只有20%概率的人，准确度可以说是很差了。

在对一个概率判断进行打分的时候，我们有一套统计程序的方法，这就是布列尔评分法（Brier scoring）。布列尔评分法是我们目前用来评估准确性的方法，但也还有很多其他可以应用的统计技术。我们的结论在这些统计技术中都很稳定，具体做法是让人们做出外显的概率判断，并按照现实情况对他们进行评分。为了完成这样的目标，你还必须提出一些能简单清晰回答的问题。你不能说："我认为，2014年北大西洋公约组织撤兵后阿富汗会存在大量的稳定性因素。"这就不是一个好问题。

这些问题可不是心理学家们曾经提出的"超感视测验"。一个好的问题应该是我能够很快理解的，转身能直接问一个千里眼："发生了什么？正确答案是什么？"那个千里眼望一眼未来就能告诉我答案。他不需要转过身问我："你所谓的'可能'是什么意思？"或者"你的'暴力升级''不稳定性增强'和'动荡局面'到底是什么意思？"以及其他让他困惑的模糊词汇。我们必须将这些词汇转化成可以验证的东西。

这个预测比赛中非常重要的一部分就是在有趣事件的基础上形成可以验

证的命题。我们发现，这个领域正是人们的思维与科学哲学家卡尔·波普尔（Karl Popper）的设想不同的部分，即人们不会以证伪的方式思考。我们本来不是要寻找能证伪我们直觉的证据，但要通过超感视测验，就必须这么做。

如果你只是认为欧元区会解散，将竞争力截然不同的国家，比如希腊和德国并入同一个经济体中真的很不明智（这确实是一个非常不明智的宏观经济操作，也是欧元区注定失败的原因），这是一个典型的明显却无法验证的刺猬式论点。这个论点可能是对的，但对我们的预测比赛来说并没有用。

为了让预测比赛能顺利进行，我们必须将这些刺猬式的预测变成可以检验的命题，比如，希腊是否会离开或者被驱逐出欧元区？葡萄牙呢？你需要将这些抽象的、有趣的话题变成可以验证的命题，然后由一大批有思想的人来进行概率判断，回应这些可以验证的命题，并不断重复下去。

刺猬式的预测更可能采用类似闪念的简单、快速的启发式思维。如果你的思维框架是刺猬式的，就可能认为：掌握这种框架的人应该能很快对情况进行判断，并且得出非常自信的结论。这些事情往往是相互关联的。

如果有一种普遍的世界政治理论属于“现实主义”的那一派，人们相信某一个主导政权会被崛起的政权所威胁，就像美国的“中国威胁论”一样，这两个国家必然会以某种形式相互攻击。如果你相信这种观点的话，那么你在预测时自然就会相信闪念。

如果你是个具有狐狸式思维的人，相信新兴政权和霸权国家一般情况下确实可能产生冲突，但是也存在很多其他的因素影响着当下的地缘政治环境，使得双方发生冲突的概率降低，那就不是一念之间的直觉了，对吧？它能让我们形成“一方面……另一方面……”的推理模式，而且你必须反驳某些冲突论调的解决方式。

在美国情报高级研究计划署的预测比赛中，我们考察了大量用以完善预测的策略，其中一些关注的是个体的心理水平。我们是否可以以某种概率推理原则训练人们，使他们的预测变得更加准确？答案是：在某种程度上可以。

我们是否可以将它们整合到团队中去，带来更加严谨的自我批判分析？在一定程度上可以。这些都是在个体分析层面的干预。

接下来的问题是：你已经在个体层面有了很多有趣的预测，那么该如何处理它们？如何将它们组合起来，在预测比赛中形成一个正式的预测？如果只是选出最好的预测者，将他的答案提交，这可能是一个坏主意。你可能想要一些更稳定的数据。

这让我们又回到了“群体智慧”的问题上。弗朗西斯·高尔顿（Francis Galton）在市集做了一个著名实验，他让五六百个去市集的人估计一头牛的重量。我忘了具体的数值是多少了，估计的平均数是 1 100。每个人的估值从 300 ~ 14 000 不等。去掉异常值和平均值，平均数就是 1 103，而真实的答案是 1 102。平均数比任何单个人的估值都更加准确。我们并不知道这里面所有的细节，但这是集合参数的一个程式化表示。

在美国情报高级研究计划署的预测比赛中，我们发现了一些真相。将每个人的预测值简单平均是有用的。进一步延伸来说，你可以用一种更加复杂的加权平均来算，就像纳特·西尔弗和很多政治统计学家在预测 2012 年大选时所做的那样。但我们不是在整合投票的结果，而是以不为人知的方式整合个体的预测。计算机在这个故事中扮演了非常重要的角色。

在《点球成金》（*Moneyball*）这部电影里，算法摧毁了整个结构。这部电影里有一个人在一群经验丰富的老球探里特立独行，这个奇怪的家伙比其他球探的预测都更加准确，其中也产生了很多的摩擦。

这是心理学著作中经常会出现的一个主题：基于人本身的预测和基于机器或算法的预测。1954 年，保罗·米尔（Paul Meehl）做了临床预测和精算统计预测的比较，也就是临床心理学家和精神病学家所采用的预测和多种算法的比较。在过去的 50 多年里，有很多研究比较了人类预测和算法或机器预测，结果表明人类并不占优势。人类一次又一次地被打败了。

我们没有地缘政治的算法，能将预测者与之比较，但是我们可以将预测者变成算法本身，这些“算法”比单个预测者的表现更好。而我们还有另一件事情可以做，它代表了未来的潮流。那就是，你可以超越人机比较、人与算法比较，或是加里·卡斯帕罗夫和“深蓝”的国际象棋大战，进而提出这样的问题：如果“深蓝”能给卡斯帕罗夫建议的话，他的表现会有多好？棋局的质量会怎样？当时等级分分别为 2 800 和 2 900 的卡斯帕罗夫和“深蓝”会达到世界国际象棋联合会（FIDE）3 500 的等级分吗？这也是一个非常有趣的前沿问题，我们正在对此进行研究。

在预测比赛中，我们在第一年挑选出了成绩排在前 2% 的预测者，称其为“超级预测者”。他们 12 个人一组进行合作，取得了非常令人惊讶的成绩。我们还试验性地操控了他们获取算法的路径。他们可以看到算法是什么样的，以及自己的预测。问题在于，他们会在算法已知的情况下表现得更好还是更差？

心理学对这一点有一些不同的看法，一些非常令人尊敬的同事与我持有不同的意见。我最初的预测是他们在不知道算法的情况下会做得更好，而那些同事认为他们可能会做得更差。

这次比赛令人惊奇的地方在于，它具有潜在的不稳定状态。这次比赛中另一件难以置信又无比美妙的事情是，很多真正聪明又有思想的人自愿来参加这么多次，让这个项目获得了成功！我们给他们提供了一些象征性的酬金，每年 150～250 美元。对于那些真正计较这些的人来说，这比最低工资还要少。但来参加的都是非常有思想的专业人士。我认识的一些政治科学家曾经对参加这些活动的人有些轻蔑之辞，称他们为“无业新闻迷”。我认为这对预测者来说并不公平。最活跃的预测者当然都表现非常好，他们非常擅于寻找、分析、利用信息，不断更新自己的信息库。他们都是反应非常迅速的“更新器”。

有一种说法，就是“生命只有回顾过去才有意义，但是我们必须为未来而活”。我的人生就像是沿着离奇蜿蜒的道路前行。在做这些事情的时候我非常兴奋，因为我碰巧在 1983 年和 1984 年加入了研究美苏关系的美国国家研究委员会。那时候正是“冷战”的高峰期，而在整个委员会里我是资历最浅的人。我很庆幸加入了这次的预测项目，并且进行了准备。我长久以来都对政治科学和心理学的交叉研究有着浓厚的兴趣。心理学不只是一门自然的生物学科，它是一门社会科学，大量的心理学都是由社会情境所塑造的。

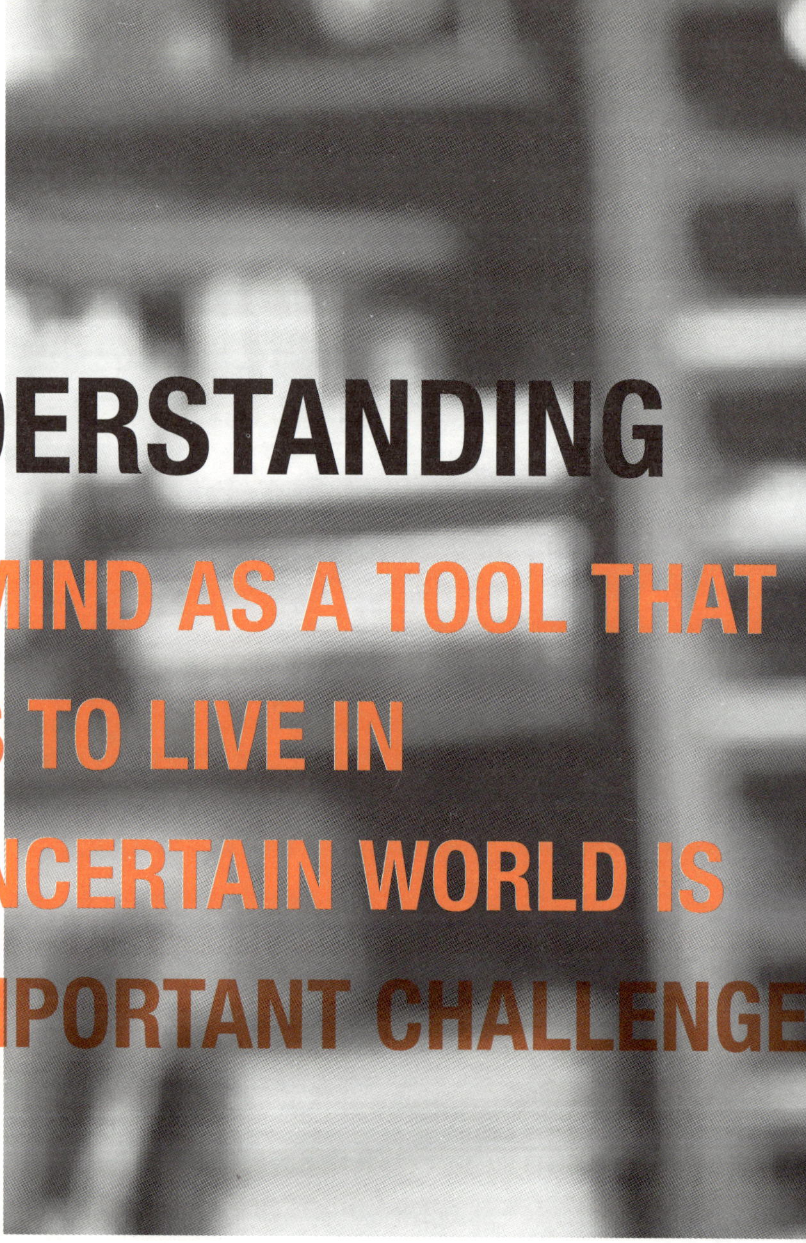

UNDERSTANDING

THE MIND AS A TOOL THAT TRIES TO LIVE IN AN UNCERTAIN WORLD IS AN IMPORTANT CHALLENGE

大脑时常需要面对周围世界的变化和不确定性，
理解这一点，对我们来说非常重要。

——《聪明的启发式》

07

SMART HEURISTICS
聪明的启发式

Gerd Gigerenzer
格尔德·吉仁泽
心理学家，
著有《直觉：我们为什么无从推理，却能决策》《风险与好的决策》

约翰·布罗克曼的介绍词：

格尔德·吉仁泽说："信息是不是总是越多越好呢？否则为什么教我们做决策的畅销书都说要考虑方方面面的信息，仔细地衡量，计算出最佳选择，最好还有一个非常酷炫的统计软件加以辅助？在经济学方面，诺贝尔奖通常会鼓励这些成果——假设人们做出的决策是在他们拥有完全信息的情况下，计算出的有关当前问题的最佳解决方案。但是在时间紧迫和资源稀缺的常见情况下，人们会如何做决策呢？设想一下，一个球员拿到了球（篮球、板球或足球），他似乎要在脑海里运算非常复杂的公式才能预测出球的轨迹。事实上，球员用的都是非常简单的启发式思维。当一个球被抛得很高的时候，球员会注视着它然后开始跑。启发式思维就是调整奔跑的速度以便能始终保持看到球的角度，即眼睛和球之间的角度。球员可能会忽略所有能计算出运动轨迹的信息，比如球的初始速度、距离和角度，而只关注一个信息，那就是视觉的角度。”

在将思维看作认知优化器的观点之外，吉仁泽提供了另一种思路，也正是前一种的镜像，即思维是一个认知吝啬鬼。对信息的忽略一直以来都被错误地理解为一种非理性，解释人们如何陷入认知谬误的著作比比皆是。吉仁泽和马普所适应性行为与认知中心的同事们经过 7 年的研究，发现他们所认为的东西是一个完全可行的选择，也就是快速而省事的决策。为了能在一个不确定的世界中做出正确的决策，人们有时候不得不忽略信息。有所知且有所不必知，才是知识的艺术。

吉仁泽的研究对于那些对人类思维如何解决问题感兴趣的人来说非常重要。在这个层面上，他的研究对心理学家、经济学家、哲学家和动物生物学家都产生了影响。那些设计问题解决系统的人也很感兴趣，这个研究也可以用于解释人们如何建构快速而节省的策略来进行冠心病监护病房选择、人员甄选以及股票选择。

“我希望，这项研究能改变人们对人类理性的理解，”吉仁泽说，“我认为我们无法以全知和最优的理想形态来理解人类理性。在一个不确定的世界里，并不存在最优解。当人类行为无法满足神的期望时，很多心理学家大概会得出这样的结论：思维本来就是不理性的。超理性和非理性是当今的两种主流观点，但两者都没有抓住人类思维的本质。我不是要对现状大肆批判，但是想要提供另一种可能的选择。”

20 世纪初，现代科幻小说之父赫伯特·乔治·韦尔斯（Herbert George Wells）在政治评论中说道：“如果要培养一个在现代科技社会受过教育的公民，我们需要教会他三件事情：阅读、写作和统计思维。”到了 21 世纪初，我们在这方面做得怎么样呢？大多数公民从小便学习阅读和写作，但是没有学会统计思维。约翰·阿兰·保罗斯（John Alan Paulos）将这一现象称为“数学盲”（innumeracy）。

有很多故事都说明了这个问题。比如，美国电视上有天气预报员说，周六下雨的概率是 50%，周日下雨的概率是 50%，因此周末下雨的概率是 100%。另一个近期的例子是《新科学家》杂志（*New Scientist*）上发表的报告，一位食品和药品管理局的监察员去参观了一家盐湖城的餐厅，这家餐厅因做乳蛋饼而闻名。她告诉这家餐厅的老板，根据美国食品和药品管理局的研究，每 4 个鸡蛋中就有一个携带了沙门氏菌，所以餐厅的每个乳蛋饼只能用 3 个鸡蛋。我们因为这些显而易见的错误而笑话他们，但实际生活中还存在着更加严重的事情。当涉及医疗和法律事务时，我们需要的正是赫伯特·乔治·韦尔斯所说的那种教育，而我们却忘得干干净净。

我感兴趣的是人类如何在不确定中生存。在科技革命之前，决定论占据着主导地位。宗教带来的是对不确定性的否认，很多人认为他们的家族或种族就是上帝偏爱的。他们也认为自己有权利摆脱矛盾的观念，离开生育他们的人。那么，一个社会是如何从这种状态变成我们都知道存在最基本不确定性的社会的呢？我们该如何避免这种确定性的幻觉，从而产生一种理解，即一切事物，无论是医学检验还是决定某种癌症的最佳治疗方案，都存在基本的不确定因素呢？

例如，我曾经研究过医患关系，尝试让他们接受不确定性和合理的处理方法。以艾滋病为例，HIV 检测呈阳性意味着一个人携带了这种病毒。因此，如果你是一个不属于特定风险群体的普通人，但 HIV 检测呈阳性，这可能会导致你自杀，搬到加利福尼亚州，或者做一些非常极端的事情。但许多国家的艾滋病信息都是一种确定性的幻象。实际情况是：如果你有一个 10 000 人的无风险组，他们中的一个人将会感染病毒，而且检测确实是阳性。而在其他 9 999 个人中，另一个人会检测出阳性，但这是假阳性。在这种情况下，我们有两个测试阳性的人，尽管其中只有一个人真的携带病毒。知道这些简单的事情就可以避免悲剧，不幸的是这种悲剧确实发生过。

然而，医疗协会、医生和病人要么在制造这种假象，要么需要这种假象。大家都知道本杰明·富兰克林说过：这个世界上除了死亡和税之外，没有一件事情是确定的，但是我采访过的医生对此并不认同。他们说："如果我告诉病人那些我们不知道的东西，他们就会变得焦虑不安，所以还不如不告诉他们。”因此，现在有一件非常重要的事情，那就是帮助人们（包括医生和律师）成为成熟的公民，让他们学会理解和感受风险。

信息的表达是非常重要的，在很多所谓的认知幻觉中，问题都源于与概率相关的难题。如果你能以自然频率（natural frequencies）将信息传递给他人，这些幻觉就会大大减少。你基本上会把思维放到一个更容易理解这些概率的情境中。我们可以证明自然频率能促进现实中的计算，而且人们早已知道表达，不管是概率、频率还是几率，对人类思维都是有影响的。但关于这些是如何起作用的，还没有什么理论研究。

我会给你们举几个与医疗相关的例子。在美国和很多欧洲国家里，40 岁以上的女性被要求进行乳腺 X 线扫描。一位女性第一次去做乳腺 X 线扫描，结果是阳性，她可能会问医生：“这意味着什么？我是不是得了乳腺癌？还是我得乳腺癌的概率是 99%、95%、90% 或者 50%？我们现在能知道的是什么？”我拿同样的问题去问做了 20 年或 25 年乳腺 X 线扫描的放射科医生，包括一些该部门的主任。1/3 的人都会告诉这位女性：如果扫描结果是阳性的话，她得乳腺癌的概率是 90%。

但是，如果他们拥有其他相关信息后发生了什么呢？这个年龄段的女性患乳腺癌的概率大约是 1%。如果一位女性得了乳腺癌，那么她在乳腺扫描检测中得到阳性结果的概率是 90%。但是，即使一位女性没有患乳腺癌，她检测出阳性结果的概率依然可能达到 9%。从技术层面来看，一个人患乳腺癌的基础概率是 1%，检测的敏感度或者命中率是 90%，还有 9% 的假阳性概率。所以，要怎么回答这位刚检测出阳性结果的女性呢？正如我刚刚所说的，大约 1/3 的医生会想到这 90%，另外 1/3 的医生会认为答案在 50% ~ 80% 之间，剩下 1/3 的医生会认为答案在 1% ~ 10% 之间。而且，他们都是非常有经验的专业人士。很难想象医生的判断会有这么大的差异，如果病人知道存在这样的差异，他们是不会感到高兴的。这种情形就是我们典型的实验室知识，也就是说，当人们遇到技术上的条件概率问题时，他们的思维就会一直试图去做出推论。

我们要做的就是让这些医生通过表达来看清问题的本质。我们不会让他们上统计课，因为时间不允许；而且他们也可能完全不懂，因为只是学一遍概率。那么，我们应该如何帮助他们理解这个问题呢？

我们改变了使用自然频率的表达，就像医生将病人看作他们自己。在这种情况下，人们会以更简单的方式来表达信息。如有 100 位女性，其中 1 个人患了乳腺癌，那就是 1%。她的检测结果可能是阳性的，这个可能性为 90%。而另外 99 个没有患乳腺癌的人中可能有 9 ~ 10 个人的检测结果是阳性。所以，总共有 9 ~ 10 个人的检验结果是阳性。但是她们中有几个人是真的患有乳腺癌？不是 90%，也不是 50%，而是 10%。

我们有一种方法能让医生通过改变表达就能搞清楚状况，将数盲变成灼见。很多医生从业几十年都是数盲，而且一直试图让别人忽略这一点。在我们采访的时候，他们承认说："我不知道如何处理这些数字，对这些东西感到很头疼。"现在，我们可以用非常简单的工具帮助这些医生和病人理解真正的风险，并让他们理智地应对风险。如果你站在一个病人的角度，这个检查的阳性结果意味着有 90% 的患癌率，你可以想象这会带来什么样的情绪，使她无法思考。但是，如果告诉她检测出阳性的人中只有 1/10 真的患癌，则可以让她更加冷静，做出更理性的决策。

另一种我们掌握了数据的病症是前列腺癌。在美国和欧洲大部分国家，医生会建议 40 ~ 50 岁的男性进行前列腺特异性抗原诊断。这种前列腺检查非常简单，只需要一点血液，因此很多人都会做。有趣的是，我采访的大多数男性都不知道这个检查的好处和成本。这就是一个基于相信医生和流言而做出决策的例子。但是真正有趣的是，如果在网上读一些独立医疗协会的检查报告，或者看一些医疗机构的检查报告中的建议，你会发现前列腺特异性抗原诊断大概有以下好处和坏处：降低死亡率，这是医疗检查的一般目的，但是没有证据能证明前列腺特异性抗原诊断可以降低死亡率。另外，有证据表明，我们如果要区分患有前列腺癌和未患前列腺癌的人，很有可能这种甄别就会有害处。这种检查会产生大量的假阳性结果。如果一个人经常做这种检查，即使他并没有患癌，也很有可能会获得阳性结果。这就像一个一直在响的警笛。

对于那些真正患癌的人，手术可能会导致失禁或阳痿这些可能会伴随人一生的严重后果。出于这个原因，美国预防服务工作组非常明确地在一个报告中表示：男性不应该进行前列腺特异性抗原诊断，因为没有任何证据表明它可以有效降低死亡率。

令人费解的是，在一个 12 岁的孩子都知道棒球统计数据的国家里，成人却不理解有关检查、疾病和可能造成严重损害后果的统计数据。为什么会这样？当然，其中一个原因是医生考虑的成本收益比和病人的是不同的。一个医生不会仅仅因为知道某些东西或者不关心病人而被控诉，但是如果一个医生不建议病人进行前列腺特异性抗原诊断，而这个人得了前列腺癌，很有可能这个病人就会带着律师去找医生的麻烦。另一个原因是：医生是具有职业荣誉的社群成员，对他们中的很多人来说，并不想因为此事给自己留下职业污点。此外，有些医生很清楚某些医疗程序是有利可图的。一个好的医生会跟病人解释这些，但让病人自己做决定。而很多病人并不清楚医生所提到的情况，但是大多数的医生都会建议他们做检查。

但是谁知道呢？对尸体解剖的研究发现，1/3 或 1/4 的自然死亡男性都患有前列腺癌，每个人体内都有癌细胞，如果他们都去做前列腺特异性抗原诊断，而且癌症都被检查出来了，那些可怜的人就会带着严重的生理损伤度过余下的几年乃至几十年。事实就是这样。

这些概率问题其实也和理性决策背后的心理学有关。根据决策理论，理性决策是根据所谓的期望效用，或是一些相关的方法而做出的。例如，经济学理论认为，如果要做一个重要的决策，如和谁结婚或买哪一只股票，你会考虑每一种选择的结果，并考虑每一种结果的可能性，对它们进行赋值并进行加总，从而选择一个有最高期望值或期望效用的选项。这个传播甚广的理论让人们在做决策时将其奉为圭臬。但是问题在于，我们在实验研究中发现人们并不是这样做的。

有一个故事能很好地说明这种冲突：一位执教于哥伦比亚大学的著名决策理论学家曾经收到另一家颇具竞争力的大学的邀请，他纠结是去还是留。他的一位哲学家朋友说："这有什么难的？你就按平时写的和教学生的那样做就好了，将预期效用最大化。"这位决策理论学家生气地说："别闹！严肃点！"

决策经常会被塑造成我认为的一种快速而节省的启发式。例如，决定接受哪一份工作可能会带来对决策者来说不成比例的后果。新工作可能会带给你更高的薪水和更好的声望，但它可能会让你的孩子伤心，因为他们不愿意离开，不愿意失去小伙伴。有些经济学家可能认为所有的事情都有一样的公分母，但是其他人可能不这么觉得。一个人可能最终会因为某一个因素做出决定。

我们是在基于有限理性进行决策，而不是像全知全能的上帝塑造的那样具有无限理性。但有限理性也不是确定的。比如，有一些经济学家研究的就是影响决策过程的限制或约束。这个研究被称为"约束条件下的最优化"，诺贝尔奖多次颁给了这个领域的研究者。从这个角度来看有限理性的概念，你会意识到一个有机体既没有无限的资源，也没有无限的时间。所以，在给定的这些约束下，什么才是最优解呢？

还有一群人，他们研究的不是环境中的约束，而是思维中的约束，这其中包括心理学家和行为经济学家。他们发现人们经常只考虑有限的信息，有时候仅靠着一两个标准就做出决策。但这些研究者并不分析环境对决策的影响。他们认为，人们做出不好的决策的首要原因就是偏差、错误和误解，他们考虑的是思维中的局限。

所有这些概念都没有体现出人类思维的优势，这些思维的局限并非跟环境的局限毫无关系，这两种局限是结合在一起的。赫伯特·西蒙用剪刀做了一个绝妙的类比：剪刀的两边，一边是认知，另一边是环境的结构或是任务，只有同时看到两边才能理解人类行为。

进化的思维给了我们一个有用的框架，来提出一些平时没人涉及的有趣问题。例如，在观察某一种启发式思维时，也就是当人们根据某个因素而忽略所有其他方面来做出决策时，我一定会问在什么环境结构中这种启发式思维能起作用，以及在哪些环境结构中它无法起作用。这个问题关乎生态原理，关乎启发式的适应性，而且它非常不同于我们在社会心理学中研究认知错觉和判断决策时所看到的。在这些研究中，任何一种能表明人们忽略了信息或只使用一条或两条信息的行为，都被定义为偏见。这种方法是非建设性的，也就是说它并没有将思维与环境联系起来。

认知科学未来的一个重要方向就是理解人类的思想是嵌入环境之中的，但很多心理学家和经济学家都不这么认为。在很多有关思维的心理学理论中，也可能有各种各样有关思维运算和动机的理论。但是关于某种认知策略或情绪对我们有什么影响，以及它们可以解决什么问题，几乎没有什么建设性的思考。我的一个观点是，我们不仅要理解认知启发式是如何起作用的，在哪种环境中使用它们是明智的，而且要理解情绪在我们的判断中是如何发挥作用的。我们在过去的几年里经历了某种解放。安东尼奥·达马西奥（Antonio Damasio）[1]和其他人的很多著作都说明了情绪对认知功能很重要，而不仅仅是打扰、转移注意力或误导。实际上，情绪可以做到一些认知策略无法做到的事情，但我们对它是如何起作用的知之甚少。

举个简单的例子，想象一下“经济人”（homo

[1] 安东尼奥·达马西奥：知名神经科学家，美国南加州大学神经科学、心理学和哲学教授，其著作《笛卡尔的错误》《当自我来敲门》中文简体字版已由湛庐文化策划、北京联合出版公司出版。——编者注

economicus）在寻求伴侣，试图找到一个女人结婚的情境，根据标准理论，"经济人"必须找出所有可能的对象，以及跟她们每个人结婚的可能的结果。他还会研究各种不同结果的概率，比如结婚后伴侣是否还会和他说话，是否会照顾孩子，以及其他对他很重要的各种事情，以及每件事情的效用。"经济人"需要做大量的研究而不仅仅是依据灵光一闪的主观概率。经过多年的研究后，他可能会发现最佳对象已经嫁给了另一个人，而那个人并没有做这些计算而只是爱上了她。

赫伯特·西蒙关于满足的观点解决了这个问题。一个"满足者"在寻找伴侣时会有一个理想的水平。一旦达到了这个理想的水平，他就会找到合适伴侣，问题也就解决了。但满足也是一种纯粹的认知机制。在选择了伴侣之后，你可能一转身又看到一个似乎更好的人，也没有什么事情可以阻止你抛弃妻子或丈夫，与这个人一起离开。

我们来看一种情绪的功能。爱，无论是浪漫的爱情还是对孩子的爱，都会帮助我们大多数人做出必要的承诺，让我们与伴侣和家人在一起并照顾他们。情绪可以表现出跟启发式认知构建模块类似的功能。例如，恶心让你不会吃很多东西，食物的选择会变得简单得多，其他的一些情绪也有类似的作用。然而，我们对决策理论和情绪理论的关联还是所知甚少，也不知道如何建立起决策构建模块所必需的词库。这是未来研究的一个重要方向。

关于启发式的作用，下面的这个实验就是一个简明的例证。假设你想要研究球员是如何接住一个高抛球（篮球、板球和足球）的，因为你想设计出一个同样能接住高抛球的机器人。典型的方法就是像在约束条件下进行最优化一样，即努力给机器人呈现出完整的情境，并采用你能承担的最贵的计算设备。你可能会给机器人设置一系列的抛物线，因为抛球有抛物线轨迹，机器人需要找到合适的抛物线才能抓住球。或者你可以给它安装可以测量球初始距离、速度和角度的仪器。但这可能还不行，因为在现实世界里，球并不一定严格按照抛物线飞，所以你需要工具来测量轨迹上每一点的风向和风速，来计算球最终的轨迹和旋转。这是一个非常难的问题，但也是一种理解的思路。

对于这个问题还有一种思路，就是去问球员是否有一种启发式可以解决这个问题而不用做任何计算，或者只做很少量的计算。实验研究已经证明球员采用了一种非常简单的启发式，我称其为“凝视捷思”（gaze heuristic）。当一个高抛球飞过来时，球员开始跑并且一直盯着球。启发式就是你将跑速调整到可以凝视，也就是保持眼睛和球夹角不变的程度。如果你能保持这个角度不变，球会被你接住，或者至少能打到你。这种启发式只需要注意一个变量，那就是凝视的角度，而忽略所有其他的因果性或相关性变量，这使得任务完成得更快、更省力，犯错的概率也更低。

这说明我们可以通过观察思维的功能（启发式和环境结构），以及看思维如何改变对环境的建构来进行科学运算。球和球员关系的例子就体现了球员所执行的一种简单的线性关系。这是一种聪明的启发式，也是人类进化出的适应性工具的一部分。很多这一类的启发式也会体现在动物身上。最近的一个研究表明，狗在接飞盘的时候用的也是凝视捷思。

启发式在与经济相关的重要实践方法中是非常有用的。为了进行说明，我给你们讲一个关于启发式的小故事。有一种非常简单又巧妙的启发式叫作再认启发式（recognition heuristic）。例如，汉诺威与比勒费尔德相比，哪个城市中的居民更多？我选了两个德国的城市是假设你们不太了解德国。大多数人认为汉诺威的居民更多，因为他们从来没有听说过比勒费尔德。这个答案是对的。但是，如果我问德国人这个问题，他们就会不太确定，不知道要选择哪个答案。两个城市他们都听说过，也试图去回忆相关的信息。同样的事情可能会带来截然相反的结果。在和丹尼尔·格雷·戈尔茨坦（Daniel Gray Goldstein）一起做研究时，我们问美国人哪个城市有更多的居民，圣地亚哥还是圣安东尼奥？芝加哥大学的本科生中有 2/3 的人回答正确：圣地亚哥。然后，我们问了德国学生同样的问题。你觉得回答出正确答案的德国学生有多少比例？在我们的研究中是 100%。因为没有听说过圣安东尼奥，所以他们选了圣地亚哥。这是巧妙启发式的一个有趣例证，当人们拥有更少的知识时反而能表现得更好。其中的原因是现实世界中，名字再认和人口数量之类的事情之间存在着关联。你听说过一座城市可能是因为有什么事情发生在那里。这不是一个确定性的标志，却是一种好的刺激。

在马普所从事人类发展研究的团队中，有几位是经济学家，他们从事相同的课题但提出了不同的问题。他们说："你可以说信息较少也可以再认，但是再认启发式可以赚钱吗？"为了回答这个问题，我们基于美国、德国的股市做了一个庞大的研究，涉及两国的外行人士和金融商务专业的学生。我们去芝加哥的闹市采访了几百个行人，给他们看一份股票的列表并提问："你听说过这只股票吗？"然后我们选出了10%再认率最高的股票（这些都是标普指数上的股票），放进收藏夹看它们半年的涨跌。作为控制组，我们也在美国行人中做了德国股票的再认，而这些股票很少被知道。还有第三种控制条件，我们让慕尼黑市区的行人同样对德国和美国股票进行再认。这个实验的问题不在于这些收藏的股票赚了多少钱，而是它们赚的钱是否高于某些标准，我们定了4个标准。第一个标准是随机选出的股票，也就是刚性标准；第二个标准包含了那些再认率最低的股票，根据理论，这是一个表现不会太好的重要标准；第三个标准是蓝筹股基金；最后一个标准是股市指数，如道琼斯指数及相应的德国数据。经过6个月的涨跌后，收藏夹中的再认率最高的股票的收益超过了随机选出的、低再认率的股票的收益，8个股市和6个基金都是如此。

尽管这是一个非常有趣的研究，人们还是应该对此保持谨慎，因为和现实世界中的其他研究不同，我们只有一个变量，而且环境很随机。但这个研究至少表明了，一般人再认的表现确实可以匹敌市场和其他的重要指标。当然，实证研究的证据是消费者的行为。当人们在超市里选择不同的产品时，很多情况下都会进行名称的再认。诸如贝纳通（服装品牌名，也是曾经的F1车队名）等公司的广告都是运用了再认启发式。它们并不提供产品本身的信息，而只是增加名称的辨识度。对公司来说，这是非常成功的策略。

这个研究已经发表在《简捷启发式让我们更精明》（*Simple Heuristics*

That Make Us Smart）一书中，根据对这个研究的反应，我们将专家们分成了两个阵营。一个阵营认为这不是真的，而是错误的，或者这个研究结果根本无法被复制，他们中有非常不喜欢这个研究结果的财务顾问。另一个阵营的人则说："这并不稀奇，事情本就如此。股市本来就是谣言、再认和心理学的结合。"同时，我们已经重复实验了几次，同样发现了再认在牛市和熊市中的优秀表现，也发现那些毫不知情的人再认的效果是最好的。

我想要跟更多的人分享这些观点，通过心理学研究，运用能促进人们理解不确定性的知识，来帮助人们应对不确定性，而不是否认它们的存在。大脑时常需要面对周围世界的变化和不确定性，我们有必要理解这种复杂能力的机制。

YOU CAN KNOW AT AN

INTELLECTUAL LEVEL

THAT AN AFFECTIVE

FORECAST IS WRONG,

BUT THAT IN AND OF

ITSELF DOESN'T CHANGE

THE FACT THAT IT FEELS

SO DAMN RIGHT.

理智常常会告诉你感情用事是不对的，

但事实是，

我们往往都心甘情愿地被情感牵着鼻子走。

——《情感预测》

08

AFFECTIVE FORECASTING
情感预测

Daniel Gilbert
丹尼尔·吉尔伯特
心理学家，哈佛大学教授，
著有《哈佛幸福课》

约翰·布罗克曼的介绍词：

1968 年，我坐在好莱坞日落大道的一个酒吧里和一个朋友喝酒，他是个演员，曾经引起了一阵不小的轰动。作为一位被同行高度赞誉的演员，他那时正身处演艺圈名利场的中心……全美杂志的封面、女人、欢呼……当然还有更多的工作。

但那是否也是一个演员的噩梦呢?

“这就是个大 wombassa”，他平静地说道。

“什么?！”我很惊讶，“大什么?”

“大 wombassa。当你得到你想要的时，其实你并没有得到。”

事实上，很多年来我一直在思考直觉的公式。但是直到遇到哈佛大学的心理学家丹尼尔·吉尔伯特后，我才发现“大 wombassa”现象也可以成为合适的科研课题，一点也不比哈佛大学社会认知和情绪实验室的工作逊色，而后者引发了对诸如满意度和幸福感等主观体验的研究热情。

吉尔伯特和他的长期合作伙伴、弗吉尼亚大学的威尔逊因为从事情感预测研究而广为人知，即“预测一个人对未来事件的享乐式反应”。

吉尔伯特指出：“很多经济学家都认为错误的情感预测会阻碍理性行动，因此应该被减少，正如我们觉得文盲和数盲应该被消除一样。但认知错误可能更像是光学错觉，而不是文盲。人类的视觉系统很容易被光学错觉欺骗，但是如果你通过手术改变了视觉系统和大脑皮层，看不到平行线在远处相交，那么你会跑得非常快。”

吉尔伯特是作为一个科学家在研究这些问题，而不是以一个临床医生的角色在研究。他说：“我对研究人们如何成为一个更好的情感预测者感兴趣，但并非因为相信人们可以成为更好的情感预测者。作为一名科学家，我的任务是要找到并解释这些错误和错觉，至于如何运用这些发现，取决于人们自己。”

经济决策是内在的情感预测。经济学家相信人们都投身于经济交换是为了达到“效用最大化”。如今，对于心理学家来说，“效用”这个词没有什么特别的含义，除非你是在讨论天然气或者电流。心理学家认为，效用实际上是幸福感或满意度之类东西的替代物，也就是决策者的一些主观的、快乐的状态。这种定义对现代经济学家来说有点模糊，他们常将效用与财富混为一谈，但这又怎么可能呢?

人们参与经济交换来获取他们认为能提升自身积极情绪体验的东西，而财富不过是一种能在未来激发这种体验的“体验贷款”。因此，理性的经济行为要求我们展望未来，了解什么能提供这种体验，什么不能。其带来的结果就是，人们在这样做的时候会产生系统性的错误，这就是为什么他们的经济决策通常都达不到最优。

问题出在我们如何想象自己未来的快乐状态。人类是唯一能够深度洞悉未来的动物，是唯一能在心理上超越时间的动物。预想未来可能的多样性，从中选出一个能带给我们最多快乐和最少痛苦的选项。这是一种非常伟大的适应性，它和大脑额叶的进化直接相关，这意味着我们可以在犯错之前就吸取教训。我们不必真的去做胆囊手术和去加勒比海滩晒太阳，然后再决定哪一个比另一个更好。我们在这方面可能比其他动物有更好的表现，但是研究表明我们并不能做到完美。我们对未来的模拟和对未来享乐行为的预测都是存在缺陷的，人们很少会真的像自己预测的那样高兴或悲伤。

人类到底犯了什么错？需要指出的第一点是：研究错误判断的心理学家只对系统性错误感兴趣。在错误和系统性错误之间存在着差异。如果站在一个飞镖靶子前面，要射中靶心，你就必然会失手几次，但是失误的飞镖会随机散落在靶子中间的区域。你不能每次射中靶心并非什么有趣或者异常的现象，人们在预测自己未来的享乐行为的时候也是如此。但是，如果你每次错失靶心的时候都犯同一种错误（例如，如果你所有没射中的飞镖都往左偏了20度），那么就说明可能发生了一些有趣或者非同寻常的事情，我们可以来看看到底是什么。

可能你有一种视力缺陷，可能靶子的重量有问题，也可能这个房间里有气流。系统性偏差需要科学性的解释，而最终我们发现，人们在试图预测自己未来情绪时所犯的错误就是系统性的。确切地说，人们会过分估计未来事件的影响。也就是说，他们预测未来事件会比实际发生的更强烈、更持久，我们称之为“影响偏差”。

对于这种偏差，我给你们举几个生活中的例子。我们已经做了很多实验，研究的基本思路非常简单：我们让人们预测事件发生后几分钟、几天、几周、几个月甚至几年后的感受，然后在事件发生后进行实际测量。如果两个结果之间存在着系统性的差异，就说明我们发现了一种之前说的有趣而非同寻常的系统性错误。

我们在研究的每一个情境下都观察到了这种影响偏差。例如，我们研究了过去几年的选举，投票者们肯定会因为他们的候选人胜出而高兴几个月；如果候选人落选，他们也会失望长达几个月。而事实上，他们的幸福感几乎不受选举结果的影响。

我们在研究恋爱关系破裂时也观察到了同样的情况。人们预测自己在分手后会伤心很长一段时间，但事实上他们通常在较短的时间内就恢复到了自己情绪的基准水平，比预测的恢复时间短得多。相对于没有获得终身教职的教授，获得终身教职的教授预测自己会高兴几年，但是两组的研究结果显示，在很短的时间内他们并没什么差别。我并不是说这些事件不会产生任何影响。晋升当然让人高兴，分手当然让人悲伤。我要说的是，不管这些事件会带来什么影响，人们的实际感受都比他们所预测的要小得多。

如今，人们不善于预测已经不是什么新论调了。新鲜的是，人们还不知道自己不善于预测。理性化很大程度上是一种无意识的过程。我们不会早上醒来的时候说："我觉得自己今天会很蠢。"而是在某件糟糕的事情发生之后，无意识的过程被激发了，这些过程让我们开始对事件进行不同的解读和建构。"我可能再也不会爱了"之类的想法似乎都是自动进入脑海中的，我们感觉就像在消极地接受理性建议。因为无法有意识地经历这些产生对事件新看法的认知过程，所以我们也意识不到它们在未来也会发生。

我们认为坏事会让自己难过很长一段时间的原因之一，在于没有意识到我们有防御系统，也就是心理免疫系统。如果我让你预测自己感染一种细菌之后的健康状况，如果不知道自己有生理免疫系统的话，你会预测自己生病甚至可能死掉。

同样地，当人们预测他们在遭遇不幸的感受时，如果不知道自己拥有心理免疫系统的话，他们会预测出比实际经历更加强烈和持久的不平的感受。我们有一些研究证明了这一点。例如，如果你在实验中让一个被试预测自己得到医生或计算机对自己人格的负面评价时的感受，他的预测会非常糟糕，而且他会认为在这两种情况下一样糟。

但是，当你真的给他这些负面评价时，他只是有点失望，并没有感到多糟糕。而且，他得到计算机负面评价时的失望程度比得到医生的负面评价时要小得多。为什么？因为对一台计算机反馈的合理化比对一位医生要简单得多。有趣的是，这位被试并没有意识到自己会这样做。这些结果表明，人们在预测未来的幸福感时并没有预见到这种合理化的可能性。

现在我们来看一下另一种会导致影响偏差的机制。我花了很多时间让人们想象自己的孩子如果去世，一年后他们会有什么感受。当然，每个人都给了我相同的答案，基本都是“我会觉得天塌了”。我问他们为什么会得出这样的结论，他们基本都回答说：一想到自己在孩子葬礼上的画面，或者站在孩子空空如也的房间里，就非常痛苦。这些令人痛苦的画面就是他们预测的基础，但结果表明他们错了。临床文献显示，父母在孩子去世一年之后，通常不会“完全崩溃”。这一事件当然会带来长久的影响，但对于经历这一事件的父母来说，他们通常表现得都非常好。就像奶奶说的，人生没有迈不过去的坎儿。

那么，为什么人们难以预测他们对这些灾难的反应呢？

心理图像只能捕捉某一件事的某一瞬间。但是，一个人在事件发生一年后的幸福感会被事件之外的太多东西所影响。这一年会发生很多事，如生日聚会、校园剧、职场晋升，等等。这些事情当然不如发生的悲剧那么重要，但它们都是真真切切的，它们太多太多了，合在一起会给预测者带来意料不到的影响。

当预测某一事件的未来中自己的幸福程度时，我们会将焦点集中在这一事件上，而忘了会淡化该事件影响的其他事件也是未来的一部分。在某种意义上，我们是自己注意力焦点的奴隶。比如，在一项研究中，我们让大学生预测他们在自己的球队胜利或失败后的几天里是高兴还是伤心，他们都预测球队胜负会极大影响自己的情绪状态。但是，在我们仅仅要求他们列举出一些预测节点之前的其他事情后，比赛结果对他们预测的影响大大降低了。换句话说，一旦想到未来还有很多其他的事情，他们就意识到比赛只是幸福感的一个来源，而它的影响也会被其他事情所淡化。

当你研究这些错误的时候，想知道如何避免这些错误还只是最初级的阶段。人们总是问我是否会通过开发程序来提升情感预测的准确性。在急于开发这类程序之前，我们应该问一问：这种影响偏差是不是我们想要消除的？人类判断错误主要是由于违反逻辑，如果预测自己未来的感觉是7而结果是5，你就是错了。但这种错误就一定是坏事吗？

事实上，错误本身具有进化意义。例如，有机体会认为自己失去后代会悲伤欲绝，事实并非如此。可能有机体认为就是如此，并有相应的行动。要理解决策错误，最好的办法就是将它想成生态系统里的蚊子。你看到这种该死的虫子，第一反应就是怎么才能除掉它们，所以你喷了杀虫剂，接着你发现蚊子是食物链的最底层，鱼吃蚊子，青蛙吃鱼，熊吃青蛙，现在整个生态圈被完全破坏了。同样地，人类判断中的错误可能起到了科学家不知道的重要作用。

我感兴趣的是人们如何成为更好的情感预测者，但并非因为相信人们可以成为更好的情感预测者。我作为一名科学家的任务是要找到并解释这些错误和错觉。至于如何运用这些发现，取决于人们自己。

在这个意义上，我们的研究确实表明存在一种矫正情感预测错误的简单方法。有两种方法可以用于预测你在未来的感受，第一种是闭上眼睛，想象未来，在你的脑中进行模拟，预想你的情绪反应。这就是情感预测的大量研究所做的。现在我们都知道这种将自己投射到未来的过程是充满了谬误的。但是，还有第二种方法来做这类预测，就是找到某些已经经历了这些事情的人，观察他们的真实感受。

如果你正在两份工作之间徘徊，那么可以想象一下自己从事这两份工作的状态，但你其实应该看看从事这两份工作的其他人的状态，看看他们是否开心。我们发现的结果是：(1)当人们这么做的时候，他们可以做出非常准确的情感预测；(2)没有人这样做，除非你逼他们这样做！

你可以试试这样一个关于想法的实验。你正要去一个热带岛屿上度假，价格很实惠，你必须决定掏不掏腰包。现在有两种信息，你可以选择其中一种来辅助决策。要么你会获得一本介绍岛上酒店和娱乐设施的宣传册，要么你能知道最近一个去岛上旅游的游客是否喜欢这次岛屿之行。你会选择哪个？在研究中我们也进行了这个实验，基本上 100% 的人都倾向于听信宣传册上的信息。毕竟，谁会在可以通过看宣传册来自主选择的时候却听一个不认识的人叨叨呢？

但是，如果真的给人们提供这两种信息，那些听取陌生人经验后做出决策的人感受到的开心程度却高于看宣传册的。为什么？因为宣传册会让你在脑海里模拟这个岛的景色，以及你有多享受它。但是，正如我之前所说的，这些预测都很容易受到各种错误的影响。

而另一种选择中，另一个人的评价会让你避免这些错误，因为它能让你基于真实的经验而非想象来做判断。如果另一个人喜欢这个岛屿，有可能你也喜欢。这里有一个非常荒谬而讽刺的地方，就是未来通常就在我们面前，只是以他人的形式存在。但因为人们太相信自己的独特性，都认为自己在心理上不同于他人，所以常常拒绝采用那些近在眼前的信息。

如果想要成为一个更好的情感预测者，那么你的预测就要基于经历过那些自己想象情境的人们的真实经验。这个人跟你越相似，经验就越丰富。但令人惊讶的是，即便是随便一个人的经验，都比你自己的想象能更好地辅助你进行预测。

如果你真的研究了人类的幸福感，就会学到一些重要的东西。首先，基于财富因素并不能很好地预测幸福感。它不是一个无用的预测指标，但是参考价值非常有限。基本上 40 000 美元就能买到你从财富中获得的所有幸福感。没有收入和 20 000 美元的收入差异巨大，这是饥饿流浪和衣食无忧的差异。

经济学家已经告诉我们，在基本的需求被满足之后，就没有多少财富增长的“边际效用”了。换句话说，收入 15 000 美元的人和收入 40 000 美元的人之间的差距大于收入 10 万美元的人和收入 100 万美元的人之间的差距。心理学家、哲学家和宗教领袖都有点急于宣布金钱不能买到幸福，他们明显不理解那些在大街上肚子空空的人的感受。对于那些身无分文的人来说，金钱的意义重大。

另外，一旦基本需求被满足，更多的财富似乎并不能预测人们未来的幸福感。金钱和幸福感的关系非常复杂，绝对不是线性关系。如果是线性关系的话，亿万富翁的幸福感应该比百万富翁强 1 000 倍，而后者的幸福感应该比教授们强 100 倍。但事实显然不是如此。

社会关系是幸福感的强有力的预测变量，比金钱的预测力强得多。幸福的人通常都有广泛的社会网络，与其中的人有很好的关系。令我感兴趣的是，既然金钱和幸福感只有复杂的弱相关，社会关系却和幸福感存在强烈而简单的相关性，我们大多数人还是将大量的时间花在追求财富上，以期获得幸福感。为什么会这样呢?

个人和社会有着不同的基本需求。个人想要幸福，而社会想要每个人去消费。我们大多数人只对提升自己的福祉负责，并没有意识到个人要对国家经济发展负责。不同的目标造成了现实中的两难情况，社会教育我们：消费会给我们带来幸福感。

社会企图说服我们：对经济有益的就对我们有益。这种观念通过每一种杂志、每一个电视节目、每一份报纸和每一块广告牌传递给了我们。汽车俘获了我们，进而是服饰。我们觉得幸福感就在下一个街角，只要我们再多买一件东西就能遇见。我们确实如此。当我们发现消费带来的幸福感单薄且转瞬即逝时，就会开始进行反省。“老天啊，消费的幸福承诺是个骗局。”“我不必这样盲目消费，我可能只需要对音箱、汽车、衣柜进行一点小小的升级，就会很幸福的。”

我们生活在弥天大谎的阴影之下，当我们醒悟过来的时候已经几近死亡，变成了无关紧要的消费者；而新一代的年轻人和消费者会重蹈我们的覆辙，身陷消费的大网之中。

你问我自己会不会犯这些情感预测错误？你可以赌我会。因为在做这些研究时，我时常从实验者的角度来观察自己的生活，但是大多数时候我也只是被试中的一个，和其他人做着一样的事情。我也会犯那些被试犯的错误。如果说我们之间有什么差别的话，那就是我隐约知道自己在犯错。

但知道并不足以阻止我犯错。情感预测错误有点像知觉错觉。有些人让你看某个错觉，你会说："天哪！它看起来就像是一个黑色的正方形飘在白色正方形上面，即便这不是真的。"但意识到错觉并不能让它消失。理智常常会告诉你感情用事是不对的，但事实是，我们往往都心甘情愿地被情感牵着鼻子走。举个例子，女朋友是一位每周出差 5 天的咨询师，如果她能在剑桥找到一份工作，每天晚上和我待在一起，我就会无比开心。我和其他人一样对此深信不疑：我的"大 wobmassa"就在不远处等着我。

MANY ATTRIBUTES OF HUMAN CONSCIOUS **EXPERIENCE** SELF-AWARENESS IS ANOTHER ATTRIBUTE. PUTTING IT CRUDELY CONSCIOUSNESS IS AWARE OF ITSELF.

各种形式的人类认知体验都是自我意识的体现。粗略说来，意识的本意即对自我的察觉。

——《探秘行为神经学》

09

ADVENTURES IN BEHAVIORAL NEUROLOGY
探秘行为神经学

Vilayanur Ramachandran
维莱亚努尔·拉马钱德兰
神经科学家，加州大学圣地亚哥分校大脑和认知研究中心主任，
著有《脑中魅影》《探索心灵的奥秘》（*The Tell-Tale Brain*）

我对人类思维的所有问题都感兴趣，包括那些从前被认为是难以描述、非常神秘的部分。我研究这些问题的方式是观察那些大脑中有一些小块区域遭受永久损伤的病人，这一分支就是现在所谓的行为神经学或是认知神经科学。

我来告诉你我们所面临的问题。大脑是一个 1.5 千克重的果冻状的东西，就像是豆腐，你可以用手掌托着它，但它可以思考广袤的时空、无限的意义以及存在的意义；它可以问“我是谁？我从哪里来”之类的问题，可以问有关爱和美的问题，所有这些问题都源于这一团果冻状的东西。这真的是太神奇了！问题是，这一过程是如何发生的呢？

大脑是由神经元构成的。当然，现在每个人都知道这些了。大脑内一共

有 1 000 亿个神经细胞，每一个细胞跟其他神经元有 1 000 ~ 10 000 个联结。从这个信息中，人们已经计算出了人脑可能的状态，也就是大脑活动的排列组合已经超过了宇宙中基本粒子的数量。

问题在于，你如何才能研究这个器官呢？我们有很多种方法。如今，大脑扫描已经非常热门。你可以让人们完成一些任务，参与一些对话，或者想想爱之类的东西，或想象一下红色，然后观察大脑的哪个区域会被激活。这让你有自信宣称脑部的某个区域参与了某个功能。我可能说得有点简单，但基本上就是这个样子。单个细胞都有记录，当你在大脑中放入一个电极时，可以听到每个神经元的活动，发现神经元对外部世界的哪种刺激在进行反应。方法多种多样，我们的方法是借助行为神经学并融合大脑扫描。

行为神经学有很长的历史，可以追溯到 150 年前沙尔科（Charcot）的古老传统。弗洛伊德也是一位行为神经学家。我们一般认为他是心理学家，但他也是一位神经病学家。事实上，弗洛伊德的职业生涯始于神经病学，其地位可以匹敌沙尔科、休林·杰克逊（Hughling Jackson）和科特·戈尔茨坦（Kurt Goldstein）。他们的工作就是观察那些脑部某个区域受到永久性损伤的病人，这也是我们在实验室里做的事情。事实上，这些病人并不是所有的大脑功能都变得迟钝了，也不会出现心理能力的全面退化。通常是大脑的某一种具体功能有某些损失，其他功能则保存完好。这才让我们可以判断出脑部的哪个区域具备哪些功能。

脑部功能变化并不一定都是机能障碍，也可能是基因变化。举个例子，我们之前研究的一种现象是“联觉”（synesthesia），一种感觉的融合，而这是由一种基因上的小故障导致的。拥有联觉的基因让人们可以“听到”颜色或“尝到”声音，他们会将感觉混合起来。我们一直以来都在研究这种现象。

通常来说，我们会观察 50 年或 100 年来一直不解的古怪现象和症状，用托马斯·库恩（Thomas Kuhn）的话说，就是那些被人们认定为异常而掩盖起来的问题。当有人说“我看见 5 是红色的，6 是蓝色的，7 是绿色的，F 调是靛蓝色的”时，你会怎么理解？这并没有什么确切的意义。当以科学的角度来看待这个问题时，大多数科学家都会否认这种现象的存在。而我们要做的就是将这些现象从遗忘中解救出来，在实验室环境下来集中研究。当然，这种研究十有八九是白费力气，但一旦成功就会有重大突破，发现非常有趣且重要的真相。对联觉的研究正是如此。另外一个例子，是大多数人都听说过的对“幻肢”和镜像的研究，我晚点也会谈到它。

我们最近研究的一种病症叫作“恋残癖”（Acrotomophilia），这种病症并不是很常见，因此很多神经病学家和精神病学家都没有听说过。但是大家都知道幻肢。对于一个有幻肢症状的病人来说，他的一只胳膊虽然已经被截掉了，但他还能感觉到那只胳膊存在，我们称之为幻肢。

患有恋残癖的这些人可能是非常健康、正常的个体，没有任何精神、心理和情绪上的问题，通常还拥有工作和家庭。我们最近有个病人曾经是一个工科学校的杰出校长，他一退休就说想要把自己肘部以上的左胳膊截掉。这是个有着正常社会生活和人际社交的人。他从来没有跟任何人说过自己从童年起就有截肢这个强烈的隐秘欲望，之所以从来没有跟别人说过，是怕人们觉得他疯了。他最近来找我们，我们想搞清楚他的大脑里到底在发生些什么。顺便说一下，这种失常并不稀奇，有很多报道在说这件事情。其中大概 1/3 的人真的去截肢了，但并不是在美国，因为这是不合法的，但是他们会去墨西哥或其他国家进行截肢。

我们面对的是一种极端异常的病症，非常神秘，一个人竟然想截掉自己正常的四肢？到底为何会这样呢？关于这个问题，学界有着各种各样疯狂的理论，包括弗洛伊德的理论。有一种理论认为这是一种寻求关注的行为。但这说不通。为什么他们不选择割掉鼻子或耳朵等其他一些相对没那么重要的部位？为什么是胳膊？如果只是要寻求关注，这是不是有点太刺激了。

第二件令我们震惊的事情是，这个人常常带着一支签字笔，在自己的胳膊和腿上画一些非常不规则的线条，他说：“我想就按照这样截肢，希望你们不要少一点，也不要多一点，否则会很糟糕。我希望你们严格按照这些线条来截。”一年之后我们再对他进行测试，他还是画出了同样的不可能记住的不规则线条，这说明这一病症一定与某些生理性的东西有关，而不是他在心理上虚构的某些东西。

另一个理论则更加荒谬（在某些报纸上看到的，而且它也是一种弗洛伊德式的理论），其中指出人们希望通过得到一个巨大的假肢来获得某种满足。这也是无稽之谈，完全说不通。问题在于，这种现象为什么会真实地发生？我们惊讶地发现，这个病人的某些症状表明他是右侧大脑半球卒中患者。这位病人否认左臂属于自己。他会说："医生，这只胳膊（他经常会指向左边胳膊）属于我的母亲。"这个人绝对是有条理的聪明人，他可以跟你讨论政治、数学，还能跟你下棋，却说他的左胳膊不属于自己。

这跟恋残癖还不同。患有恋残癖的病人会说："这只胳膊是我的，但我不想要它了，我想截掉它。"但这两者之间也存在着相似之处，因此我们认为，恋残癖患者的大脑右半球中形成的身体意象是存在问题的，这使得他们想要使自己的左臂或者右臂疏离于自己的身体，这种疏离感会让他们说出这样的话来："我不想要它，把它拿走吧！"

更具体来说，来自左、右臂和全身皮肤的信息都会汇集到大脑顶叶，继而来到大脑皮层中央后回。这是一个顺着大脑中央沟中间往下的巨大沟回。中央脑沟的后面有一条垂直、狭长的皮质，存储着你身体表面的整张地图。你身体表面的每一个点，在这条皮质上都有表征，而且有一整张称为"彭菲尔德地图"（Penfield Map）的地图。也就是在这里，所有的触觉、关节和肌肉感觉都以体觉地图为表征。

保罗·麦吉奥赫（Paul McGeoch）、戴夫·布朗（Dave Brang）和我做的第一件事，就是用功能性脑成像技术 MEG 成像来画出这些人的身体地图。正常人在这条皮层的表面会有一张完整的点地图。我们猜测，也许这些人在那个地图上会有一个洞，对应着他觉得陌生并想要截掉的那只手臂。但我们最终发现，没有洞！这是一张完全正常的地图，这太让人失望了！接着，我们发现在它后面还有另一个区域，叫作顶上小叶。这个区域真正负责身体形象的构建。闭上眼睛时，我对自己身体的不同部位有着清晰的感觉。有些部位的感觉可能比其他部位更生动，这主要来自关节和肌肉的感觉，一部分来自我的前庭神经，它告诉我自己是直立的，头不是倾斜的；一部分则是当我睁开眼睛时的视觉确认。从视觉、触觉、本体感觉到前庭觉等所有这些信号的组合，都能帮助我们构建一个关于自己身体的生动的内部图像，这就叫作“身体意象”。身体意象的一部分信息来自我们之前说的地图，就是所谓的触觉、关节和肌肉感觉地图，也包括听觉、前庭觉和视觉，所有这些汇聚在一起形成了身体意象。我们发现，这张地图上并没有那个病人想要截掉的那只胳膊的表征，你不会在每个病人的大脑中都看到这一点，对有些病人来说，机能故障可能出现在身体意象映射的区域。

我们的假设是：信息到达了触觉区和关节肌肉感觉区。所有的感觉信号都会到达这里，这个区域一切正常，也能被大脑成功接收到。但是当信号要传输到身体意象中心——大脑右半球顶上小叶的时候，大脑中就没有地方能接收这些信号了，因此就造成了巨大的冲突和不一致。大脑非常厌恶不一致，这个不一致的信号被发送到杏仁核这一边缘结构，由此产生了对手臂的厌恶。所以病人说：“我要把手臂截掉，它好像有点侵入性（使用了‘侵入性’而不是‘存在感’），请把它截掉吧。”

这个人想要截掉手臂，这是一个非常令人匪夷所思的心理症状。抛开他想要一个巨大假肢或者想要引起注意的弗洛伊德式观点，你就会得到一个精确的线路图来理解正在发生的事情。

我们研究这个，是因为它还不能被现存理论所解释。那么我们是如何做研究的呢？研究发现，如果我拿针戳任何一个人，疼痛的感觉都会传递到大脑的痛感区域，很可能是丘脑或大脑皮层，然后进入杏仁核。杏仁核会发出疼痛警告，你就会叫出来，接着信号传输到前扣带回，引起对痛感的厌恶。这就是当你感觉到疼痛时大脑内发生的一连串事件。先有了疼痛的感觉，然后是对疼痛的厌恶，然后传递信息到自主神经系统，让你开始流汗，准备做出逃跑、战斗以及其他任何必要的反应。因此，一旦拿针戳人，这一连串的反应就会发生。当被针刺的时候，你就会开始流汗。你可以通过皮肤电阻测试来对你的出汗情况进行测量。

但当我拿一支小铅笔戳那位病人标示的他截肢位置上的皮肤时，他一点反应都没有。当然，只是用一支小铅笔轻戳，并不是什么痛苦的刺激。没有皮肤电反应，也就是没有任何感觉唤起。但是，如果在画的截肢位置线条以下的区域触碰的时候，那位病人就会产生强烈的皮肤电反应。实际上，你可以从生理上测量厌恶情绪，而不仅仅是依赖研究对象的自我报告。人们不可能伪造皮肤电反应，这是所有测谎仪测试的基础。

当然，我们也直接去观察了病人的大脑，然后把它画了出来。正如我前面说的，我们发现病人的触觉区是正常的，关节肌肉感觉区也是正常的。但在顶上小叶，也就是身体意象形成的地方，以及下顶叶、右顶叶这些一定程度上形成身体意象的区域，我们没有发现那里有手臂的表征。如果你触碰那个病人手臂上的截肢线，他的脑部没有任何活动。如果你触碰截肢线以下的区域，和触碰正常人的手臂一样，他的大脑活动是完全正常的。这说明他的大脑的这个区域是反常的。但是我们也推测在大脑额叶区域和脑岛（杏仁核）内，存在信号中断的情况。不管是哪种情况，都是有生理原因的。这能让你了解正常大脑是如何构建身体意象的。

对于这一点，我要做一个谨慎的说明：这个研究不像幻肢和联觉，已经被很多被试证实了，对于恋残癖的研究还处于非常初级的阶段，我们需要更多的被试。这不是一个免责声明，而是事实。接下来的问题是：你可以治愈这些病人吗？这正是我们在研究的东西，我们还不知道怎么做到。在幻肢的案例中，有很多种方法可以用于治疗幻肢痛觉。

我们并不是一心在追逐这些稀奇古怪的现象。有些人会给我打电话：“我发现一些很奇怪的现象。拉马钱德兰博士，您可以解决这个问题吗？”每当这个时候，我就会回答，90% 的可能是我不能解决。但是一旦我们发现了什么，就一定会让人大吃一惊。

我们所做的就是观察病人，而首要的问题是：为什么这些病人会有这些症状？为什么会有这些特殊的行为？他们的大脑里到底发生了什么？我们是否能解释它？首先，我们先要证明他们并不存在精神障碍，证明这是真实存在的症状。当然也有一些假性症状。假如我们观察到的是一种真正存在的症状而你又能证明它是真实的（虽然这通常很难做到），然后你会问："我们如此精密的大脑机能中，是什么导致了这些奇怪的症状呢？"关于这个问题，最先要考虑的两个前提是：这是真的吗？如果答案是肯定的话，那么，是什么原因造成的呢？第三个问题是，谁在乎它？这有什么意义？如果想要研究取得进展，想让人们关注我们正在研究的现象，这三个问题中的每一个都需要得到解答。

现在，我们来谈一谈联觉。我们做的第一件事情就是证明这些人并不存在精神障碍。他们看到数字的时候是真的看到了颜色，这并不是在编造。我们做的第二件事情是探究产生联觉的患者大脑里发生了什么，其中的机制是什么。埃德·哈伯德（Ed Hubbard）、博因顿（Boynton）和我证明了，当那些人看到没有颜色的数字时，大脑中有关颜色的区域会被激活。然后呢？原因是什么呢？我们也证明了这种古怪的现象对我们理解创造力和隐喻有非常重要的价值。虽然还没能完全理解这一现象，但我们推测出了一些可能性。在每一个案例中，我们都在尝试揭示这些异常现象，而不是对之掩耳不闻；我们想要努力理解大脑机制，探讨它对我们所有人正常行为的深刻意义。

我们还在寻找一些奇怪的症状，从神经学的角度来解释这些症状，并希望从中探索那些古老而难以名状的人类本性。但是，有的时候你会遇到一种病症，并且不确定它是不是一种罕见的症状，即使你可以在临床心理学的"圣经"《精神障碍诊断与统计手册》（*Diagnostic and Statistical Manual of Mental Disorders*）中找到它。如果你可以做出判断，给你的病症一个名称，就可以让保险公司承担费用。基于这一原因，医学研究领域一度存在过度诊断的趋势。

顺便提一下，有一种病症是在我的年代里被称为"智障"的"慢性发育不良症"（Chronic Underachievement Syndrome）。还有一种所谓的"情爱妄想症”（De Clérambault’s Syndrome），这种病症是指一个年轻的女人爱上了一个年长的、有名的、杰出的、富有的男人，并且产生了一种错觉，认为那个男人也疯狂地爱上了她，但是那个男人否认这一点。这是确实能在精神病教材中找到的，但我觉得完全没有任何意义。讽刺的是，这种症状的反面却没有命名，就是一个年纪大的男性幻想一位年轻的姑娘疯狂地爱着自己，但是姑娘不承认。很明显后一种现象更常见，但它没有症状命名。

你必须有异常灵敏的嗅觉，能发现值得研究的症状。这里举几个例子，我们还是回到联觉这个问题上来，我过去三四年都一直痴迷于对它的研究。这并不是一种神经学的综合征，而是一种异常现象。弗朗西斯·高尔顿在 19 世纪就描述了这一现象，这位维多利亚时期的伟大学者是达尔文的堂兄。高尔顿发现，人群中的某些人每次看到一个数字，数字就会激活他们对某一颜色的感觉。5 可能是红色的，6 是绿色的，7 是靛蓝色的，8 是蓝色的，9 是橙色的，等等。同样，对于这些人或另外一些人来说，音调也可能激活不同的颜色，如 F 调是蓝色的，而 C 调是绿色的，等等。

高尔顿同样注意到，这种情况还会发生在同一家族之中，可能存在遗传的因素。他当时将此发现发表在了《自然》杂志上。从那以后，有过这种体验的案例层出不穷，但它还是被认为是神秘且非常罕见的，人群中的比例为千分之一或万分之一。

我对这种现象充满了好奇：“为什么有些人看到 5 会觉得是红色的呢？”现在，人们已经知道了，甚至在百年之前就知道了。但是人们常常会忽略这一个现象，因为它并没有冲击科学的大框架。当一个人说 F 调是蓝色而 C 调是绿色的时候，你会怎么想？这可能没有任何意义。或者他们说 5 是绿色的或红色的时候呢？我好奇的是他们的大脑里到底发生了什么？我们想说明的第一件事是：这是一件真实的事情，这些人没有撒谎。

还有其他一些关于联觉的理论。有一种理论认为这些人存在精神疾病，或许是吧，但是我们先不讨论这种可能。我们从医学中学到的一点就是，当病人试图告诉你他的状况时，你却认为他存在精神疾病，这通常意味着你还不够聪明，根本不知道到底是怎么回事。有时候他是存在精神疾病，但通常情况下都是你摸不着头脑，所以要仔细观察，耐心询问。

关于联觉的另一个有趣的地方在于，这种现象在艺术家、诗人、小说家和其他富有创造性的群体中出现的概率非常高，比一般群体高出了七八倍。为什么会是这样？我的一个学生埃德·哈伯德已经证明了这一点。关于联觉有一些非常微妙的地方：它通常会发生在同一家族的人身上；联觉者常说数字或者音调是有颜色的；这种现象在艺术家、诗人和小说家中会更加普遍；等等。这是一个值得福尔摩斯探究的医学迷团，等待着被解开。

我们想证明的仍然是，这些人并没有精神疾病。有一种理论认为，这些人吸食了致幻剂类的药物。当然，联觉现象在瘾君子中更加常见。但是这让事情变得更加有趣了，为什么有些药物会导致这些感觉的融合，导致这种数字唤醒颜色的现象？

另外一种理论认为，联觉者就是用了比喻，就像你对我说“那就是东方，朱丽叶就是太阳”，或者“这条领带太喧闹了”。领带当然不会喧闹，因为它不会发出任何声音。那你为什么说它太喧闹了？还有芝士，车打芝士的（cheddar cheese）味道很锋利。锋利是一个描述触觉的形容词，比如锋利的指甲或者别的什么。那么，为什么你用一个触觉形容词来描述一种味觉呢？你可能会说，这是一种比喻。但问题又来了：你为什么会用触觉来比喻味觉呢？

将联觉仅仅解释为一种比喻并不能说明任何问题，因为它是在用一种神秘解释另一种神秘，这在科学上说不通。另一个比喻的例子是：“那就是东方，朱丽叶就是太阳。”你并不是真的在说“朱丽叶是太阳”。她真的是一个燃烧着的球体吗？当然不是，你并不是这个意思。你说的是“她温暖得像个太阳，像太阳一样耀眼”“她是我世界的中心”，等等。你的大脑建立了这些联结。而联觉完全是数字 5 和红色之间的一种随意联结。在这个意义上，它不是一种比喻，所以我对这种观点非常不认同，但它可能有其他深意。我们后面会来讨论后一种观点。大概在 10 年前，我提出每个人可能都存在无意识的联觉倾向，这一观点如今已经在很多研究中得到证实，包括牛津大学最近的一项研究。

另一种理论认为联觉者是在回忆童年。也许这与他们玩的冰箱磁贴有关，5 是红色的，6 是蓝色的，7 是绿色的，出于某种原因，他们沉浸在这些记忆中。好吧，这又引出了另一个问题，为什么你和我小时候也玩过磁贴，但我们并没有产生联觉，而且大多数人都没有。我们发现，联觉现象相当普遍，在 50 个人中就有 1 个联觉者，而不是 1/1 000 或 1/10 000。联觉者通常不会出来说他们是这样的，因为担心你会觉得他们精神异常。

童年记忆并不能说明问题，正如我所说，为什么联觉现象会在同一家族中发生？另一个可以否认童年记忆说的依据是如果你要解释家族的问题，就要证明同样的冰箱磁贴可以代代相传，而这根本说不通。这是个隐喻么？可能在某种意义上是的，也可能它和隐喻相关。他们真的疯了吗？并非如此。他们都产生幻觉了吗？不，这也说不通。

我们第一件要证明的事情就是联觉者没疯，他们没有说谎。我们设置了一个屏幕画面，让计算机屏幕上到处都是数字 5，其中还有几个数字 2。当你看这两个数字的时候，从某种角度看它们的形状就像是彼此的镜像。屏幕上有一些数字 5 的轮廓图，散落在它们中间的是一些数字 2 的形状。在驾校考试的颜色测试中，数字 2 聚在一起形成三角形、正方形或是圆形，就像石原氏色盲测试一样，这也是类似的。

一个正常的非联觉者看到这些会说："是 5 吗？你指的是那些嵌在里面的 2 吗？让我看看。噢，有 2 在里面。那是 2！噢，还有一个 2！在这里！"他们一般会花上二三十秒钟找到这些隐藏在其中的形状。那些将 5 看成红色、将 2 看成绿色的联觉者，则很快就能看出隐藏在背景中的绿色的正方形或是圆形。他们识别出正方形或圆形的速度比我们快得多。他们如果精神异常，怎么可能在这方面比我们强？再者，如果你问他们看到了什么，他们会说："我看到了绿色的三角形和正方形。"出于现象学的认知，他们确实看到了绿色的正方形、三角形或长方形。这说明联觉确实是一种感觉体验，不是一种记忆联结，至少对有些联觉者来说不是。杰米·沃德（Jamie Ward）最近重复了我们的实验结果。

事实证明，这是一种联觉的差异性。有一些联觉者，就是我们所谓的低度联觉者，他们的颜色知觉确实会被唤醒，而且他们会将数字和颜色联系在一起。但也有一些联觉者是概念上的联觉，他们看上去更像是记忆联结。我们关注的是知觉型的联觉，因为更容易对其进行科学研究。

我们首先证明了联觉不是精神异常，而是一种真实现象（记住三步：第一，证明它真实存在；第二，大脑的机制是什么；第三，有什么更广泛的应用，谁在意这个研究）。我们解决的第一个问题，就是证明联觉是真实存在的现象。

下一个问题是：什么导致了联觉的发生？埃德·哈伯德和我曾经一直在找大脑地图，但我们因为一个现实问题而卡壳了。有一个被埋在大脑颞叶下面的结构，叫作梭状回（fusiform gyrus）。梭状回就是大脑感知颜色的区域，即V4区，泽米尔·泽基（Semir Zeki）发现了这个区域。而紧挨着这个区域的就是大脑的数字区域，它负责数字的视觉表征。这两个区域基本上彼此相邻。我们在想，大脑内感知数字的区域和感知颜色的区域邻近，这是否意味着最普遍的联觉就是数字与颜色的联觉？这显然不是一种巧合。接下来我们在想，可能大脑中的这两个区域有一种偶然的交叉。

这要如何证明呢？我们做了脑部扫描成像。你可以让一个正常人做核磁共振和脑磁图，给他们看数字，结果表明只有梭状回的数字区域会被激活。而让正常人看有颜色的数字，他们的V4区，即颜色区域会和数字区域一起被激活。但如果你让联觉者看一个黑白的数字，他们体内这两个区域也会同时被激活，这直接证明确实存在着交叉式的激活。

现在，我会来讲一讲关于上面这个案例的另外三组研究。在其中一组中，我们没有看到脑部的激活。大脑成像本身就不稳定，因为总是会有一些噪音，所以这个结果并不是板上钉钉的，但是我认为这个方向极有可能是正确的。

阿姆斯特丹的罗姆克·罗尔特（Romke Rowlte）也研究了这个课题，她发现白色物质确实有所增加，V4 区（颜色区）和梭状回旁边的数字区确实有联结，那么这就差不多证明了前面的设想。

接下来就是为什么会发生这个现象？为什么这些人会有这种交叉式联结？这是下一个我们要回答的问题。第一个观察线索是由弗朗西斯·高尔顿提出的，而且他从那时起就开始证实：联觉会出现在同一家族中，并可能存在基因遗传。如果你观察婴儿和胎儿的大脑，可以发现里面已经有大量的联结。这是一个粗略的类比，但基本就是如此。接下来发生的是基因修剪，它可以去除相邻脑区之间的过度联结，甚至是那些密集联结的大脑区域，这样就形成了一个典型的成人大脑模块。但是，如果在基因修剪中出现了问题，相邻的脑区未能成功区隔，比如成年后颜色和数字脑区还存在着联结；如果基因选择性地在梭状回中通过转录因子（transcription factors）进行表达，比如它在梭状回进行表达，那么你就会拥有数字与颜色的联觉。当你看到一个数字时，在交叉式联结的作用下，某一种颜色就会被激活，因此你看到的数字就是一种颜色。

在早期的论文中我们提出：这种交叉式激活也是基于造成解除抑制的信号发射器产生的，很有可能这两件事情都在发生。瞧，你解释数字 – 颜色的联觉是从基因开始的。基因还没有被克隆，但是人们在为之努力。你解释了大脑里正在发生的事情，以及为什么这些人在看有颜色的数字时会有如此奇怪的视觉体验。

最后一个问题，为什么我会在意这些？答案来自观察的经验数据，艺术家、诗人和小说家拥有联觉的比例是其他人群的七八倍。为什么会这样呢？艺术家、诗人和小说家有什么共同之处？他们都很擅长隐喻和类比，能看到我们大多数人难以看到的隐秘联系。所以，莎士比亚会说："那就是东方，朱丽叶就是太阳。"正如我之前说的，"朱丽叶是太阳"的意思不是她是一个发光的火球。你说她是太阳时，实际上建立起了一种恰当的联结。你可以做任意数量的联结，如她是我的世界中心，就像太阳是太阳系的中心；像太阳一样焕发着光彩；像太阳一样温暖；像太阳一样哺育着万物。莎士比亚很善于使用隐喻，这些隐喻通常具有多重性，很容易引起共鸣。

那么，这些和联觉有什么关系呢？隐喻到底是什么？联觉看起来就是将无关的概念和想法联系起来，是不是这样呢？如果是同样的联觉基因，而不是在梭状回中有选择性地表达，从而产生这种奇怪的数字和颜色联觉的现象；如果它发生在整个大脑皮层里，那么你更有可能将那些看起来毫无关系、涉及众多脑区的想法和概念联系在一起。如果我们认为这些想法和概念也位于并占据特定的脑部区域，而你拥有这些远程的联结，那么它更有可能让你将看似不相关的概念联系起来，由此奠定创造力和隐喻的基础。因此艺术家、诗人和小说家拥有联觉的概率高于常人七八倍。

换句话说，我研究的正是进化生物学家所问的问题：这种基因有什么用？1/50的概率并不算常见，但也不罕见。为什么它会被保留在进化中？如果进化中的某种基因是无用的，看到5是红色的、6是绿色的并没有什么用处，那么它应该从基因库里永久性去除，一万或两万年前就应该消失了。显然，这种基因到处可见，且保存完好。为什么呢？为什么这种基因毫无用处还如此常见？

有一种可能是：这是为了让人群中有一小撮异常群体能发现看似不相关的想法之间的联系，让他们变成艺术家，更有创造力。但是，如果我这么讲的话，人们经常会问为什么。如果基因让我们变得更加具有艺术感、创新性和擅长隐喻是一件好事的话，为什么不是每个人都拥有这种基因呢？好吧，这个问题其实很蠢，因为进化需要时间。可能在2万年、5万年或10万年后，每个人都拥有这种基因，每个人都将变得富有创造力。但这并不是正确的答案。它可能只是一个片面的回答，我认为真正的答案是我们并不需要所有人都具有创造力。我们需要工程师！

你可以看到我们的研究成果，正如恋残癖一样，但是我们对联觉的研究成果更丰富些。这些研究开始于人们看到数字或听到音调时却看到了颜色这种奇特的现象。由此我们开始探究：这是什么现象？这种现象是不是真实存在？

我们已经用很多不可能造假的认知心理学实验证明了这种现象确实存在。之后，我们开始进行大脑结构剖析，做了大脑扫描成像，证明了涉及这些机能的脑区。再然后，我们可以说这种现象有它的基因基础。从基因到神经解剖学，再到知觉现象学，最后到隐喻、莎士比亚和诗歌。这就是我们对每一种病症的研究过程。我们有时候可能会取得一些成就，有的时候也能大获全胜。

我们的实验室是因为研究这些古怪的人类行为，解释人类大脑中发生的事情，展示理解人类本性和认知的广泛意义（其实每个人都对这些事情好奇）而闻名的，所以当人们遇到稀奇古怪的事情时，就会给我打电话。或者，当一个医生偶然发现了一个他无法解释的新病例，也会经常给我打电话。虽然10 次电话中有 9 次我无能为力，但我时常能弄明白大脑里发生的事情，也就会发现一些非常有趣且重要的事情。

在案例中，联觉大多被认为是一种奇怪和反常的现象。人们通常对此熟视无睹："你知道那些说数字 5 是红色的人吗？他们不是造谣，就是疯了。这也是为什么联觉在艺术家中更常见，因为我们知道艺术家都有点疯疯癫癫的，他们就是想引起注意。"生活中到处充斥着各种各样的愚蠢理论。事实上，一些联觉症状常被作为精神疾病或是精神分裂症的诊断依据。联觉者被告知所看到的颜色只是幻觉，因此他们被当成精神分裂症患者开了药。然后他们意识到这是一个非常正常又不正常的现象，叫作联觉。

我觉得，可以说我们和杰米·沃德、朱丽亚·西姆纳（Julia Simner）等团队掀起了这个领域的研究热潮，让联觉成了一个研究主题。目前，学界关于联觉的著作有二三十本。当我在 10 年前开始做这方面的研究时，没有人对这个主题感兴趣。那个时候仅有一本由一位叫西托威奇（Cytowic）的医生和神经学家写的书。但他就像是孤独的先知身处荒原，并没有对此进行任何知觉实验，只是说"这是一个值得研究的现象"。我们是第一批真正对这些现象做研究的人，尝试证明这些现象真实存在，证明它们是可以被感觉到的，并通过大脑剖析进行了解释。

我之所以对此感兴趣，是因为我对神经综合征很感兴趣，而且我有临床神经学的背景。我一开始就被幻肢现象吸引了。患者来到诊所，他们缺条胳膊或缺条腿，却仍然可以感受到缺失的胳膊或腿的存在。人们发现这种现象已经有大约 100 年了，却只将它当作一种异事，进行了非常粗浅的案例研究并说："这是一个有幻肢的病人。"没人知道该怎么做，当然也没有人对有关幻肢的主流神经科学研究感兴趣。

假设我是一个有幻肢的人，失去了我的左臂，你是医生，你来摸我左边的脸，我能感受到幻肢被抚摸的感觉！即使你在抚摸我的脸，我也会在幻肢上感觉到。如果你触摸这个区域，我完全能判断出这是食指，那是小拇指。也就是说，我的脸上还存有失去的那只手臂的完整地图。那么，为什么会这样呢？这又是一个医学之谜。

我开始思索这个问题，并从动物实验中得到启发。动物研究表明，如果你切断从手臂延伸到脊髓的神经，大脑就会重新组织整个感官地图。那么，那些截掉手臂的病人身体里到底发生了什么？

你可能还记得，我在之前谈恋残癖的时候说过，大脑中有一张关于全身表面的完整地图，就是中央后回。在大脑的一侧有一个垂直沟回，其后面就是地图区。这张图是系统性的，并且指向身体大部分位置。但奇怪的是，脸部脑区就在手部脑区的旁边。

对于正常的成人，如果他截掉了手臂，手部脑区马上就会失去感觉输入。面部皮肤的感觉信号通常只会进入大脑的邻近区域，但现在面部皮肤的感觉信号侵入了因为截肢而空出的对应区域，因此激活了大脑中的手区细胞。当然，这也误导了大脑的中枢系统，使其以为是手部被刺激了。然后，病人就会体验到幻肢所产生的感觉。当你接触面部皮肤时，信息不仅会进入脸部脑区，而且也会激活手部脑区。所以在大脑的手部和脸部区域之间会产生交叉联结。

我们曾经做了一个 10 分钟的实验来证明这一点，挑战了神经学中认为神经联结都发生在胎儿和婴儿发育早期的金科玉律。一些研究者曾经深陷染色体之说，认为人类根本无法改变成人脑中的联结。这也是为什么如果你在成年后遭遇脑部创伤的话，基本不可能恢复机能，以及为什么神经系统综合征这么难治愈。

人们曾经相信，大脑的联结是没有弹性的。事实上，我们在实验中证明，大脑存在很大的重组空间。这个空间大到脸部脑区信号可以越过两厘米的距离，侵入到手部脑区。我们做了脑成像，结果显示这种入侵确实已经发生了，我们从心理实验中也知道了这一点。我想我的大脑也已经准备好交叉联结了。

还有一个由截肢引起感觉侵入从而出现交叉联结的例证。在联觉中，就像脸和手的感觉区域一样，颜色和数字区域也是相邻的。我开始觉得，好吧，也许这就是交叉联结了。但在这种情况下有一个问题：如果它总是发生在同一家族中的话，交叉联结则并不是由于移除感官输入而引起了传入神经阻滞，而是由于基因问题。

通常发生的情况是，有神经病学家或精神病学家打电话给我说："这里有一个很奇怪的病例，一个患有恋残癖或卡普格拉妄想症（Capgras syndrome）或者一些类似的综合征的病人。你能来看一下病人，告诉我们你的想法吗？"病人通常会来实验室或我的办公室里说明他的问题。我不会提前告诉病人我的理论是什么，因为我不想暗示他们。然后我会对病人做各种各样的实验，并检验关于大脑中已知的解剖结构和生理机能的假设，而不是某种莫名其妙的心理学理论。然后我用脑成像或者简单的心理实验来检测这个理论。

有时我们能够为病人设计治疗方案。例如，在幻肢综合征中，有 2/3 的患者经历了极度痛苦，但目前还没有有效的治疗方法。我应该在此处说明一下：虽然有 20 种已知的治疗方法，但没有一种奏效。所以我们开始研发一种幻肢治疗方法，但有时甚至只需要向病人解释他并没有精神疾病，只要告诉他："你有幻肢，是因为大脑中发生了一些事情。"这对他来说就是一种极大的解脱。有些人有恋残癖，想要截掉手臂。你可以告诉他："你不是疯了，这不是什么弗洛伊德式的想法，你的这种体验是有解剖学原因的。"然后就可以进入下一步，提出解释这种现象的假设。如果你已经检测过了，就会知道他的大脑里发生了什么。但是，这样真的可以帮助病人吗？

在幻肢的案例中，我们做了实验来证明我们可以帮助病人。有一种我之前没有说过的奇怪病症，英国的坎迪·麦凯布（Candy McCabe）正在研究它，我们也在研究它，它被称为反射性交感神经营养不良综合征。20 个中风病人中就有一个患有这种病，而你也可以在没有中风但手指有点小伤（例如引起剧烈疼痛的掌骨骨折）的病人身上看到这种病症。

我们认为疼痛是一种主观感受，但从进化的角度看，疼痛有两种类型：急性疼痛和慢性疼痛。当你碰到火焰或热水壶时，会产生剧烈的疼痛，你会大喊："哎哟！"然后快速缩回你的手。慢性疼痛指的是坏疽或骨折，通常是骨折，而且骨折会引起极度的疼痛，你的手会被固定起来，但不需要把它截下来。疼痛的进化是什么样的呢？尽管从知觉上说，两种疼痛是一样的，但从进化的角度来说，它们大不相同。

在掌骨骨折中，急性疼痛的功能是调动手，从组织损伤的根源消除疼痛，以达到保护手的目的。慢性疼痛则是完全相反的。当掌骨受伤时，你的手就会无法动弹而暂时"瘫痪"。这是极度痛苦的，任何移动它的尝试都会带来痛苦，因此只能固定手臂。在急性疼痛的情况下，你会迅速地把手臂调动起来。在慢性疼痛的情况下，你会把它固定住。为什么？因为这时移动它会导致更多的组织损伤，所以这是一种具有保护性的反应，即静态固定。当然，在伤口愈合后，你又可以移动手了。

但也有一定比例的中风患者以及一定比例的小骨骨折患者，即使是轻微的丝状骨折或韧带撕裂，疼痛都会持续一段时间。即使在伤口愈合后，疼痛仍会持续数周、数月、数年，甚至几十年。疼痛会扩散到整个手部，手也会肿胀，不能动弹。这仅仅是一个小小的骨头挫伤，就会蔓延到整个手部和前臂。还有，手和手臂会肿胀、发热、发炎，所有这些都会发生。目前，医学界对它还没有任何有效的疗法。

我们想要搞明白这个问题，以及它为什么会这样。当你试图动手的时候，它会引起极度的疼痛，所以病人就会放弃，说：“我不能动我的手。”有时候，你会因此而困扰，我们称之为“习得的疼痛”。任何移动它的尝试，都被当作手部移动的信号传递到手部脑区，与你大脑中的疼痛感联系在一起。简单地说，就是你会得到一种习得的疼痛，你习得了移动的指令和疼痛感之间的联系。因此，大脑会放弃，手也就不再敢动了。任何移动它的尝试都会变得极其痛苦。

你会如何打破这个循环？我们在桌子中央放了一面镜子。这与我们在10多年前发现的幻肢痛和中风的镜像疗法类似。在桌子的中央放一面镜子，病人把他那只疼到变形的手臂放在镜子的左边。镜子的光面在右边，病人将右手放在镜子的右侧进行定位，这样就能模仿疼得动弹不得的左手的姿势和位置。他看着镜子里正常的那只手的映像，突然，他受伤的手看起来不肿了。这是显而易见的，因为他看到的是正常手的映像，看起来就像你在镜子里恢复了他正常的手，在视觉上它叠加在肿胀变形的那只手上。

现在让病人向双手发出信号，让他看着镜子的时候移动、紧握、松开和旋转双手。那么，他将会做出这样的事情——你最初并没有要求他动左手，因为这样做会很痛苦，所以只移动右手，但是他会想象自己的左手在移动。接下来的情况是，病人看到了他的左手被固定了，不能动弹。他再一次服从了大脑的命令，他的左手看起来在移动，并不痛苦，这样就可以忘却习得的痛苦和固定不动。令人惊讶的是，这只手在他的生命中第一次开始移动！这是几年甚至几十年来的第一次！如果病人在营养不良的几周或几个月后很快就经历这一过程，效果会更好。手开始移动且疼痛减轻了，在这样身心互动的例子中，肿胀通常会在几个小时之内消退。

这种慢性疼痛症被认为是难以治愈的，或者根本无法治愈。几十年来，大家都认为如此。我想它是在100多年前被发现的，因为那个时候就有人做了脊神经背根切断手术，切断通向脊髓的神经，通过这样来进行治疗。他们做的是交感神经切除术，这在一定程度上是有效的。但是，其实我们只需用一个2美元的镜子就能达到同样的治疗效果。病人只需看一看镜子，移动他正常的那只手就好了。我们在几年前就提出过这种疗法，而坎迪·麦凯布独立发现了这种疗法，并第一次对它进行了恰当的描述。

我们在德国的一个小组已经进行了50个病人的临床试验。这一发现最初来自几个病人。从那以后，我们又进行了安慰剂对照的双盲交叉试验，而他们在几周的镜像治疗中发现了这种疼痛的戏剧性恢复。然后，疼痛消失至少可以持续6个月，之后你可能需要再进行一次。这减少了许多痛苦不堪和大伤元气的手术。有时候你会提出一个荒诞的、看似不太可信的假设，实际上却可能有临床意义，反射性交感神经营养不良综合征就是一个例子。

我们前面谈过联觉，也谈了恋残癖，谈了反射性交感神经营养不良综合征，以及一些其他的跟这些类似的综合征。另一种综合征称为卡普格拉妄想症，这种病人会昏迷一两周，然后醒来。病人会变得稍稍迟钝些，有轻微的发音困难，但除此之外完全正常，可以顺利地交谈、下棋、算算术。除了有一点语言表达上的含糊，其他都非常正常。这种病人看到人能认出来，毫无问题。这既不是精神疾病，也不是精神错乱。

一个病人看着他的母亲说："医生，这位女士看起来像我母亲，但她不是。她是一个陌生人，一个看起来像我母亲的陌生人。她不是我母亲，她是假冒的。"有时他还会产生一种偏执的感觉，说："为什么这个女人总是跟着我？她假装是我的母亲，但她不是。"

为什么会这样？我们再来看看弗洛伊德式的解释。顺便说一下，我并不想对弗洛伊德进行太多抨击。虽然这在纽约很流行，但我认为弗洛伊德对人类有着深刻的认识，尤其是潜意识的作用，我们逐渐意识到了这一点，埃里克·坎德尔（Eric Kandel）也写过这些。无论如何，这都很有趣。一些弗洛伊德的支持者持有一种关于卡普格拉妄想症的理论，即当这个病人还是个婴儿的时候，就对他的母亲有着强烈的性冲动。弗洛伊德称之为"俄狄浦斯情结"。随着他长大，大脑皮层开始发育，开始抑制他对母亲的潜在性冲动。因此，作为一个成年人，他不能对母亲再有性冲动。但是，头骨遭受的撞击会破坏大脑皮层，强烈的性冲动会浮出意识表面。突然间，他发现自己被母亲性唤起了。他会说："上帝啊，这是我的母亲，我怎么能有性冲动呢？这一定是另一个陌生女人。"

当然，这也是一种非常具有独创性的观点，正如很多弗洛伊德式的观点一样。但是，这个理论说不通。因为我看过一些病人，至少有一个人对自己的狗有同样的幻想，那个人对我说："医生，我说的不是我们家菲菲，而是一些其他假装是菲菲的狗。"如果对这个病人进行弗洛伊德式的分析，你就会开始讲所有人类潜在的人兽交合冲动等一些废话。事实上，根本不是这么回事。我对此想到的是：可能是大脑神经出了问题。

作为实验科学家，我们要做的就是追根溯源。就像绘制尼罗河的源头一样，你不知道下一个惊人的转折会是什么时候。这是一场伟大的冒险，是一种对自然的大爱，有着形形色色的曲折和变幻莫测的事件。这就是我们做实验的方式，所有这些都是朝着理解人类本性的目标前进的，但是都只能了解只言片语。比如，你不能问："意识是什么？"有些人会这样问，但这个问题太模糊了。事实上，哲学家们已经对这种方法提出了批评。但我认为像弗朗西斯·克里克（Francis Crick）这样提出问题是可以的。

那么，什么是意识？科林·麦金（Colin McGinn）和其他一些哲学家认为这是极其神秘的。人类的大脑永远无法理解它自己，也无法理解像意识这样的神秘现象。像克里克这样的人会强烈反对这个观点。

克里克和科赫（Koch）认为，人类大脑中有一种叫作"屏状核"（claustrum）的结构，它是大脑岛叶皮质下的一层薄薄的组织。克里克和科赫非常关注这一层组织，它的奇妙之处在于，与大脑的其他区域不同，人们没有发现它有任何功能。大脑中有很多区域，我们都不知道它们的功能，但这个屏状核是特别神秘的。它有一个中等大小的结构，细胞成分是均匀的。它也不像其他皮层一样具有分层结构。

克里克发现了一件惊人的事情：这个屏状核几乎和大脑的任何一个部分相连，包括大脑皮层的每一个部分。这种联结看起来是相互的。屏状核联结躯体感觉区皮层，也接受来自躯体感觉区皮层的联结。它会向杏仁核发送信号，也接收来自杏仁核的信号。它和前扣带回的关系也是如此。实际上，我们很难找到大脑中跟屏状核不相连的区域。我们实验室的约翰·斯迈西斯（John Smythies）和我现在开始挑战克里克，进行进一步的研究。

克里克在过去因为对类比的研究有了巨大的突破而获了奖。如果你看一下双螺旋结构和螺旋之间的互补，以及螺旋结构的两边，就会发现这和父母和子女之间的互补性是非常相似的。这十分有助于提升信心。克里克说，为什么狗会生狗而不是猪？任何孩子都会问这个问题，但你我不会。克里克问了这个问题：为什么狗会生狗而不是猪？在子女和父母之间有一种互补，可能是这两股螺旋的互补性实际上决定了后代和父母的互补性吗？这是一个巨大的突破。当然，他之后就发现了遗传密码，现代生物学因此诞生了。他始终思考着将看似不相关的现象，以及那些结构和功能联系起来。

然后他开始研究屏状核，并思考意识中最基本的东西是什么？你是不是认为这个问题理所当然，根本没有讨论的空间？你就是一个人类，也就是人类意识许多属性的统合体。你也是一个连续体。时间旅行（一种能在时间里进进出出的能力）是进入未来，是从过去的记忆中怀旧，然后按照大致正确的顺序把它们串在一起。笑是人类独有的，我们无法想象没有意识的笑。这些不同形式的人类认知体验都是自我意识的体现。简单来说，意识的本意即对自我的察觉。

人类意识体验的核心属性，也就是我们认为理所当然的、最基本的属性，就是一种感官联合。你有非常丰富的感官体验。你能看到东西，听到声音，这回到了我所说的联觉。你可以品尝东西，且一生中有许多记忆。你会认为自己是一个统合的人，因为各种各样的事情都发生在了你身上。这一切都发生在我身上，我始终都是我这一个人。尽管有各种各样的感官体验，以及令人眼花缭乱的记忆和感觉印象，我的经验依然是连续、统合的。为什么会这样呢？

对这个问题的另一种表达是，有不同的大脑区域在积极地处理信息的不同方面，包括记忆，但你在将自己作为一个整体来进行体验。许多哲学家会认为这是一个伪问题，而不是一个真正的问题。事实上，克里克提出了相反的观点。他说，关于意识最不言自明的东西是它的统一性。你猜屏状核是干什么的？它获得了感官输入，甚至是来自运动皮层的输入。它会从大脑的各个区域获取信息，并将信息反馈回去。它非常适合执行这个统合的角色。

屏状核的结构和意识的现象学之间有一个类比，这也许不仅仅是一个肤浅的类比，而是另有深意。可能意识的线索存在于屏状核的结构中，因为我们需要对它的显微解剖和它与大脑其他部分的关联性进行细致的研究。

通过大脑结构来研究意识，努力解释意识、自我意识、感受性（qualia）等功能，正是克里克所追求的。我认为这也是我愿意追求的东西，我们也一直在为之努力。我们在做和他一样的事情，尽管还难以与之比肩。

BUT

IT IS NOT SUCH A BAD THING TO HAVE A LITTLE HUMILITY THAT OUR VIEW MAY NOT BE THE ONLY ONE, OR EVEN

THE BEST ONE.

谦虚一点也不是什么坏事，因为我们的观点不是唯一的，更不会是最好的。

——《社会心理学的陈述》

10

THE SOCIAL PSYCHOLOGICAL NARRATIVE

社会心理学的陈述

Timothy D. Wilson
提摩西·威尔逊
心理学家，弗吉尼亚大学教授，
著有《最熟悉的陌生人》

丹尼尔·吉尔伯特的介绍词：

心理学总是和无意识保持着亦敌亦友的关系，但主要还是敌对。无意识是弗洛伊德的心理理论的基石，但是当威廉·詹姆斯说它“虽充满对心理学的热爱，但也可能把一门科学变成歪理邪说的基础”的时候，他表达出了很多 20 世纪早期科学家的观点。詹姆斯的反感是有感染力的，他的论点赢得了胜利。半个多世纪以来，无意识被发配到了心理学研究的“冷宫”。

20 世纪 70 年代中期，威尔逊和迪克·尼斯比特（Dick Nisbett）以他们里程碑式的论文打开了这一座“冷宫”。这篇论文的标题为《告诉更多我们所不知道的》（*Telling More Than We Can Know*），其中一系列的实验报告显示：人们往往不知道自身行为的真正原因，当被要求解释这些行为的时候，他们只是胡乱说一通。当然，人们并没有意识到自己在胡说，他们完全相信自己所讲述的故事对他们行为的解释。但正如实验所显示的，人们讲了很多他们并不知道的东西。实验的结果打开了无意识的大门，而潜意识在研究殿堂里占据了一席之地。今天，大量心理科学研究都说明了无意识心理过程的非凡力量。

如果说把无意识解放出来是威尔逊对心理学的唯一贡献的话，那显然是不够的。这仅仅是一个开始。从那之后，威尔逊发现和记录了各种表明我们是“自己的陌生人”的奇妙现象。《我们是自己的陌生人》也是他的一本书的书名，马尔科姆·格拉德威尔（Malcolm Gladwell）在《纽约客》上称这本书是过去 20 年里最好的通俗心理学读本。威尔逊做了很多著名的研究，从“原因分析”（当人们被要求说明决策原因时，他们通常解释得都很差）到“情感预测”（人们不能预测未来事件带给他们的感受）。但他所有研究的核心都集中到了一个奇妙的洞见上：我们对大脑中的世界的认识，似乎比我们对大脑之外的世界的认识更少。

《摩西五经》里有这样一个问题：“一朵花是所有花都不能解释的神奇，不是吗？”一些学者说是，一些学者说不是。威尔逊说：“让我们去看看。”他总是抱有两种身份：心理学家和法学家。他的大量著作都说明了使用实验方法解决实际问题有多么重要，并描述了心理学的发展变化。他使用科学方法揭开了人类试图改变自己的很多方式，从自助到心理治疗，并探讨这些方法是否真的奏效。如果奏效，是为什么？他的回答常常会让很多人大吃一惊。我预测这一新的研究将成为一场非常有趣的风暴的中心。

在职业生涯中，我一直问自己的主要问题就是关于自我认知、意识和无意识的作用以及内省的局限和麻烦。例如，有时思考为什么做自己正在做的事情，会让我们陷入困境。这些问题是我在研究生时和导师迪克、尼斯比特提出来的，从那时起，这些问题就十分令我着迷。

多年来，我一直在思考一个问题：我们如何才能运用这些基础知识去解决今天的问题？我是在动荡的 20 世纪 60 年代长大的，在那个时代，整个世界似乎都在改变，我们也似乎可以改造这个世界。我学习心理学的一部分原因，是我觉得这是一种可以帮助解决社会问题的方法。在研究生期间，我爱上了基础研究，它也是我一开始就喜欢的研究。研究自我意识、意识和无意识的基本问题是非常令人兴奋的。但就像其他的东西一样，随着越来越多的应用性问题开始浮现，我越来越意识到社会心理学一定会有一番大作为。

这个领域的一个基本假设是，不是客观环境而是人们对世界的构想在影响他们。你必须深入人们的头脑之中，以他们的方式看待世界。你必须观察人们为了解释自己为什么做那些事情，进行了什么样的描述，讲出了什么样的故事。人们在他们的个人生活中，或者更多的社会问题中出现了麻烦，其实就是这些故事讲错了。某种程度上人们会因为这些不良的个人叙事而丧命。

我们从认知行为疗法和临床心理学的角度可以看出，一种改变人们叙述方式的方法是进行相当密集的心理治疗。但社会心理学家认为，对于不那么严重的问题，有一些方法可以更轻易地重新塑造故事，从而产生惊人的长期效果。这是一种我称为"故事编辑"（story editing）的方法。通过给人们一些小提示，建议他们如何重新定义情境或者用一种稍微不同的方式来思考情境，可以让他们获得比之前更有效的叙事方式。

我在研究生院做的第一项研究测试了这样一种故事编辑的干预方式。我们招募了一组大学生（一年级学生），他们陷入了自我挫败的思维周期，在学业上表现不佳，并为此非常担心。他们似乎是在责怪自己，并认为自己的录取可能是一个错误，所以学习也变得更加困难。

我们做了一个大约 30 分钟的简单干预。我们列举了一些其他学生的事实以及证据，来说明他们的问题可能有不同的原因，即虽然在大学里一开始很难摸到门道，但他们随着时间的推移会表现得更好。他们要学会调整，要改变高中里的那套学习方法，等等。

"虽然不是我的情况，但描述了我所处的环境，而且知道这种情况是可以改变的。"这条简短的信息似乎就可以改变人们的叙事方式，一段时间后会产生巨大的影响。也就是说，与对照组相比，得到这些信息的人在接下来的几年中会取得更好的成绩，并且辍学的概率更小。从那以后，类似的案例层出不穷，都表明让人们从一种叙述方法变为另一种，就可以帮助他们生活得更好。

另一个令我感兴趣的问题是，许多现有的助人干预措施并不是基于理论，更糟糕的是它们还没有进行过测试。如果社会心理学家想要知道该怎么做一件事，他们通常会先做实验，测试这种干预是否有效，以及是否有良好的控制组和统计分析，看是否有显著效果。然而，现在那些琳琅满目的救助项目却没有以这种方式进行过审查，而只是基于常识。

关于这个问题有很多著名的例子，例如反毒品计划 D.A.R.E.。我的两个孩子在上学的时候就参与了这个计划。事实上，美国 70% 的学校都在运行这个项目。直到最近，它才进行了测试，结果表明，这不仅不会起作用，而且还有迹象表明它实际上增加了学生的吸烟率和饮酒率。我感到震惊的是，一项具有消极效果，或者说至少没有积极效果的项目居然在 70% 的学校开展起来。

意在让高危儿童远离犯罪的“惊吓辅导项目”（Scared Straight Program）反而增加了他们犯罪的可能性。美国的许多社区仍然在运行这一项目。有一项旨在防止虐待儿童的计划，被称为“美国健康家庭项目”（Healthy Families America）在整个美国实施，花费了数百万美元，结果证明没有任何效果。

然后是整个自助产业，我倾向于认为自助产业就像某种形式的彩票。也就是说，我们买彩票其实就是在买希望。我们并不认为自己会中奖，但是在开奖的前一周，我们可以想象自己突然拥有了数百万美元。

自助书籍与此类似，我们购买是因为它们承诺我们的生活能突然变好，所有的问题都会得到解决。我们都知道这可能不是真的，但还是对它心存幻想。

在自助书籍行业里，有一种叫作“18 个月法则”的东西，主要指最有可能买一本自助书的是那些在 18 个月前买过的人。所有这些都让社会心理学家有点难堪。事实上，关于如何变得更快乐以及如何克服个人困难，学界其实已经有了一些相当不错的研究，这些问题其实可以相对简单地解决，但都被自助行业忽视了。例如，我的朋友和同事杰米·佩尼贝克（Jamie Pennebaker）已经开发了一种写作练习，通常是连续 3 ~ 4 个晚上，每天花大约 15 分钟的时间阐述一个问题。这样做对人们的健康和幸福感都有着非常显著的长期的积极影响。

伊桑·克罗斯（Ethan Kross）和奥泽拉姆·艾杜克（Ozlem Ayduk）等研究人员已经改进了这一方法，并与佩尼贝克一起证明了这种方法的有效性。再回想一下故事编辑的比喻，这些写作练习其实就是让我们找到自己没能理解的问题，通过重新加工的过程来寻求意义。所以，我们基本上只要想出一个好故事，就能把这个问题抛在身后了。这是对故事编辑技术作用的强大佐证。

让我们再回到一个经常要面对的基本问题上：什么是社会心理学？这是一个很好的问题，因为公众对此并没有真正理解。例如，《纽约时报》最近刊登了一篇文章，其中一位经济学家把我和我的朋友丹·吉尔伯特称为经济学家。这是个有些挑衅意味的头衔！但在某种程度上，这是我们自己的错误造成的，我们没有成功地将社会心理学变成公共话语的一部分。

社会心理学在 20 世纪 50 年代成为心理学的一个分支，主要是由逃离了纳粹政权的德国移民发起的，库尔特·勒温（Kurt Lewin）是最具影响力的代表人物。他们想走一条和行为主义不同的道路。勒温和他的同行们并没有把行为仅仅看作客观环境强化的产物，他们认为必须进入人们的大脑，观察他们做出这些行为的内部状态。这些心理学家深受格式塔心理学派的影响，而他们对知觉也持有同样的看法。社会心理学家则将这种观点应用于一般的心理过程中。

这些早期社会心理学家的另一个重大贡献是方法论上的。当时也有一些实验研究，但主要集中在感知和记忆方面。对社会互动和社会影响等复杂问题进行实验，这种想法在当时是很新奇的。勒温和他的学生及同事，如利昂·费斯廷格（Leon Festinger）、哈尔·凯利（Hal Kelley）和斯坦利·沙赫特

（Stanley Schachter）等人的研究都表明，可以使用严格的科学方法来研究大脑如何在更为广泛的社会环境中运行。

但说实话，这个领域有些难以定义。社会心理学到底是什么？从社会方面来说，它指人际互动，诸如“从众”等话题都是研究的热门领域。所有人都知道米尔格拉姆对于权威服从的研究，就是一个强有力的权威人物可能会让人们在心理上愿意将另一个人电死。

还有一个叫作认知社会心理学的分支，它将认知心理学和有关判断、决策的研究融合在一起，关注在社会环境中发生的心理过程，如大脑是如何工作的？它又是如何做出决定的？人们如何看待自己和社会？社会心理学家用一种独特的方式来研究心理，他们广泛地考虑了情绪的作用，而不是只关注冷静的认知。像我和丹·吉尔伯特这样的人，以及其他很多人都将社会认知作为理解人们对自己和社会的看法，以及这些看法如何影响人们行为的一种途径。例如，丹和我一直在研究情感预测，主要关注人们对未来的看法，以及他们认为自己在某一件特定事件发生时会做出怎样的情感反应。

如果生病了，或者发了一笔横财，或者选择了某一条职业道路，又或者跟某个人结婚，我们会有什么感觉？生活中许多重要的决定都是基于这些情感预测，因此我们试着去衡量自己对未来事件的感受，尤其是长期的感受。我们在这一方面做得绝对不差，也很清楚地知道什么会带来积极的情绪，什么会导致消极的情绪。但在做情感预测的时候，我们往往会犯一些系统性的错误。

也许最常见的错误就是我们所说的“影响偏差”，即生活中人们会高估许多事件对他们情绪的影响。我们认为，如果自己中了彩票，就会永远快乐。关于这一点的研究表明，这不仅不真实，而且要是真的这样的话，彩票中奖者会变得没有那么快乐，因为他们的生活在很多方面都被打乱了。而在消极的情绪方面，我们会认为丧偶、失业等事情非常可怕，会让我们一直闷闷不乐。虽然它们是可怕的事情，但我们比自己预想的更有韧性，而且我们往往能比预期更快地摆脱这些事件的影响。

这一研究是医学研究人员在研究艰难的治疗决策（如从多种治疗方案中选取一种）时发现的。人们通常会选择他们认为能带来最强幸福感和最高生活质量的治疗方法，但他们的选择不一定是正确的。医生非常努力让病人知道，根据他们的经验，选项 A 可能比 B 好，但是从生活质量的角度看，人们仍然相信 B 比 A 好。

法律学者关注的是陪审团和其他人做决策时的情感预测，其目的是衡量事件对原告的整体福祉的影响，这在民事诉讼中经常会发生。

对情感预测的研究会给我们所有人带来一些人生经验。必须承认，我来自一个焦虑的家庭。我的家人总是在担心发生最坏的事情，而且一直非常认真地思考着这些，那种感觉非常可怕。对我来说，对情感预测的研究一直是一种安慰，因为我知道，可怕的事情可能会发生，如果真的发生，就算一开始很糟糕，但之后生活还是会继续。我们是可塑性极强的生物，迟早会找到一种方法来应对生活中最沉重的打击。

社会心理学家认为，在如何思考当今我们面临的许多问题，以及如何解决这些问题上，他们可以提供一些帮助。但我们并没有成功地通过研究与政策制定者进行对话。许多政策制定者在考虑一个问题时，比如如何在非洲提高安全套的使用率，如何减少美国的贫困，或者如何减少偏见和刻板印象，都转而求助经济学家。我的好朋友中有一些人是经济学家，我并不是要贬低这个领域，但他们对这些问题的思考完全不同于社会心理学家。他们认为人的行为主要受外部激励的影响。大多数经济学家都不会采用社会心理学的方法，即试图进入人们的大脑去理解他们是如何解读外部世界的。

我举一个例子。当经济学家考虑如何解决诸如缩小学业差距，或者如何降低青少年怀孕率等问题时，他们倾向于采用激励措施。如果我们奖励那些在学校里表现良好的同学，通过给孩子们钱让他们学习并取得好成绩，结果会怎么样？或者，那些可能怀孕的高危女孩没怀孕时，我们每天都给她们一美元，结果会怎么样？

对于心理学家来说，依靠外部激励就能达到一切目的未必有点太天真了。这并不是说外部激励不起作用，但是，如果他们能洞悉那些接受奖励的人，就会发现这么做的隐患。社会心理学的一些研究表明：外部激励会减弱人们对一个活动的内部动机，因为人们会认为他们做这件事情的唯一目的就是钱，这会破坏他们一开始参加这项活动的兴趣。

当然，从经济学家的角度出发，他们的确都是从大处着想。他们对系统进行了大量的思考，而且也做了越来越多的实验，努力了解什么是有效的。在很多方面，我都很嫉妒他们那些要解决的问题所达到的高度。社会心理学的一个局限性是：我们的研究主要集中在实验室研究的基础问题上，且很多样本都是大学生。如何扩大这些干预措施的规模，看看它们能否在更大的社会范围内起作用，这是一个问题。这是我们需要填补的空白，人们也越来越倾向于这样做。选取一些基本的社会心理学原理，看看是否可以扩大我们的研究范围，而不仅仅是在实验室里和大学生在一起，这是一个值得期待的研究方向，而且在这方面我们也已经取得了一些喜人的成就。

我举一个自己非常喜欢的例子，这是由杰弗雷·科恩（Geoffrey Cohen）和他的同事完成的。杰弗雷是一位师从克劳德·斯蒂尔（Claude Steele）的社会心理学家，他非常精通斯蒂尔的自我肯定（self-affirmation）理论。该理论指出，当自尊受到难以消除的威胁时，有时候我们能做的最好选择就是在一些完全不同的领域中证明自己。如果我担心自己不能在学术上取得成就，那么可以想一想另一些自己擅长和关心的事情，比如我很顾家，对政治很感兴趣，或者想一想自己所拥有的东西，压力就会有所缓解。对自我肯定理论的研究主要是在实验室里与大学生一起进行的，证明了在一个不相关的领域里肯定自己是一种很有效的保护自尊的方法。

科恩认为这种情况也许适用于少数族裔中学生的身上，因为他们在学习上面临着自尊心的挑战。“美国黑人不像白人一样聪明”的负面刻板印象，对黑人学生造成了毁灭性的打击，因为当他们在学业方面出现问题的时候，不仅要担心是自己的缘故造成的，他们还有着额外的负担——如果做不好，他也是在证实他们族群不好的刻板印象。这就是克劳德·斯蒂尔所说的“刻板印象威胁”（stereotype threat）。

根据科恩的想法，也许我们可以通过对自我肯定的研究，来减少中学生的刻板印象威胁。他假设，如果我们能让黑人中学生在一些与学校学习无关的领域里肯定自己，这将会使他们的学习变得更容易，让他们在学习上更容易取得成功。他做了一项干预实验，让学生们写下除了学习以外人生中重要的一种价值观。根据研究的需要，他们在一学期里分别做了 3 ~ 5 次 15 分钟的练习：写一些除了学习之外自己关心的事情。

这是一个很好的实验，因为有一个随机分配的对照组没有做这种练习。结果表明，这种干预有着显著的长期影响，与对照组相比，参加写作练习的黑人孩子未来几年的学业成绩更好。事实上，干预措施将黑人和白人学生之间的成绩差距缩小了 40%。干预对白人孩子没有影响，因为他们在学术领域没有受到刻板印象的威胁。这似乎降低了黑人孩子在学业方面的压力，让他们能做得更好。

把实验室基础研究所发现的社会心理学理论扩展到教育和其他领域，从而解决更加普遍性的问题，这样的例子还有很多。我的梦想是，政策制定者能更加熟悉这种方法，且不要把社会心理学家当作经济学家来处理社会问题。现在，我研究的领域也因此受到一些指责，从历史上来看，我们并不总是与政策制定者达成妥协，并且在这方面也不够努力。但这种情况正在改变，社会心理的干预正变得越来越普遍。

社会心理学研究不仅可以用来改进政策，还可以用来改变我们的生活。我经常想的是，当作为这个领域的一个学生时，我的人生是如何发生改变的。我们表述事物方式的重要性，以及必须审视我们对世界的解释这种观念确实有点令人不安，因为它表明我们看待世界的方式不一定是正确的或最合适的。或者，我们所看到的并不一定是事实。这可能会让我们面对世界和在世界上的位置时，变得没那么自信和确定。但是，谦虚一点也不是什么坏事，因为我们的观点不是唯一的，更不会是最好的。

另一个有趣的问题是进化论在心理学，尤其是社会心理学中的地位。我在 1977 年获得了博士学位。当时借助了爱德华·威尔逊和其他人在社会生物学中的成就，进化论开始应用于对社会行为的研究。但是，至少在当时来说，它并没有对社会心理学产生影响。事实上，在 20 世纪 70 年代末，如果一个社会心理学家称他是一个进化论家，那会是一个非常忌讳的话题。它可能会让人觉得过于决定论，甚至可能产生性别歧视，把社会行为中的性别差异看作是人类自身的固有属性。

但情况确实发生了变化，进化心理学已经成为这一领域的主导力量。有许多人把它作为自己的主要理论观点，以此来理解我们行为背后的原因。我和一些同事可能会因为这种说法而陷入麻烦，但我还是要表明自己不是一个进化迷。

进化论有其用途。当然，作为人类物种进化的一般理论，进化论是正确的。作为对当前社会行为的一种解释，如果它能提出一些假设是我们用其他方法想不到，却可以用严格的方法进行验证的话，它可能是一种有用的启发。但现实通常是那些不严谨的理论大行其道，人们只是编造一个故事，仅仅因为它有某种意义而假设它是真的。

我多年来一直在写这样一篇论文，也许会在某一天发表它，名字就叫作“进化论——新的精神分析”（Evolutionary Theory: The New Psychoanalysis）。精神分析理论与进化论之间有一些惊人的相似之处，这两种理论在某种程度上都是正确的。进化论，展示了自然选择的力量是如何作用于人类的。精神分析理论认为，童年经历在某些方面塑造了我们，并赋予了我们对世界的理解。由我们与父母的早期关系所形成的非常强大的潜意识结构扮演了重要的角色。

但这两种理论都容易得出荒谬的结论，而且两者都很难进行严格的验证。精神分析的影响在实证心理学中减弱了，因为它太宽泛了。它有太多的假设，却很难进行验证，基本上它假设了所有的事情。它也确实带来了一些有趣的、被严格验证过的假设。一个例子就是苏珊·安德森（Susan Andersen）关于移情的研究，这一研究表明确实有形成和影响我们关系知觉的关系蓝图。

从某种意义上说，进化论多少有些相似。它可以解释任何事情。这可能是一个很有用的启发，就像我刚刚提到的。但与此同时，我认为它太宽泛了。这两种理论的另一个相似点是，它们似乎都对性别差异很着迷。我们可以从很多方面来思考人类的行为，但是这两种理论把注意力放在为什么女性与男性如此不同上，而且这两种理论总把社会行为的差异归因于基因的固有影响，在某种程度上看来这都是错误的。

讲故事的方法也是一个大问题。在史蒂芬·平克的一本书中，他给出了一个例子，用于证明不是所有的东西都是具有适应性的。例如，他说血液是红色的并不一定是自然选择的结果。好吧，我可以编造一个故事来解释为什么会这样。在早期哺乳动物的历史中，血液颜色其实是深棕色的，但有一个突变使它变得更红了一些，变得具有了生存价值。因为如果一个动物出血，红色的血液更有可能被注意到，然后它的同伴就会去舔舐。因为舔舐有治疗的功效，这就传递了一种生存优势，所以红色的血液被选择了，血就变成了红色。我说得对吗？或许史蒂芬是对的，血的颜色不是一种适应？谁知道呢。故事的模棱两可使我们无法从科学角度解决问题。公平地说，如果不是因为进化论，我们确实不会提出一些非常有趣的假设并做一些有趣的研究。但是，有趣的假设和研究并没有那么多。

乔纳森·海特从进化心理学中得出了一些有意思的可验证假设，他是我在弗吉尼亚大学的同事。他提出了一种有关道德基础的理论，该理论认为，所有人都认同一样的道德价值观，但不同政治派别的人会认为其中某些价值观比其他价值观更重要。换句话说，自由主义者的道德基础可能与保守派不同。乔纳森的观点很有说服力，他指出：政治对话在我们的国家变得如此激烈和不和的一个原因是，一个阵营对另一个阵营用来解释和评估世界的道德基础缺乏理解。如果能增加这种理解，我们就可以减少争吵，改善人们在不同政治派别之间的对话。

进化论还被用来研究有关宗教起源的问题。老实说，我并不关注这个领域，但关于群体选择及宗教的起源和目的，显然是一种非常有趣的论述。关于我之前说过的，讲故事和叙述对于人们理解意义和目的非常重要的观点，我唯一要补充的就是，宗教显然是这种叙述的一个重要来源。宗教给了我们一种生活的目的感和意义感，让我们觉得自己在宇宙中非常重要，我们的生活也不是像沙滩上的一粒沙子那样毫无意义。这些是我们幸福感的源泉。我不认为宗教是实现这一目标的唯一途径；除了宗教以外，还有许多信仰体系可以给我们目的感和意义感。但是，宗教确实可以填补这种空白。

I THINK THE AREA OF **ADOLESCENT BRAIN** DEVELOPMENT IS ONE OF THE AREAS IN COGNITIVE **NEUROSCIENCE** WHERE ACTUALLY BRAIN IMAGING HAS COMPLETELY **REVOLUTIONIZED** WHAT WE KNOW.

青少年大脑发育研究是认知神经科学领域的重要分支，再没有哪个领域能像它那样，因为大脑成像技术的应用而彻底改变我们曾经的认知。

——《青少年的大脑》

11

THE ADOLESCENT BRAIN
青少年的大脑

Sarah-Jayne Blakemore
萨拉–杰恩·布莱克莫尔
认知心理学家，英国皇家学会研究员

西蒙·巴伦–科恩的介绍词：

萨拉–杰恩·布莱克莫尔是青少年研究中社会神经科学的领军人物。她通过关注青少年时期的社会认知及其神经基础重新掀起了对青春期的研究热潮。她的一部分研究是关于青少年是不是以自我为中心的，就像很多其他的流行观念所认为的那样，因为这是可以验证的。

她研究的原创性，一部分是提醒我们青春期的大脑结构发生了显著的变化，而发展心理学的传统焦点都集中在儿童早期。利用一系列技术，包括进行核磁共振成像的研究，她揭示了一个被忽视的认知发展阶段。考虑到在这个阶段性类固醇激素的分泌量较大，她在研究中揭示了一个有趣的问题：大脑的变化是由内分泌系统驱动的还是被社会经验改变的？或者是这两种因素相互作用的结果？

我对青少年的大脑发育特别感兴趣的原因有几个。第一，我们知道大多数成年人的精神障碍起源于青少年的某个时期，所以如果你看看焦虑、抑郁、成瘾和饮食失调等疾病，几乎都会在青少年时期出现。

你可能知道，精神分裂症是一种非常可怕的精神疾病，它的特征是妄想，比如偏执，老觉得有人要害你；还有幻觉，觉得有人在你的脑袋里和你说话，还可以听到他们的声音。它一般出现在青春期末期，通常是在 20 岁出头的时候。这是我认为研究青少年大脑非常重要的第一个原因。我的假设是，因为正常的大脑在发育过程中出现了一些问题，所以引发了这些精神和心理疾病。

青春期是一段有趣的生命期，这是我研究它的第二个原因。青春期与人生中其他的时期不同，人们在该阶段的死亡主因是意外。意外死亡是青少年时期的头号杀手；排名第二的是自杀。一般来说，意外其实缘于冒险。因此，我们知道青少年比儿童或成人更容易冒险。问题来了，为什么呢？为什么青春期会与倾向于冒险等现象有关，尤其是当青少年和同龄人在一起的时候？由此可以看出，青少年时期的同侪影响力更大。青少年被驱使着要给同龄人留下深刻印象，试图寻求他们的认同，并且变得越来越独立。青春期的社会认知、大脑似乎都发生了变化，这引起了我强烈的兴趣。最后是自我意识，即对自我的觉知、对自我的认识。如果你还记得青春期的感觉，那种自我意识高度提升的感觉似乎会发生在青春期早期，那时候你会很容易被家庭矛盾、社交障碍等问题所困扰。

这就是我们感兴趣的问题，诸如自我意识、理解社会和他人等认知过程的发展，以及青少年在这个人生阶段的冒险和决策。

在研究中，我们真正感兴趣的是追踪青少年大脑的发展，无论是从它的结构及功能，还是青春期的行为，并将正常成长的青少年和健康成人进行比较。我们也开始关注患有精神或心理障碍的青少年（特别是发展成精神分裂症的青少年）。我最终的长期目标，就是了解那些之后发展为精神分裂症的青少年的大脑发育模式。

我们的实验方法包括脑成像。我们使用结构性核磁共振成像和功能性核磁共振成像技术，让青少年进入实验室，扫描他们的大脑，获取大脑结构图像，并观察大脑是如何运行的。我们可以记录下大脑在某些任务中的活动情况。我们可能会给他们一个任务，包括思考其他人或他们自己，或冒险或决策，并将一般青少年的大脑活动与一般成人进行比较。

这是世界各地的许多实验室都开始提出的一个问题。但有趣的是，这是一个崭新的领域，如果看看 15 年前的文献，你几乎找不到任何研究成果。关于青少年的大脑是如何发展的，我们一无所知。我们在过去 10 年已经学到了很多，由于成像技术的进步，我们现在有能力扫描人类大脑并跟踪其发展，无论是人类一生的大脑结构还是功能，我们都已经学到了很多。成像技术真正改变了我们对人类大脑如何发展的认识。

这类研究的一个主要发现来自位于马里兰州贝塞斯达的美国国家心理健康研究所（NIMH）的一个儿科神经成像项目。研究人员在美国扫描了成千上万名儿童、青少年和成人的大脑。随着年龄的增长，每隔几年，他们还要回到实验室再次接受大脑扫描。现在样本库里大约有来自 2 000 个人的 8 000 多次扫描图像，把所有的这些数据放在一起形成了半纵向（semi-longitudinal）的数据集，这个数据集已经深刻揭示了生命这一阶段大脑结构的发展。

他们发现的一件事（他们从这个数据里发现了许多不同的研究结果），就是人类的大脑皮层灰质和白质的体积增长比之前想象的要晚得多。首先，我们从这个数据集中知道，在许多不同的皮层区域，大多数皮层灰质（大多分布在大脑皮层、大脑表面，并且包含细胞体和突触，也就是细胞之间的联结）在儿童时期都会增长，在童年的中后期或青春期早期达到顶峰，然后从青春期到 20 岁甚至 30 岁之间会急剧下降。我们并不知道这说明了什么，因为核磁共振成像不能说明细胞或突触水平上到底发生了什么。但我们从人类尸体大脑组织的研究中知道，有大量的突触修剪正在发展，它们往往先增加后减少。突触的减少就是因为突触的修剪，那些不使用的突触就被剪掉或消除了。我们从对人类尸体大脑组织的研究中得知了这一点。而青少年时期大脑始终在发育，一直持续到30多岁。

根据从这些活体人类大脑的磁共振研究中得到的信息，我们认为青少年时期灰质的减少，对应了青春期发生的突触修剪。同时，青少年时期整个大脑的白质有所增加，这一现象被认为是由细胞纤维引起的沿电脉冲运动的轴突从一个大脑细胞到另一个大脑细胞，在发育的过程中形成了一种叫作髓磷脂的白色涂层物质。我们也是从动物研究、细胞研究中了解到这些的，而且在核磁共振扫描中确实可以看到白质的增加。

这一切的功能性结果就是，髓磷脂作为绝缘子加速了从细胞到细胞的信号传输。因此，我们认为它的功能是加速大脑区域之间的信号传输速度，在人生的第一个10年，直到第三个甚至第四个10年都是如此。

这些结构研究已经彻底改变了我们关于人类大脑发育的认识。世界各地的许多实验室都在研究青春期的大脑功能，并且在各种任务中与成人的大脑进行对比。我们特别感兴趣的认知领域之一是社会认知：社会大脑，即我们如何理解他人以及我们与他人互动的方式。我们从很多人的功能性磁共振成像中了解到，社会大脑是一个大脑区域网络，每当成人想到别人的时候，这个大脑区域网络就会被激活。大脑中大约有三个不同的区域，一个位于内侧前额叶皮层，另外两个位于颞叶：后颞上沟和前颞叶皮层。这些名字并不重要，关键是当想到其他人或想与他人交流，或思考他人的心理状态或情绪时，成人的这个大脑区域网络总是活跃的。

青少年也拥有和社会大脑相似的网络。但是，随着青春期逐渐过去，激活的区域会从前额叶皮层区域，转到后颞叶皮层或上颞叶沟区域。换句话说，当考虑其他人的时候，青少年似乎比成人更多地使用了前额叶皮层，就是大脑前面的区域；而成人似乎比青少年更喜欢使用颞叶区。

这是为什么呢？为什么用同样的时间完成一样的任务，青少年会更多地使用前额叶区域，而更少地使用颞叶区呢？这也是我们正在研究的。一种可能性是他们使用不同的认知策略来完成这些任务。他们在做这些事情，尽管也完成了，但用了不同的方式。这是我们目前正在研究的一个假设。

我们的最后一项研究着眼于青春期的行为是如何变化的。如果你回顾一下过去 30 年或 40 年的历史，看看对社会认知发展心理学的研究，就会发现大部分的社会认知任务都是非常年幼的孩子们（通常是五六岁以下的孩子）完成的。其中一些可能是关于心理理论的任务。心理理论被定义为精神状态的属性，经典的例子就是可以理解别人对于自己或现实有和你不同的信念。

关于错误信念的经典任务之一就是萨莉 – 安妮任务。这是为小孩子设计的一项任务。孩子们会有两个洋娃娃，萨莉和安妮。萨莉把东西藏在盒子里，然后走出房间；当她走出房间后，安妮把她的玩具从盒子里拿出来，放在一个完全不同的地方，比如一个篮子里。问题是，当萨莉回到房间时，她会在哪里找玩具呢？答案当然是，她会在盒子里找玩具，因为她不知道安妮把它藏在别的地方了。作为一个成人，你当然很快就会知道。但实际上，一个非常聪明的孩子,直到 4 岁往往还在犯错。他们往往无法理解在这种外显任务中，萨莉可能会有一种不同于现实的信念，一种和他们不同的信念。

既然知道了青春期的社会大脑区域在其结构和功能方面都在不断发展，我们便对青春期的社会认知行为变化很感兴趣。如果大脑的这些部分发生了如此巨大而显著的变化，却不会对行为产生任何影响的话，也实在太诡异了。虽然对青春期的行为感兴趣，但当第一次开展这个研究时，我们并没有什么可以借鉴的任务，因为几乎所有的关于心理理论的任务在童年早期都被完成得很好。到 5 岁时，所有的孩子几乎都能完成这些任务，我们必须找到一个无法达到 100% 准确率的任务。

最终，我们采用了一项任务，即在持续的交流环境中发表涉及别人的观点。它非常不同于错误信念任务，而更像是在日常生活中使用心理理论的方法。你需要不断地理解另一个人跟你说的是什么意思，对方希望你理解什么，并要从他们的角度来调整你当下的行为和反应。当采用这样的一项任务时我们发现：能通过考虑别人的观点来指导自己决策和行为的能力，到青春期晚期才会发展完善，这比之前关于心理理论的经典任务所表明的时间要晚得多。

这是我们较早就发现了结果的一个例子，我们正在把研究扩展到风险承担、同侪影响和决策行为等领域。最终，我们要做的是这样的一些研究：我们已经开始了一个项目，考察基因如何影响青春期的大脑发育；研究一些患有早发性精神分裂症的青少年和一些开始出现精神分裂症状的年轻人，如经常能听见自己大脑里的声音，或者感觉过分偏执的青少年。

我在牛津大学取得了实验心理学学位，牛津大学的这个学位是偏生物学方面的，里面涉及很多神经科学。我很快就对神经科学产生了兴趣，尤其对精神分裂症感兴趣。因此，在伦敦大学读博士期间，我决定要在克里斯·弗里斯（Chris Frith）和丹尼尔·沃尔珀特（Daniel Wolpert）的指导下完成对精神分裂症的研究。克里斯·弗里斯因为精神分裂症研究而著名，而丹尼尔·沃尔珀特研究了大脑中的数学模型预测。我写了一篇关于精神分裂症的博士论文，特别关注了人们如何区分自我和他人，尤其是当人们发起一个行动的时候，他们是如何区分自我和他人的。我和让·戴西迪（Jean Decety）一起在法国从事博士后研究，也是研究精神分裂症以及对因果关系和偶然事件的知觉。

我一直对精神分裂症非常感兴趣，因此也对青春期发展感兴趣。在法国的时候我就开始思考：为什么患有精神分裂症的人都会在 20 岁出头的时候发病？这是一种发病较晚（20 多岁）的发展性障碍，所以我觉得可能是那些患有精神分裂症的人的大脑中出现了什么问题。但在那个时候，并没有什么研究关注青春期大脑的发育过程，更不用说那些患有精神分裂症的人的大脑了，所以，我从那个时候就开始改变了研究方向，开始专注于青少年大脑的发育研究。

现在，这已经是一个非常大的领域了。很多人都在从事这个领域的研究，我觉得这是一种历史性的幸运，我们现在可以扫描各个年龄段的人类大脑了，也可以扫描同一个人一生中不同年龄段的大脑。如果去看文献的话，你会发现大多数大脑发育研究都是从 6 岁左右开始的，我认为这是因为在核磁共振扫描机器中人必须安静躺着才能获得高质量的扫描照片，但是你很难让一个

6岁以下的孩子非常安静地躺在那里。

我想很多实验室都在研究青少年，因为这个阶段似乎呈现出非线性的发展。青少年没有表现出对童年的延续。青春期有一些特殊的情况发生，青少年都趋向同龄人而疏远父母。他们被驱使着发展出自我概念和自我认同，如对于自己是谁，别人尤其是同龄人如何看待自己等问题的意识。也是在这个阶段，青少年的冒险倾向很可能会增强，从进化论的角度来说，青少年要从相对安全的家庭和父母身边离开，承担独立认识外部世界的风险。

关于大脑如何发育我们还有很多不知道的东西，特别是那些扫描大脑的图像，我们也有很多并没有真的理解。比如，白质到底是什么？灰质又是什么？它们是由什么构成的？为什么它们会发生变化？我们不知道这些问题的答案，只有研究了人脑的发展才能回答。或者，我们可以在一定程度上将有关动物大脑在突触或细胞层面上发生变化的知识，投射到我们在大脑成像研究中得到的结果上。

同样地，当看到发展中的大脑活动发生变化时，我们也有很多不理解的地方。随着年龄增长，一部分大脑的活动发生了变化，但我们也不知道这是为什么，不知道是不是因为这一部分的大脑发生了结构上的变化。例如，在青春期到成人早期的阶段，随着年龄的增长，突触越来越少，或者灰质越来越少，就会导致大脑的活动越来越少，这是很多实验室曾经得到的结论。但是，也有很多其他的可能性，如有人在不同的年龄段使用不同的大脑回路来解决相同的问题，因为他采用了不同的认知策略。又比如在长大成人后，你在考虑社交情境的时候会自动地激活某些社交脚本；但是在青春期，你可能更多地依赖自己在这些情境中的亲身经验。后者可能更费劲，这需要你唤醒你经历过的类似社交情境，来思考可能有什么样的结果，等等。有很多种可能的解释，毕竟人们才刚开始研究这些呢。

关于扫描不同年龄段和比较不同组别的大脑扫描还存在一些方法论的问题。例如，功能性磁共振扫描的信号，即BOLD信号（我们从功能性磁共振扫描机器中得到的大脑激活信号）本质上不是对神经元活动的直接测量，它是对脑细胞活动的间接测量。这是对血液流动的有效测量，因为我们知道，神经元在被激活时需要血液中更多的能量，这就是我们在说大脑活动时所测量的东西，其实就是血液流到了大脑中的那个位置。例如，如果神经血管耦合(neurovascular coupling),也就是改变了不同脑区的血管耦合发生在青春期，那么很有可能会影响我们从功能性磁共振扫描机器中得到的 BOLD 信号，而我们目前也没有任何关于脑内血管在不同年龄段会发生变化的数据。类似这样的问题还有很多。

我的父亲是科林·布雷克莫尔（Colin Blakemore），他是英国一位知名的神经科学家，因此在我的成长岁月中，家里总是会有很多科学家。我们生活在离他在牛津大学的实验室几分钟路程的地方，因此经常去他的实验室参观。实验室旁边就有一个很大的公园，所以我们都是先去那个公园，然后再去他的实验室。但在我读高中的时候，我从来没有觉得“自己一定会成为像我爸爸一样的神经科学家”。实际上，我那时候感兴趣的是心理学与发展心理学，而且我在 15 岁的时候曾经跟随乌塔·弗里思（Uta Frith）有过一个星期的研究体验，很多人可能都知道这位发现了自闭症的英国著名发展心理学家。而我，在 15 岁时就跟着她做了一个星期的实验，其实就是在是她伦敦的实验室里到处晃悠，看那些正在进行的有关心理理论的经典任务，如对自闭症儿童进行的萨莉–安妮的自闭测试，帮助一些患有阅读障碍的孩子，帮忙开发乌塔当时在研发的一些测试任务（这些测试都是对两个单词的第一个字母进行互换，比如 Jimi Hendrix 变成 Himi Jendrix 之类的）。无论怎样，这次体验让我变得对心理学非常感兴趣，这也是我申请心理学学位的原因。

在开始大学学习的时候，我并没有觉得心理学和神经科学有什么联系。但是，当我发现学习心理学就是在了解人脑时，这两者的联系就变得非常明显了。我已经在研究大脑的心理过程了，而且我发现，对大脑的研究是我对心理学最感兴趣的那一部分。因此，我最终成了和父亲一样的神经科学家。

我的两个姐姐都不是科学家，一个是视频游戏设计师，一个是儿科护士，只有我继承了父亲的衣钵。

我做的研究绝对依赖于跨学科的方法论，我们和认知神经科学家团队一起工作；和遗传学家、物理学家和接触病人的精神病学家合作，例如那些接触早发性精神分裂症的精神病学家；当想要研究青春期激素对大脑发育的影响的时候，还会和专门研究内分泌学的医生合作。这是一个跨学科的领域，如果不与来自不同学科的人合作，我们现在提出的任何问题都不可能存在，我们在帮助彼此发展这个领域。

当你想到大脑成像的时候，为什么觉得它很重要？它为我们提供了哪些心理学研究无法知道的东西？这是很多人提出的一些非常重要的问题。为什么知道大脑某个部分对应某种过程很重要？为什么这比从心理学的角度了解这种过程更为重要？举个例子，如果你知道一种教学方法比其他方法更好，一种记忆演练方法比另一种更有效，海马体在某一种方法中起的作用更大。为什么知道这些有用？它是否会让你知道比心理学或教育学结论更多的东西？我认为这是一个开放性问题，特别是在讨论神经科学对教育的意义时，通常的情况是，人们会被大脑成像所吸引，看着这些真真切切的图片会突然想："天哪！这是有生物学基础的！"它们也看起来比单纯的心理学结果更有说服力和吸引力。但是，它们通常不会告诉我们更多的东西。

青少年大脑发育研究是认知神经领域的重要分支，再没有哪个领域能像它那样，因为大脑成像技术的应用而彻底改变我们曾经的认知。在得到所有关于青春期大脑发展的数据之前，对于青春期如何发展，我们已经有了大量来自心理学、社会心理学和教育研究的数据。但是，这些行为上的改变大多被认为是由荷尔蒙变化，如青春期的荷尔蒙变化等，或者是社会环境影响（如重要社会属性的变化，可能是换学校等）之类的因素导致的。直到10~15年前，我们都还不知道大脑经历了如此戏剧性的发展，甚至在青春期开始一直到结束都会经历重组。

扫描人类大脑所获得的洞见已经改变了我们对青少年发展、青少年教育，甚至是对青少年的法律引导的看法。我认为脑成像彻底改变了我们对青少年的认知。

这个领域的反对者其实也是很有意思的。实际上，反对它的人并不是很多，这可能是因为这是一个全新的领域，人们需要时间提出反对意见。如果我们只是专注于对青少年大脑的成像研究，而不是一般的成像技术（这种技术有很多诋毁者，但我不会去那么做），有人会问："那又怎样呢？研究青春期的大脑发展又怎么样呢？"在考虑青少年的教育计划或再教育改造时，那些都是无关紧要的。

我认为我们必须谨慎地对待这些大脑图像。我们知道，当你给出包括一些大脑术语的解释时，人们会更满意。我们必须非常小心，尤其是要把神经科学的发现应用到教育情境中去的时候，这也正是我真正感兴趣的部分。我对神经科学和教育之间的联系很感兴趣。每当和老师或校方讨论的时候，我经常会谈到神经科学被滥用的问题；还有一些项目打着所谓的神经科学的旗号，却通常都没有什么生理依据。

一些反对者可能会认为，我们不能只是扫描儿童或者青少年的大脑，找到一些不同之处，因为这并不能告诉我们太多。但事实上，如果大脑发生了变化，就必然会对认知和行为带来一些影响。

从另一个方面来看，确实存在一个大脑快速而急剧变化的人生阶段，有些人认为青春期是大脑发育的第二个重要阶段和敏感期。如果真是这样的话，这对环境如何影响青少年大脑发育，对我们如何看待青少年，对青少年的人生经验,意义都会非常深远。这也从原则上表明,诸如对青少年的康复和干预，尤其对那些有负面早期经验的人来说，就不会是在浪费时间。

"大脑在儿童阶段就已经是稳定的"这一观点,直到最近还被人深信不疑，但这是完全错误的。没有证据表明大脑在儿童期之后不会再变化。事实上，大脑从青春期到二三十岁一直在发展，甚至可能终身都是有可塑性的。可塑性是一种基本状态，不管你年龄多大都是如此。这对于针对青少年的干预项目和教育计划都是有意义的。

第二种我认为很重要的质疑声音是这些东西是什么意思。当我们讨论功能性成像的变化，扫描大脑观察不同年龄的大脑活动的变化时，对基础的神经信号变化来说到底意味着什么？我们必须非常谨慎地对此进行归因，尤其是如果我们已经知道了这个年龄阶段血管系统的发展性变化，就有可能将这错当成功能性磁共振扫描的 BOLD 信号。所以，看了功能性核磁共振扫描的结果后，我们必须非常小心地进行假设，而要弄清楚这些还需要更多的研究。

我们真正需要的是对技术进行更好的理解。如果我们可以扫描活人的大脑，也可以从细胞、突触的水平观察到大脑结构，这将极大地促进这个领域的发展。我不知道这一天什么时候会到来，也不知道未来会怎样。但是，对这些技术和方法进行资助和投入，就是增进对这个领域的理解。另外，如今的研究经费非常紧张，比如，我们总是为被试的数量而发愁。扫描人的大脑是非常昂贵的。要让被试在扫描仪里待上一个小时，你就要为他们每个人花上几百英镑，所以我们能扫描的被试非常有限。但是我们现在最需要的就是进行大规模的纵向研究，要对同一批人进行很多年的扫描。我之前提到的大多数研究都不是纵向的，它们都是横断研究，所以只能比较不同的青少年和成人。

如果你每几年都能扫描一次同一批青少年，直到他们成年，这就非常理想了。如果能扫描足够大的样本就更好了，这样你就可以跟踪诸如精神分裂症患者等人群，回头查看他们青春期的脑成像数据，研究他们的大脑发育和那些没有精神分裂症的青少年有何不同。这是我们一直在做的，但这非常困难，因为这需要大量的被试，并且这是一项需要持续做 20 年的长期研究。

青少年的大脑是一个非常新的领域，我们还在不断摸索。实际上，大多数问题还没有开始研究，答案还没被揭晓。诸如青春期患上精神疾病和出现心理障碍的大脑是如何发展的等问题，我们还所知甚少。基因和环境如何影响大脑发育，比如不同文化环境下的青少年的大脑发育有什么不同，还是一个无人问津的领域。文化是一种巨大的环境影响，我们假设环境会影响青春期的大脑发育，那么未来这个方面一定值得研究。

PSYCHOLOGY IS ACTUALLY A REALLY IMPORTANT SCIENCE AND THE NEXT LEAP FORWARD IN UNDERSTANDING THE HUMAN CONDITION WOULD INVOLVE PSYCHOLOGY.

心理学是一门无比重要的科学，该领域的下一个转折点将是它对人类认知自身的帮助。

——《本质主义》

12

ESSENTIALISM
本质主义

Bruce Hood
布鲁斯·胡德
实验心理学家，布里斯托大学认知发展中心主任，
著有《被驯化的大脑》

在研究中，我曾经站在一个十字路口，开始研究现在的这个问题。一部分原因是我对自己的研究方向有了一些深刻的见解和认识，另一部分原因则是经济环境发生了变化。值得注意的是，经济不景气已经对行为科学领域产生了巨大的影响，研究经费少了很多，因此获得资助的竞争变得非常激烈。现在，我们甚至需要证明申请的合理性。而在过去，你可以天马行空，研究任何感兴趣的东西。

现在，我们必须把自己的经费申请落实到实际应用上。当然，我们也必须写大量的提案来解决社会影响较大和公众关注较多的问题，这是必须要走的流程。就像我说的，如果在 5 年或者 10 年前，这种政策肯定会有一些阻力。但现在越来越多的研究委员会觉得，我们作为一个由公众税收资助的群体，

需要说明我们如何花掉了纳税人的钱。

这让我开始更多地思考所做的研究如何在现实世界中运用。外部力量开始塑造我现在的研究方向。

越来越多的人意识到过去心理学研究存在很多问题，尤其是那些基于实验室的研究。在实验方法中，有一个非常基本的问题，你通常要做的是在这个问题上进行研究，通过去除所有多余的变量来使问题变得尽可能精练。但这也带来了问题：要精练到什么程度呢？你最终得到的结果对现实世界真的有相关性和有效性吗？在很多方面，外部世界的复杂程度可能正是大脑要应对的问题。

我们很多人已经越来越关注到，那些纯粹从实验方法中得来的理论并不一定能很好地应用于现实世界。这既源于要求研究必须有现实意义的外部压力，也是因为我们越来越意识到一些研究结果并不能应用于现实。这也是促使我改变研究方式的主要原因。

我对大众传播、教育、卷入度、知识迁移等内容也越来越感兴趣，可以说涉猎甚广。我在 2011 年做过一次圣诞讲座。那是一个很好的机会，也改变了我的头衔，变成了社会发展心理学教授。我知道自己在继续研究生涯，但也想找到机会向公众展示这一点。

我们实验室的研究之一就是儿童如何建立自己关于世界的空间地图。实验中，孩子们在我们实验室走来走去，努力发现一些目标，这些目标都做成了嵌在地上的 LED 灯。这是一个非常有用的关于觅食的实验测量方法。你如何记录去过的地方？如何优化搜索行为？这就引出了一些有趣的想法，我们本可以只研究这些问题，但现在我们开始想：这些发现是否真的与现实世界有关呢？我们在当地的科学博物馆里采用这些范式并进行了实验。这不仅可以让我们了解它是否与现实世界有关，也带来了一个与公众接触的机会。简直一箭双雕！这是一件公众可以参与且看起来非常重要、非常有贡献的事情，而且可以尝试一些更加真实的东西。我并不是说这是在森林或草原上的绝妙捕食方法。但这在目前是一种能将原本的电脑作业变得更接近真实情境的方法。

我们一直在研究遍布全国的科学博物馆，它们都向公众开放，而参观这些科学博物馆的人通常也对科学非常感兴趣。这让我们有机会在非实验室的环境下审视我们的研究发现。但这并不完全是你认为的田野研究，因为这些环境非常特殊。但是，相对于那些已经做过大量定向搜索研究的实验室环境来说，我们肯定是前进了一大步。还有一些研究者做了超市和其他不同环境下的研究。还有人体工学，它们基本上研究的是如何才能更好地完成工作环境中的任务，以及不同职业类型的完成方式。我们不打算做那些。我只是发现了这一点，我们只是希望寻求更多机会让公众能参与到一种具备可信科学基础的活动中来。

这对我们来说是一个全新的探险，也是我们目前正在做的事情。我之前一直在做基础的实验室研究，这是一个全新转折点，我要寻求越来越多的机会和公众一起完成这项研究。但是，这还只是一个开始。就像我说的，这一方面是因为我想要我的研究被认为是有现实意义的，另一方面是因为在现实世界中做研究的成本更低。

正如我前面说过的，实验室已经变了，因为财务状况在过去几年发生了变化，我们的研究领域在很多方面也因此受到重创。行为科学和心理学曾经由至少 7 个研究委员会资助，它们现在都收回了，只有 1 个研究委员会在资助心理学研究。这就会造成更激烈的竞争。这也意味着实验室会变得更少，我们不能像以前那样带很多研究生。我觉得这可能是对的，因为目前的风气已经不太好了。但我觉得培养这么多高水平的人才却没有为他们提供工作岗位，也是一个大问题。

我们做过大量的咨询型研究，现在又在做很多应用我们之前研究成果的事情;之前用来研究幼儿的方法，我们也会将它们运用到一些商业场景中。例如，我们刚刚开始与阿德曼动画公司合作。他们想要知道学龄前儿童和幼儿喜欢他们哪些作品，觉得哪些情节最难忘。这些都是可以用我们的方法来解答的实证性问题，而我说的博物馆研究就是研究觅食的具体例子。

这些变化是如何改变实验室的？我现在在给研究生和博士后们的培训中越来越多地让他们进行公共参与的研究，这也正是每个人想要的。正如我们看到的资助变化，我们现在在这个国家申请费用，而且是很大的一笔费用，所以我们处于一种非常激烈的竞争环境中，因为所有的大学都在努力争取最好的学生。我们现在必须进行营销，所以有更多的学者会录制视频和片段并传到网上。

而我拿着几百万的经费做什么呢？我最大的任务是本质主义的。它的起源可以追溯到理想形态的概念，这是一个柏拉图式的概念。我基本上是通过阅读苏珊·格尔曼（Susan Gelman）的作品来发现本质主义的，而本质主义有实验的传统。关于儿童认识世界的方式，有很多证据都表明它存在于三个学科领域：物理学、生物学以及心理学。这些学科覆盖了我们思考概念时能想到的大部分内容。

在认识生物世界时，格尔曼等人认为儿童会推断出一种看不见的维度。例如，在区别猫和狗时，他们会突破外观上的一些差别，推断必定存在一种内在的属性让狗成为狗。不管它的外观如何变化，或者你让它在一窝小猫里成长，它仍然会变成一只狗。他们会明白除了物理属性之外，还有其他的东西。是的，答案就是 DNA，但是没有一个 4 岁的孩子知道 DNA。但他们有这样一种直觉，即具有这个基本属性。研究领域中的本质主义，尤其是发展心理学中的本质主义，就是从生物学开始的。但我对本质主义感兴趣的地方在于：它对不同客观领域，对我们看待物体的方式有着不可替代的影响，这是本真性（authenticity）的问题。物体的本真性会突破其本质属性的边界，进入使事物不可替代的内核边界。

这是我和保罗·布卢姆一起进行的研究。我们一开始研究的是那些有感情的东西，你会在西方孩子身上发现一些奇怪的行为，他们会对毯子和泰迪熊这些东西产生依恋。最初是因为当孩子们需要自我安慰时，这能成为一种联想学习，因为西方孩子通常在 1 ~ 2 岁之间就会和父母分开睡觉。但是在东方国家，孩子们就不这样。父母会跟孩子一起待到儿童中期，所以他们不需要与客观事物建立依恋关系。通常来说，大概 75% 的孩子会有这种对特殊物体的依恋，但它之后会慢慢消失。

保罗和我感兴趣的是，依恋关系的产生是不是因为这些物体的物理特征，以及它是否和认同以及物体的本真性有关系。我们开始了一系列的研究，让孩子们相信我们有一台复制机器，可以复制任何一种东西。我们有些看起来极具科技感的盒子，里面有电线和灯，我们把一个物体放在一个盒子里面，然后激活它，几秒钟后，另一个盒子就会自动启动，你打开就会看到里面有两个相同的物体。孩子们不由自主地说："哇！这真的是一台复制机器！"如果你喜欢，它就是一台复印机。一旦孩子们相信一切东西都能够被复制，我们就会测试他们在乎的东西。他们对拥有自己的东西感到很开心，也会为玩具被复制而高兴。但是，当涉及像毯子或泰迪熊这样具有情感寄托的物品时，他们就会更抗拒接受复制。当然，我们并没有真的复制这些东西，但他们认为只要机器一启动，就会复制出另一件。这就是我们测试他们的直觉和推断的方式。

基于这些，我们刚刚完成了一系列对真实物品、生物（比如仓鼠）的复制的研究。我们想要探究的问题是：孩子是否会认为一个能复制物品的机器也能复制想法？我们正在研究心灵是与肉体相互分离的，还是肉体的产物。这个研究还在接受审核，所以我不能谈论太多，但你可以从有关身心二元论的哲学中看出两者明显关联。

我们还在研究本真性和认同的问题。有一些相当古老的哲学问题讨论了什么赋予了认同和独特性，答案是准则、本质和个性。在开始研究这些问题之前，我甚至没有听说过这些名词，最后才发现这些晦涩的术语都来自哲学家邓斯·斯科特斯（Duns Scotus）。本质是无形的属性，是一个群体的成员共享的潜在本质，就像所有狗都有"狗的属性"；而个性是个体的独特属性。因此，正是菲多的个性或本性，使得菲多与另一条狗截然不同。

这些都是心理学的概念，我认为人们发明这些概念的原因，就是当他们对某个物体投入了时间和精力，或者这个物体对他们来说有某些意义时，他们会对这个物体投入强烈的感情，让它变得不可取代，你甚至不能对它进行复制。实际上，这些物品在这些过程中变得神圣了，所以我觉得所有宗教中的神圣之物，其实也有让它们独一无二的概念。你既不能复制，也不能亵渎它们，它们有着不可分割的属性。我觉得本质主义在我们对待事物的态度中无所不在，而且这也是我们对价值的态度。

保罗做了很多关于艺术品的研究，他想搞清楚什么会让一件艺术品变得独一无二？结果表明，我们的直觉往往会被一种倾向所引导，即认为在艺术品的物理特征之外，还存在一种额外的属性。我觉得你也可以从其他事情上看出这种端倪来。

有很多营销的例子可以说明这一点。当你在推销商品的时候，不管是通过设计还是突出体验，我认为很多广告商已经意识到了这些特性。如果你强调产品最基础的质量，这就赋予了质量的概念。据我所知，康胜啤酒公司将为他们的酿酒厂重新选址，但是人们担心他们会失去原来的味道。在思考奢侈品时，你会想到“工艺”这个概念，或者制造者对产品的塑造过程。而我认为这种原则或方式也会影响我们对基因改造的理解。人们并不喜欢“对事物的本质或自然属性进行修补”这样的观点，这似乎违反了核心一致原则的内涵。

现在到处都能看到本质主义，它似乎非常普遍，这是一种看待世界的方式。人们会说，哦，可能存在这种关联，但这种关联对于解释某些事物为什么拥有这一属性并不是很充分啊！当然，保罗·罗津（Paul Rozin）做了关于道德污染（moral contamination）和传染的工作，我想说的是，有一些事情确实会对你产生有害的影响。比如，穿一件杀手的开襟羊毛衫一类的事情。就像我说的，这种现象随处可见。我希望能继续这样的研究，这是一个借鉴了实证研究的哲学问题，谁知道呢，这可能也是市场营销人员关心的应用案例呢。

我有一群真正的研究伙伴，苏珊·格尔曼，保罗·布卢姆，还有现在是耶鲁大学商学院心理学家的乔治·纽曼（George Newman）。我们正打算做一些关于广告的研究，看看它的什么方面遵循了本质主义的原则。我已经和我的研究生做了一些研究，证明儿童具有物权意识。如果有人付出了工艺，例如你有一堆黏土，我有一堆黏土，但是我拿你的黏土做了一件东西，我问："这件东西属于谁？"一个成年人可能会根据每个人对此付出的程度，以及谁拥有物品的原材料来判断所有权。但一个很小的孩子会很快地回答："不管谁拥有原材料，只有改变和塑造它的人才是它的主人。"于是，所有权归付出了工艺的人。

这是一个非常有趣的结果，因为它涉及关于知识产权的所有问题。谁拥有最初的想法？有什么东西是原创的吗？观念的改变在多大程度上能转移知识产权的归属？我们对这些问题的直觉也受到文化的影响，但我认为这是一个发展过程。我认为孩子们本就拥有一些最基本的想法，然后经过了文化的修饰和改变。持有本质主义立场的反对者很可能来自一些相关学校，他们认为很多行为完全可以通过简单的学习和强化机制来解释，但那往往是较老的学校。没有人会想到这些。

自我是很多心理学问题的核心。事实上，如果脱离了自我的概念，很多心理学家都很难描述清楚他们自己的研究。这对我们大多数人来说，也是日常的、深刻的且不可剥夺的体验。有些人想努力达到一种自我疏离或无我的状态，他们都是高深的佛教徒。但是对大多数人来说，自我是一个非常必要的体验。我恰好觉得这是一种幻觉，神经科学似乎也支持这种观点。简单地说，单从逻辑学的角度来看，如果不能避免某种无限度的退让，我们很难确定想法的起源和发展轨迹，而只有思维的只言片语。我们会在一些神经系统疾病中看到这种现象。著名的左右大脑研究表明，大脑并不是铁板一块，而自我就是大量无意识过程的结果。

我认为自我是描述性的，并引述了威廉·詹姆斯有关自我的概念和区分——主我（有意识的自我的经验）和宾我（自我认同，如何描述自己从哪里来，一切都形成你的偏好和对未来愿望的内容）。两个"自我"，一个是对宾我有感觉力的主我，以及一个关于你是谁的宾我，我认为两者都是故事性的，它们都是结构和叙述。我的意思是说，在某种意义上，一个故事就是一个简化，或者至少是一个具有某种因果性的连贯框架。

出去演讲时，我喜欢用最常见的视觉错觉来说明主我的局限。当然，你还可以展示其他类型的错觉，来说明人们的意识体验实际上只是真实情况的一小部分。它当然不是所有发生机制的真实反映。在这一点上，视觉上的错觉是很明显的。关于视觉错觉的效果，有一点是即使已经知道对它的解释，你还是无法控制看到这些错觉，这非常有趣。你不能把自己和创造错觉的机制，以及在错觉中进行体验的心智分开。

我们通过实验证明了情节性记忆和自传体记忆的重要性。在我们的重复验证中，孩子很乐意你复制小仓鼠的所有物理特性，甚至是那些你没有注意到的特性，但他们会不同意你复制一只小仓鼠的情节性记忆。

这些结论和哲学家约翰·洛克（John locke）的理论一致，他认为人们的身份认同是非常依赖于自传体记忆和情节性记忆的，而人是记忆的总和。当然，对于那些各种类型的失智者来说，这些记忆就是碎片和片段。一旦失去了提取记忆的能力，或者某些记忆被摧毁了，人们的自我认同、性格以及其他方面都会发生变化。显然，记忆是非常重要的。

我们都知道，记忆是相当不靠谱的。它不是一成不变的，也不是一个稳定的东西，它总是在不断重塑。事实上，我们有大量的无意识来形成一致的意识，也就是主我的体验。而且我们的记忆是非常具有选择性的，非常容易被腐蚀，我们总是倾向于记住那些符合自我描述的信息，而忽略所有与自我描述不一致的信息。我们的所有这些表现都归因于偏见，我们也会出现认知失调。心理学家一直在说，我们拥有这些重构信息的无意识机制，以符合一个连贯的故事。无论出于什么意图和目的，主我和宾我都是被生成的叙述。

我常说的错觉是这样一种感受：有一个完整的个体，有一个对过去的真实概念，正中心没有任何东西。我们都是即时特征的产物，各种各样的特征塑造了我们。

我使用“错觉”这个词，而不是幻觉，是因为幻觉暗示着存在精神疾病，但在某种程度上，我们可能很高兴自己能体验到幻觉。对我来说，“幻觉”这个词确实意味着它是一种不太一样的体验。我们都有这样的体验，更重要的是，你不可能轻易逃脱。我认为把它称为“错觉”是比较容易接受的，而把某些东西称为“幻觉”是一种贬义。我怀疑技术差异应该与精神疾病有关，但是没有，我们都很正常地体验到了这种错觉。

奥利弗·萨克斯（Oliver Sacks）曾写过一份关于各种各样病人的案例研究，这些病人看起来很奇怪，他们有各种各样的知觉异常，他们会把妻子误以为是一顶帽子，有的病人还会情不自禁地复制所看到的一切。我认为在很多情况下，因为自我是我们正常行为的核心，所以对自我的理解就是这个构建的过程。如果临床医生们经常看到这些案例，那我会认为研究他们是很有意义的。

实际上，不仅是临床实践，我认为还有很多别的领域值得研究。神经伦理学是一个非常有趣的领域。我的一个同事大卫·伊格曼（David Eagleman），对这一领域非常感兴趣。我们的法律制度基于这样一种观念，即有人需要承担责任。如今，我们并非放弃了这种观念，但我不确定你会怎么使用它，我觉得我们都能意识到在某些情况下很难将责任归咎于某人。例如著名的美国得克萨斯州狙击手查尔斯·惠特曼（Charles Whitman）。在进行尸检时，人们在凶手的大脑区域发现了一个非常大的肿瘤，这很可能极大地影响了他对愤怒的控制能力。我并不是说，每一个杀人凶手的大脑里都有肿瘤，但可以想象的是，随着对大脑如何运行的了解，我们的理解能力可以得到增强。而在更多的情况下，律师可能把责任推到一些生物性异常身上。

界线要画在哪里？我认为这是一个很难处理的问题，这个问题也不会消失。当开始更多地了解进攻型基因时，我们将会不断地面对这一问题。

人们对这个叫作“战斗基因”的东西很感兴趣。这种基因能在多大程度上让你变得暴力？或者你是否需基于基因信息和童年时期遭受的虐待来完成这种调查？这不仅仅是医学的事情，而是关乎人类活动的每一个领域，每一个假设有自我和个人以及责任存在的领域。它会重新定义你对事物的看法，就像我们对指责和赞美进行区别，指责他人的反面就是赞美他人。但从某种意义上说，可能是众多因素导致了成功。我认为这是一个普遍的概念。不管我们是否真的改变了做事情的方式，我都不太确定，因为我认为我们在自己的人生中将很难与非个体打交道，也难以应对普罗大众和所有人共同造成的历史。有一个很好的理由可以来解释我们为什么会有这种自我体验。这是一种非常简洁、经济的交流方式。我们是在和个体打交道，爱上的是某个个体，而不是有着过去经验和隐秘未来的普罗大众。我们会从人群中将这些个体挑出来。

我觉得我们不太可能摆脱“伟大的塞尔芬尼”。伟大的塞尔芬尼就是得克萨斯州杀人凶手给这个特征起的名字。我很喜欢这个词。但是，即便知道这是一种建构起来的心理体验，也会让你产生反思和洞见，你依然会那样行动和思考。

劳里·桑托斯（Laurie Santos）和我都往回走了一点。当我去麻省理工学院访问的时候，劳里还是一个非常聪明的哈佛大学本科生，我们都对朴素物理学感兴趣。我曾经发现了孩子们会犯的一个很神奇的错误，就是他们觉得东西一定是以直线掉落的。我们曾经用管道来测试这个，就是把一个物体扔下来，孩子们通常会在下面，一遍一遍地搜索，他们很难想象物体不是垂直下落的。实际上我认为这并不是一个错误，而是一个很好的、很本真的理论，因为如果你真的掉落了一些东西，它通常都会出现在掉落位置的下方。我认为这是一种非常合理的思考世界的方式。他们一开始肯定不知道这些，所以他们肯定是通过经验学习的。

问题是，非人类灵长类动物会怎么样？当时，劳里在哈佛大学的实验室里对人类和各种非人类灵长类动物进行了很多比较。这也是我们第一次见面的机缘。当我搬到那里的时候，劳里成了我的学生，坦率地说，她对这些概念的理解比我教的要更好。从很早的时候开始，我就知道她是非常特别的学生。劳里之后又自己建立起了一个了不起的实验室。

我们共同关注和研究的是一些关于物体标识（object identity）的问题，我们研究了米肖特（Michotte）对隧道错觉的观察。米肖特最先提出，如果你观察到一个物体进入一个隧道，而另一个不同的物体在正确的时间从这个隧道出来，你通常会觉得两个物体是同一个，只是被改变了，这被称为“隧道错觉”。她最早用恒河猴进行了实验，并采用了对正常任务的奇异变形。我们基于动物研究的方法开发出了一个实验范式，来测试孩子们的隧道错觉。他们会看到一个物体进入一个隧道，然后又出现，然后又进入另一个隧道。如果他们真的相信这只是同一个物体的变化，就会去最后的那个隧道找。但是，如果他们知道实际上一定有两个物体存在，就会去第一个隧道和第二个隧道找。我们用这个方式来测试孩子们的知觉经验，并合作写了一篇文章。

劳里最近在研究禀赋效应（endowment effect），这是行为经济学中非常著名的效应之一，是指你会高估自己拥有的东西的价值。劳里一直在观察卷尾猴。我还有另一个研究生，我们一直在合作研究各种灵长类动物，到目前为止，我们已经研究了大猩猩、猩猩和黑猩猩。实际上，有几个实验室也一直在做这些研究。

研究结果显示，我们在非人类灵长类动物中，除了食物外并没有发现禀赋效应的存在。灵长类动物会表现出禀赋效应，高估自己获得的食物的价值，但是对于那些用来获得食物的工具，它们也没有表现出禀赋效应。据此我认为，这种对事物的态度，只有人类才有。我一直把这个问题和为什么某些东西会被高估的问题联系起来，和詹姆斯一样，我也相信物体是自我延伸的一部分。我们被物体所包围，我们把很多价值都置于我们认为代表自我的物体之中。

这里可能会涉及我之前提到的，也就是这些研究如何应用。从理论上讲，这也是它吸引我的地方。我们是这个星球上唯一会对物体投入大量时间，并对所拥有的物体进行估值的物种，而我们做这样的事情已经由来已久了。

早期艺术品的制造过程非常困难，人类在这些东西上投入的时间，意味着在文明早期或者之前它们就已经出现。最早的作品大概出现在 9 万年前。当然也有一些更古老的工具，但艺术作品大约有 9 万年的历史。这也已经是很长的一段时间了。这些艺术品中的一部分很明显是圣物，体现了宗教目的和力量。除此之外，还存在着一种人们对自己所珍视物件的拥有感，这在很多方面都让我感到很有意思。我并不认为这种感觉是普遍的。虽然还有很多其他的例子，但禀赋效应并非随处可见。对此，非洲有一些非常有趣的研究。

禀赋效应有趣的地方在于，一旦我们相信自己拥有了某件东西，就会马上过度估计这件东西的价值。我们并不一定要真的拥有，只要愿意拥有。一旦和一件东西建立了联系，你马上就会更加珍视它，相对于其他的东西，你总是会记住那些自己以为已经拥有的。物品体现了完整的归属感和价值感，这就是人们永远不会按买家价格卖出自己的东西的缘故，他们总认为自己的东西更值钱。

这是早期的行为经济学家理查德·塞勒（Richard Thaler）和丹尼尔·卡尼曼最先用实验证明。他们的实验表明，只要你给人们一些咖啡杯，让他们卖掉这些杯子，他们的要价通常都比买家的出价要高。不仅是咖啡杯，酒和巧克力也是如此。如今已经有大量关于禀赋效应的研究。就像我上面提到的，这是跨物种的研究，当我们以较低的价格出售自己的东西，我们的大脑厌恶损失机制会让我们认为这是非常痛苦的；如果我们认为自己会输掉一笔交易，也同样会触发我们的疼痛中枢。

物体给我们带来自我评估的感觉到底是怎么回事呢？我想到了威廉·詹姆斯谈到用物体来扩展自我的方式。拉塞尔·贝尔克（Russell Belk）是一位营销心理学家，他谈到了物体带来的扩展性自我。就像我说的，营销人员都知道这一点，他们创造了一些高品质的品牌，这些品牌似乎可以向别人表明购买者的社会地位有多高。

我们人类是如此，但这个情况可能并不普遍，因为最近的一些来自非洲中部游牧部落的报告显示，他们似乎并没有这种所有权意识。这可能更多地反映了这样的事实：很多研究都是在非常个人主义的西方做的，个人主义可能创造了很多禀赋效应的观念，当然也支持了我们所看到的禀赋效应和物质主义。这也是一个我想进一步研究的领域，因为还没有证据表明五六岁以下的儿童存在禀赋效应。我很好奇：这是自发产生的吗？我怀疑不是，这很像一种由文化塑造出来的东西。当然，这只是我的直觉，它仍然是一个我需要弄清楚的实证性问题。

我近几年来的研究还有另外一个分支，课题中包括了其他一些人的想法，其中最著名的是帕斯卡·博耶（Pascal Boyer）。保罗·布卢姆也在思考类似的问题。我们这群人都对宗教的存在感兴趣。我不想特别关注宗教，这里要讲的是关于一般性信仰的观点，因为我的感觉是，即使是很多无神论者或自称无神论者或不可知论者，仍然会对那些非常不理性的信仰进行讨论。我说的不理性不是行为经济学意义上的不理性，而是那些违反自然规律的隐含观点。我认为违反自然规律是超自然的。我觉得这是一个值得关注的领域，五六十年前就有传统的行为主义阵营对其进行了大量的研究。

斯金纳（B. F. Skinner）曾写了一篇关于鸽子迷信行为的著名文章。他认为，如果简单地建立一种时间间隔随机的时间表，鸽子会采用它们认为可以获得奖励的典型模式，然后形成非理性的迷信行为。现在，这项研究遭到了一些质疑，我不确定这是不是经得起时间的考验。但就人们的仪式和习俗来说，这一结果是很明显的，我自己也知道这一点。有一些做起来很娴熟的事情，如果我们开始做不到，就会有点生气，而大多数人都会因此有一定程度的迷信行为。

当时有很多关于宗教和“上帝幻觉”的热潮，我觉得也许我们只需要强调这样一个想法：这与教化有关，因为我不相信整个信仰系统都是由教条建立起来的。我并不是说没有教化，宗教显然是一种文化传播。你并非生来就是犹太人，或者生来就是基督徒。但是我认为宗教所做的就是利用孩子们的很多天性。因此我开始了一系列的研究，尤其关注本质主义、圣物和道德玷污。

我们采纳了很多保罗·罗津做过的研究，谈论了杀手的羊毛衫，还开始研究是否可以对迁移进行经验性测量。例如，你是否发现自己想多洗手？你是否会因为看到与善恶相关的词，或触碰过某个物体而引发启动效应？对我来说，必须有身体上的接触才会产生这种效应。让我震惊的是，这就是它为什么不是一个纯粹的关联机制的原因。这实际上和一种朴素的信念有关，有一些生物基础让它得以发生。

我们不再只研究儿童，转而开始关注成人，因为对儿童做这些研究非常困难，而且很可能带来争议。但整个研究领域都认为，看待世界的本真方式是存在的。有的时候，它们会被表述为第一系统和第二系统，也就是自动系统和控制系统。它们在很多心理学情境中都会出现，而我认为它们只是无意识的、可以自发激活的快速系统。我认为这种本真世界观的源头就在儿童身上。如果喜欢，你可以教人们那种比较慢的第二系统，但你永远也不会消除看待世界的直观方式，因为它们一开始就不用教，它们就在那儿。我想，如果你问我有没有什么尚未被证明的理论，那就是你永远不会抛弃任何通过无意识的直觉过程获得的信仰体系。你可以取代它们，可以改写它们，但它们永远不会消失，并在恰当的情境下重现。如果让人们经历压力情境，或者让他们超负荷，你就能看到这种思维方式的重现。实证研究似乎证明了这一点，它们在大脑的褶皱处，永远不会消失。你可以试着反抗它们，但它们总是会在那里，在恰当的时机重出江湖，这就是为什么你会在压力下看到很多非理性思考重现的原因。

例如，一切事物的出现都有其目的或功能，这种目的论的解释是一种很原始的看待世界的方式。这是德布·凯莱门（Deb Kelemen）的研究课题。你会发现，对于那些认为自己相当理性且受过良好教育的人，如果把他们置于一种有压力的、有时间限制的情况下，就会回到目的论的解释，所以这是一种长期存在的看待世界的方式。我认为这是一种普遍的原则，就像反射一样，如果你想到反射，就会知道那是一种用不着学习的行为反应。你生来就有一整套的反射，它们中的许多已经消失了，但不会完全消失。它们通常会被重新整合成更加复杂的行为，但如果一个人进入了昏迷状态，你就能看到反射重新出现。

我们认为，在发展的过程中，这些本能的自发行为会被大脑皮层自上而下地控制，而所有负责调整、控制和抑制的高级系统，会试图将这些事情掩盖起来。但是，当大脑皮层由于昏迷或受伤而失去作用时，你就能看到许多这些东西再次出现。我不明白为什么自发系统和感知系统、认知系统会互相分离，因为它们都是大脑神经的基本活动模式。我不明白如果概念是通过这些过程产生的，那么它们为什么不一直保持休眠和潜伏的状态呢？

让我着迷的一个问题是，我们可以在多大程度上讨论大脑表征的层次结构。表征（representation）字面上是再现（re-presentation）的意思，是大脑的语言，是大脑的思维模式。事实上，很有可能大脑中的表征是事先存在的。你可以想一想感官系统，例如，眼睛位置的分布就是地形学的表征。总体布局，精细调整。很多研究都表明，感官机制的设置确实还有调整的空间，所以这根本是无法习得的，但是又可以通过经验来改变。威塞尔（Wiesel）和胡贝尔（Hubel）早期关于非正常环境的影响的研究表明：一般的模式可能会被扭曲，但这种模式一开始就已经存在了。

当你开始超越感官、进入知觉系统、再进入认知系统的时候，就是你进入理论争论、显示真本领的时候了。有些人认为，当一些基本单元构成概念系统时才会出现这种情况。这里，我要来谈一谈伊丽莎白·斯佩尔克（Elizabeth Spelke）的研究。

新出生婴儿似乎有很强的感知能力，他们甚至能注意到物质世界不变的方面。我不认为这么说有任何问题，但这是需要辩论的地方。概念的嵌入到底达到了什么程度？有些人可能会花 5 个小时告诉你这一点，但我并不准备这么做。

对我来说，羞耻感是很有意思的。我去过日本好几次，虽然不是认知文化差异方面的专家，但我认为，羞耻感，或者说是避免羞耻感，是东方文化中的一种重要动机。我认为这反映了东方文化中的自我价值感和价值。人们都持有这样一种观念，不能让团队失望。我相信他们甚至会有一个特别的词来形容我们未曾体验过的羞耻经历。这并不是说，这会是一个我们永远不能接受的概念，但它确实表明，这至少是东方文化中身份认同的一个主要因素。

孩子们不一定会感到羞耻，我认为他们直到两岁的时候才会开始有自我意识。他们有主我，有存在和控制的概念。他们能体验到移动手臂的意愿，能很快建立这种联系，所以他们的自我意识是以“我”为概念的，但我不认为他们会有个人的身份认同，这是他们（我们中的大多数人也是如此）不记得早期经历的原因之一。我们的情节性记忆是非常碎片化的，都是一些感官事件。但从两三岁开始，孩子就知道自己是谁。知道自己是谁就意味着融入了社会环境，而融入社会环境在一定程度上就意味着你会产生一种羞耻感。我认为很多孩子在两三岁之前都没有羞耻的概念。但从那时起，只要成为社会的成员，他们就一定会意识到反社会行为，或者违背社会期望的行为。我认为这种观念在很晚的时候才会习得。

让我来告诉你们现实的情况。作为职业生涯过渡的一部分，我非常关注公众参与，也注意到了一些正在发展的趋势。例如，有越来越多起源于草根运动的怀疑思潮，基本上，公众对科学家非常感兴趣，对于与科学家对话、参与科学活动都产生了浓厚的兴趣。酒吧里有一个叫作“怀疑派”（Skeptics）的组织，这是一个非营利组织，组织成员都是因为热爱才参与其中的，通常会在酒吧的后台进行一个小时的演讲。我 5 年前开始做这个的时候，这一形式刚刚兴起。我想那时有三四个这样的组织，而现在英国应该有 30 个这样的组织了。这些草根运动试图与科学相结合。我并不认为这种方式适合我的研究领域，也不确定这是否适用于其他科学领域，但行为科学在英国的名声实在太差了。我认为这在一定程度上是基于历史原因，在某种程度上可以追溯到美国精神分析运动中的主流思想，以及它在这个国家遭到的嘲讽。

心理学一直不被承认为科学。我个人一直有一个试图强加给人们的观点，即心理学其实是一门非常重要的科学。在《物种起源》的最后一页上，达尔文是这样预言的：理解人类处境的下一次飞跃必将有心理学的参与。我不断提醒人们：当有些人在电视上告诉你应该如何吸引别人，或者教你如何选择求职者时，他们不应该认为这就是心理学的全部内容。但不幸的是，公众所接触到的心理学研究就是这些。在你介绍自己是认知科学家时，人们显然不知道那是什么意思，这时候你可以重新描述自己，然后着眼于哲学和行为经济学的问题。这样，它就会变得更容易被接受，成为一门真正的科学。

我感觉到了一种向科学转变的趋势，并正在为此而努力。我想努力让行为科学更接近其他科学。行为科学在大学里仍然很受欢迎，因为它比其他科学的成本要低得多。但在美国的时候，我觉得我们在民众中有着更高的社会地位，这说明我们已经在这方面落后于美国了，所以应该做些事情来收回我们失去的研究领土。

I TRY TO UNDERSTAND NOT WHETHER THERE ARE SEX DIFFERENCES, BUT WHAT ARE THE ROOTS OF THOSE SEX DIFFERENCES.

性别差异是显而易见的事，我试图理解是什么导致了性别差异。

——《我思想上和大脑里的睾丸素》

13

TESTOSTERONE ON MY MIND AND IN MY BRAIN

我思想上和大脑里的睾丸素

Simon Baron-Cohen

西蒙·巴伦－科恩

心理学家，剑桥大学自闭症研究中心主任，

著有《本质的区别》(*The Essential Difference*)、

《邪恶的科学》(*The Science of Evil*)

约翰·布罗克曼的介绍词：

“上个星期的晚上实在是太开心了，”布莱恩·伊诺（Brian Eno）发邮件跟我说，“很多有趣的人在一起，每个人都告诉我他们玩得很开心。”

伊诺指的是伦敦第一次Edge俱乐部的聚会，聚会上剑桥大学的心理学家西蒙·巴伦－科恩进行了主题演讲。这一次聚会是在伊诺诺丁山的工作室举行的，聚集了艺术家、策展人、博物馆馆长、作家、剧作家和生物学、数学、心理学和动物学等领域的专家，以及《自然》《经济学人》《连线》和《卫报》等报刊的编辑和记者。

巴伦－科恩在他的最新研究中对睾丸素的特性和影响进行了说明，并展示了其与他之前关于性别差异和自闭症的研究的关联。

聚会上各位专业人士来自不同领域，也反映了这次聚会的举办人在伦敦文化舞台上的独特地位，一位艺术家、“非音乐家”、作曲家、专栏作家以及U2、酷玩乐队、“脸部特写”合唱团和保罗·西蒙（Paul Simon）等唱片的制作人说“只要需要，请尽情创造”。简短的回答：必须的！但首先，我们需要与拉里（Larry）和谢尔盖（Sergey）确认一下，以确保谷歌的搜索算法和基础设备足够强大，能够识别出伊诺与“Edge”的双重关系——U2的吉他手“Edge”和我们Edge网站的“Edge”。

今晚我想讲的是一种非常特殊的激素——睾丸素。我们的实验室一直在做大量的研究，研究这种激素的作用，特别是测试它是否在思维和大脑的发育过程中起到了作用。

在讲到这一点之前，我先说几句关于典型性别差异的话，因为这是我们的新研究的源头。你们很多人都知道心理学上关于性别差异的话题充满了争议。在过去的几十年里，因为政治上的不正确和害怕被误解的风险，人们并没有真正去研究这个领域。

在人们研究的所有心理学领域里，性别差异的研究可能是一种越界。这是一种禁忌，一部分原因是人们认为任何试图研究性别差异的人，都肯定有一些性别歧视的企图。正因为如此，很多科学家都不敢去碰它。

直到2003年，我开始意识到政治环境正在发生变化，人们那时可以问男孩和女孩有什么不同，男人和女人有什么不同，而不用担心会被指责有某种性别歧视的企图，进而形成了一种更加开放的氛围。

自那以后，我开始研究神经解剖学，想要看看神经科学能告诉我们什么有关男性和女性大脑的信息。例如如果选出女孩组和男孩组，利用磁共振扫描仪观察他们的大脑，我们就会发现差异。你可能知道，两种性别在颈部往上的部分是一样的，即便在颈部以下的部分如此不同。而神经科学告诉我们，这是一个误区，颈部以上的部分存在着两性的差异，甚至在脑容量、脑神经细胞之间的联结数上，男性和女性都存在着差异。

我对这些结果很谨慎，因为它依然很容易被误解和曲解。但只要给出一些关于性别差异的神经科学研究的结果，你就会发现，就平均水平而言，男性大脑比女性大脑大 8% 左右。我们讨论的是大脑体积上的不同，这并不一定意味着什么，只是一个不断被重复发现的研究结果。你把婴儿放到扫描仪中也会发现这一结果，一些研究就是在婴儿两周大的时候做的。

如果去进行尸检和研究的话，你也会发现这一点，男性的大脑有着更多的联结，神经细胞之间也有更多的突触。男性和女性的差异一般是 30% 左右，这些差异确实存在。

男性和女性的第二大不同之处在于大脑中灰质和白质的数量，男性大脑一般比女性大脑拥有更多的灰质和白质。简单地说，白质主要表明了大脑不同部位的联结，灰质更多地说明了大脑中的细胞。但这些差异确实存在。当进一步深入研究时你会发现，不同性别灰质和白质数量上的差异存在于不同的脑区中，比如额叶、颞叶。

我们也可以通过解剖大脑来观察特定的区域。你们中有些人可能听说过像杏仁核这样的区域，人们认为它是一个情感中心，平均而言，男性大脑中的杏仁核比女性更大。而涉及语言的颞平面区域显示了相反的情况，即女性比男性大得多。这些结构上的差异是存在的，之所以先从神经解剖学的角度来研究这些差异，是因为我认为这些差异是存在生物学基础的，因而对于基础差异的分歧可能会更少一些。

我已经讲了一些关于神经解剖学的内容，在心理学方面也有一些性别差异的研究。平均而言，女性的移情能力比男性更强。我一直在用"平均"这个词，因为这些结果中没有一种适用于所有女性或男性。在比较男性和女性群体时，你会发现差异是存在的。女性同理心似乎发展得更快；而对于男性来说，他们似乎有更强的动力去实现系统化（systemizing）。我用了"系统化"这个词，它指的是想弄明白系统是如何运作的，对系统着迷。系统存在各种各样不同的形式，它可以是一个机械系统，就像一台电脑；它可以是一个自然系统，就像天气；它也可以是一个抽象的系统，就像数学。但男孩们似乎对系统信息更感兴趣。我在 10 多年前就对比了移情和系统化这两种截然不同的心理过程。

从那以后，我的实验室就想要去了解这些性别差异的来源。现在我向你们粗略介绍一下我们正在做的关于睾丸素的研究。我对这个分子很感兴趣，一部分原因是雄性比雌性产生的这种分子更多；还有一部分原因是，很久以来的动物研究都已经表明这种激素会使大脑变得雄性化，但在人类身上很少看到这种激素的作用。

在告诉你们关于睾丸素的研究之前，应该先提一下我们在 2000 年完成的一项有争议的对新生儿的研究。我们想要确定在行为或大脑中发现的性别差异是纯粹的文化作用的结果，还是纯粹后天经验的结果，以及生物学是否也会导致这些差异。

我们做了一个研究，研究了 100 多个刚出生 24 小时的婴儿。这是在剑桥进行的一项研究。母亲们签署了一份同意书，说她们乐意自己刚出生的孩子能参与到研究中来。我们很想孩子们一出生就能去进行研究，但是产科医生问我们，出于对母亲和婴儿的尊重，是否愿意等上 24 小时，我们当然同意。当婴儿被安顿下来，母亲也被安顿好后，我们给这些婴儿展示了两件物品：一张人脸，以及一个悬挂在婴儿床上方的可移动的机械设备。这是两种非常不同的物体。我们研究的是婴儿在出生一天后，是看人脸这种社会性刺激的时间更长，还是看机械物体的时间更长。

这些物体一次只呈现一个，我们平衡了呈现的顺序，也就是说我们改变了它们出现的顺序，无论婴儿是先看到人脸还是机械物体。在将看社会刺激或者看机械刺激的婴儿进行比较后，我们发现男孩似乎对机械刺激的反应时间会更长，而女孩对社会性刺激的反应时间会更长。据此，我们认为在刚出生 24 小时的婴儿身上也存在性别差异，这说明生物基础一定是造成性别差异的一个因素。

那些认为心理和行为的性别差异都可以通过文化因素来解释的人，可能会质疑对出生 24 小时的婴儿进行的研究：父母和孩子都在进行互动，他们可能已经开始塑造男孩和女孩的不同兴趣了。人们会说，这是可能的，因为 24 小时已经可以有很多的体验了。但另一种说法也同样可信：我们看到的是拥有不同兴趣的刚出生一天的婴儿，平均来看，女孩对人更感兴趣，对人更好奇；而男孩的注意力更倾向于关注物理环境。

现在我们来谈一谈睾丸素。之所以选择了睾丸素这个分子，仅仅是为了寻找一个能解释我们观察到的这些性别差异的生物机制。动物研究证明，动物体内睾丸素的分泌会在胎儿出生之前激增，在出生时会下降。动物研究人员认为，睾丸素的分泌激增是因为胎儿在子宫产生了大量的睾丸素，它对大脑发育有一些永久性和组织性的影响。他们在老鼠身上也看到了这种情况。

你可以在老鼠身上做这种不人道的激素实验。例如，可以消除老鼠体内的睾丸素，比如在出生时阉割（睾丸素的一个来源就是睾丸）；或者可以注射额外的睾丸素，比如在出生的时候给雌鼠体内注射，观察对它们大脑和行为的影响。这个实验证明了睾丸素对大脑发育的长期的“组织性”影响。

举个例子，如果有一只雌性老鼠在怀孕期间或出生时都被注射了额外的睾丸素，它的行为就更像一只雄性老鼠。你可以采用的测试方法包括让老鼠在迷宫中找到出路。通常雄性老鼠会更快地穿越迷宫，更快地学习空间路线；雌性老鼠被注射了额外的睾丸素后，会更像雄性老鼠，主要表现为它们的行为发生了变化。如果你看那些被注射了睾丸素的雌性老鼠的大脑，它们大脑的神经解剖看起来更像雄性老鼠的大脑。

有一种来自动物研究的假说认为，睾丸素是一种特殊的分子，它会使大脑变得男性化，而且在其他物种身上可以更清楚、更清晰地看到这一点，但没有人能找到一种方法来证明它在人类身上也起作用。在过去的 10 多年里，我们一直在努力寻找在人类身上进行测试的方法。我们的方法是观察孕妇，她们会做一个叫作羊膜穿刺的检查。你们很多人可能听说过这个检查用一根长针穿刺孕妇的子宫，从羊水里取出一些液体。通过这种方法可以取出一些羊水，而这样做是因为担心婴儿可能患有唐氏综合征，医生想要通过分析羊水判断是否存在染色体异常，这是对婴儿是否真的患有唐氏综合征而进行的检查。

孕妇都会做这个手术，而且研究告诉我们，如果想看看像睾丸素这样的激素对人类大脑有什么潜在的影响，你就需要找到一种在怀孕期间能测量它的方法。我们把这两件事放在了一起。我们问这些女性：如果你要进行羊膜穿刺术，我们能不能采集一些你的液体，然后分析其中睾丸素的水平？时间是在胎儿 12 ~ 19 周之间。当她们进行羊膜穿刺的时候，我们便同时进行采集。如果怀孕通常是 40 周，即 9 个月的话，那么采集期是在怀孕头三个月的末尾，即怀孕的前 1/3 这个时段，然后进入第二个三个月，即怀孕中期。

我们通过这个机会主要测量的是激素，特别是睾丸素，而这一时期婴儿还在成长，正是他们大脑发育非常快的时候。我们设计的研究是将羊膜穿刺的液体深度冻结，并在婴儿出生后进行跟踪研究，看胎儿期的睾丸素水平和他们成长为儿童的过程是否相关。

我还要说另一件事，这件事是基于这样一种观点，即孩子们彼此之间的差异性比相似性更大。作为父母，你能知道这一点非常好。你可能有两三个孩子，尽管在同一个家庭中长大，但他们似乎是性格完全不同的人，拥有不同的兴趣，成长的速度也各有差异。科学上的挑战之一是去试图解释这种发展的差异性，即发展中的个体差异。我们通过观察水平各不相同的睾丸素来研究这种个体差异是否与我们看到的出生后的差异有关，比如出生后的语言发展、如何与其他孩子交往等维度。

在等待参与实验的女性做完羊膜穿刺后，我们就等着孩子出生，并每年都邀请这些孩子参与调查。我们一开始大约有 500 个孩子，他们的睾丸素水平是已知的，我们一直在跟踪研究，他们现在已经 12 岁了。这就像一个正在拉开幕布的研究，我们能一直测量他们的成长过程，看看这是否与他们的睾丸素水平有关。

在孩子们的第一个生日，我们研究了他们的眼神交流。我对此特别感兴趣，因为我的主要研究领域是自闭症，而自闭症儿童很少与人有眼神交流，他们的目光接触很异常，对人脸的兴趣很少。但是我们已经从这些新生儿的研究中得知，平均来说，在对脸和眼神交流的兴趣上，女孩比男孩更大，但这种个体差异的范围非常大。我们发现婴儿的产前睾丸素水平越高，他们在一岁生日时的眼神接触就越少。这些观察结果是通过邀请婴儿进入实验室，对他们进行录像后再对这些录像带进行编码而得到的，我们根据婴儿对着母亲的脸看了多少次来进行编码。

在他们第二个生日的时候，我们研究了语言的发展。我们让父母填写一份清单，上面写着孩子知道多少个单词、能讲多少个单词。我们研究的是儿童词汇量的大小。我们发现，令人吃惊的是，在两岁的时候，有一些孩子的词汇量非常小，只有 10 ~ 20 个单词，远低于正常水平；而有一些孩子非常健谈，知道近 600 个单词！然后我们回过头来看他们的睾丸素水平，其中发现了一个显著的相关性：孩子的睾丸素水平越高，他们两岁时掌握的词汇量就越少。因此，这种激素似乎不仅与社交性的兴趣类型有关（不管是看人脸，还是与人交流），而且与你多么健谈有关，与你的语言发展速度有关。

中间的过程我就不一一介绍了。在孩子 4 岁的时候，我们对他们的同理心进行了观察，发现产前睾丸素与移情能力是负相关的。这和我们刚才听到的是一样的：如果在怀孕期间羊水中的睾丸素水平较高，那就意味着孩子在 4 岁的时候有更少的同理心。同样，你可以用不同的方法来测量它，包括让父母填写关于孩子同理心的调查问卷，让孩子参加各种各样的移情测试，或者得到孩子在学校和其他孩子相处的信息。这种激素再一次显示出了它与学龄期社会行为的关系。

我们对系统化的概念也很感兴趣，比如孩子对不同系统的兴趣有多强烈？假设有一个喜欢收集东西的孩子，他是喜欢已有的完整的一套东西，还是喜欢搭建一个系统？这个孩子会喜欢把东西拆开，再把它们重新组合起来吗？他对搭建、组装感兴趣，而且喜欢搞清楚事情是如何运作的吗？这个孩子可以发现不同的汽车或小玩具车之间的细微差别，并能告诉你不同系统的区别吗？我们发现这些与产前睾丸素水平是正相关的。孩子的产前睾丸素水平越高，他们就越对这样或那样的系统感兴趣。

等这些孩子大约 8 岁的时候，我们认为是时候邀请他们进入核磁共振成像扫描仪了，这样就可以直接观察睾丸素是否真的改变了大脑发育的方式。到目前为止，我们只做了所谓的行为研究，在那里可以找到睾丸素和行为之间的关系。到了 8 岁的时候，孩子已经足够大了，可以安静地平躺，这在大脑扫描中是很重要的，因为如果孩子扭动身体和频繁移动，你就无法解释测量的结果。只要这些 8 岁的孩子能够忍受核磁共振成像扫描，我们就能够观察大脑的结构，看其是否与产前睾丸素水平有关。事实上，我们发现了很多有趣的关系。

正如我所提到的，大脑中有一个区域叫作颞平面，是一个负责语言的区域，它和产前的睾丸素水平有关。如果只看大脑中不同区域的体积，你就会发现这种激素对大脑生长的方式产生了影响。我们看了另一个区域，也就是胼胝体。你们中有些人可能听说过，这是两个大脑半球之间的结缔组织。激素与胼胝体的某一部分的不对称性有关。这是第一个表明这种激素对大脑结构和发育有影响的证据，也印证了从事动物研究的科学家们一直在说的事情，但我们需要在人类身上证明这一点。

现在，我想把话题带回自己感兴趣的自闭症上。自闭症是一种神经系统疾病，它对男孩的影响比女孩要大。我们感兴趣的是，睾丸素对自闭症起作用的可能性有多大。我说过，我们正在研究的儿童样本大约有 500 个。自闭症是一种相对罕见的疾病，它影响了大约 1% 的人。这意味着，在 500 个孩子中，可能有 5 个患有自闭症，这个数量太小了，无法对产前睾丸素做出任何推断，也不能与医学诊断联系起来。

我们用了两种不同的方式来解决这个问题。第一种方法是，在这 500 个孩子中我们使用了一个自闭症维度的测量方法，而不是观察孩子是否患有自闭症。我们一直在研究自闭症特征的维度，通过它你可以看到一个孩子的自闭症特征的程度。假设我们都有一些自闭症的特征，自闭症患者和其他人就不再是完全不同的人群。自闭症特征的正态分布是一个很极端的钟形曲线。有一些方法可以测量自闭症的特征，大多数都是问卷调查。你可以让父母填写一份问卷，这基本上是一个描述他们的孩子有多少自闭症特征的方法，然后再去看他们的产前睾丸素，看看是否有相关性。

我们发现（也许你们中的一些人已经预料到了这个研究阶段的结果）在两岁的时候，孩子的产前睾丸素水平越高，他们在发育的不同阶段表现出的自闭症特征就越多，我们在孩子 4 岁时重复了这个发现。这告诉我们，产前睾丸素和自闭症的特征有关。但是我们真正想做的，以及我想让你们看到的研究的最新进展，就是产前睾丸素和真实的自闭症是否相关。

正如我已经解释过的，基于一个 500 个孩子的样本，我们不能回答这个问题，所以我们已经和丹麦哥本哈根的科学家们进行合作。因为在丹麦，他们一直在收集那些做过羊膜穿刺检查的女性的羊水。从 1980 年到现在，他们已经收集了 10 万个样本。对于一个科学家来说，这是一个很好的机会。丹麦的另一个有利条件是他们的全国精神疾病诊断登记。每次只要有丹麦人被诊断出任何一种精神疾病的时候，他们的信息就会被录入一个中央数据库，所以我们知道整个丹麦人的自闭症数据。我们还可以去生物银行，采用那里的羊水，分析胎儿期的睾丸素水平。

然而，在对 500 名儿童进行的常规研究中，我们在女性怀孕期间第一次测量激素水平，然后只能等待生命在 10 年的时间里慢慢成长。在这项新的研究中，我们可以向后追溯。如果我们知道谁患了自闭症，那么就可以看看他们的羊水是否还在深度冷冻中。如果他愿意，就可以给我提供一个关于他激素水平的记录，以及他在子宫里的睾丸素水平。这是逆向解决问题的过程。我们刚刚完成了这项研究。分析正在进行当中，我们希望在晚些时候能公布这项研究的结果。它将告诉我们，那些被诊断为自闭症的儿童的产前睾丸素水平是否会升高。

睾丸素是一种让我着迷的激素。它只是一个小分子，却似乎在做着非凡的事情。我们在这种激素中看到的变异有很多不同的来源，其中一个就是基因。许多不同的基因会影响我们每个人产生睾丸素的量，我只是想与你分享自己对这种激素的迷恋，因为它让性别差异这一门科学得到了更进一步的发展。性别差异是显而易见的事，我试图理解是什么导致了性别差异，它们又从哪里来？同时，我们也希望这能告知我们一些自闭症患者的神经发育情况，比如语言发展的延迟，这对男孩的影响似乎比女孩更大，并且有可能让我们了解产生这些结果的原因。

问答环节

● **汤姆·斯汤达（Tom Standage）**：什么因素决定了胚胎中的睾丸素水平？你们下一步的研究是什么？

▶ **巴伦-科恩：** 我提到过，至少有 25 种不同的基因会影响我们分泌的睾丸素的数量。如果继续研究这个，作为这个研究的一部分，我们要证明基因的组成部分会影响每一个人分泌的睾丸素。这些不是什么偶然的基因突变，而是我们所有人都有的共同基因，但这取决于你拥有的基因是什么样的。它们是多态基因，即同一基因有不同的版本。这是睾丸素水平变化的一个可能的原因，但也可能有其他的原因。

● **杰弗里·卡尔（Geoffrey Carr）：** 性别差异中有多大一部分可以用睾丸素水平来解释？很明显，男性胚胎的睾丸素会比女性胚胎更多。这就是性别差异的全部解释吗？

▶ **巴伦-科恩：** 我非常高兴你提这个问题。你的问题的实质是：睾丸素是造成性别差异的唯一因素吗？答案当然是否定的。它只是这些因素中的一个，它可以解释 30%～40% 的差异，所以不是造成性别差异的唯一因素。我们可以想象另一组非常重要的影响因素就是 X 染色体中的基因，也就是 X 相关基因，因为我们都知道，女性有两条 X 染色体，而男性只有一条，这可能会造成很大的差别。所以，可能存在单独的非激素的影响因素……

● **杰弗里·卡尔：** 但我们所有人都有 X 染色体啊。

▶ **巴伦-科恩：** 是的，我们都有，但是有很多机制表明，如果你有两条X染色体，基因的作用会非常不同。举个例子，比如所谓的“印记”（imprinting），就是有名的双X染色体机制。这就像这个房间里的所有女性都有双X染色体，一条X染色体上的基因会影响另一条X染色体上的同源基因。这是一个印记过程，可能会改变蛋白质的表达水平。这只是一个非激素的非睾丸素相关的影响人类大脑发育和行为的例子。

○ **菲利普·坎贝尔（Philip Campbell）：** 动物研究证明的睾丸素的影响，是否就像它对我们大脑发育的影响一样？

▶ **巴伦-科恩：** 是的，我之前没说到这一点，很高兴你提到了它。睾丸素本身并没有任何作用，它必须与雄性激素感受器结合。这些感受器在等待睾丸素，当睾丸素与感受器结合时，它就会开始影响其他过程。雄性激素感受器遍布全身，也存在于大脑中的某些区域，比如杏仁核或颞平面。这些区域是性别二分的：它们在一种性别或另一种性别中是互不相同的，雄性激素感受器中有很多这样的区域。动物研究发现这一点后，人们开始创建大脑的雄性激素感受器地图。这些都是与感受器结合的激素。

一旦被束缚，激素就能做各种各样的事情。例如，它可以调节神经递质。有一种神经递质叫血清素，还有一种叫GABA（伽马氨基丁酸）。睾丸素似乎调节了这些神经递质的工作方式，似乎也会影响神经元之间的连接。有一种叫作细胞凋亡（apoptosis）的过程你们可能听说过，也就是选择性的细胞死亡，神经元或者大脑中的神经细胞被剪除，这样我们就失去了某些神经联结。睾丸素似乎会影响我们失去这些联结的速度。

斯坦利·布克塔尔（Stanley Buchthal）： 是不是有更多的地区参与到这项研究中来了，是因为现在美国的自闭症患者越来越多了吗？

▶ **巴伦-科恩：** 全球自闭症患者的数量都在增加，而不仅仅发生在美国，我们这里也是如此。当我开始做自闭症的研究时，也就是大约20多年前，当时报道的比例是10 000个儿童中有4个患有自闭症。大家都认为自闭症的患病概率是1/2 500。而如今报道的自闭症比例接近1/100，已经从非常罕见变成了相对常见的病症了。每个人都在想这种比例上升是什么造成的。

是环境中的某些东西导致的吗？这是一种可能。或者只是因为我们有了更好的训练而可以更好地识别和研究自闭症了，也能进行更好的诊断了。我个人倾向于后一种解释，对于自闭症的了解增加了，也产生了更多针对自闭症的基础服务。几乎每个城镇医院都可以对自闭症儿童作出诊断，而 20 多年前，全国只有两三家诊断自闭症的专业医院能做到这一点。正是因为这些基础的因素、更多的服务、意识的增强改变了我们对自闭症进行分类的方法。我们细分了自闭症的类别，从而可以确定自闭症患者患病的程度。我认为，这些因素可以解释自闭症为什么会从罕见变得相对普遍。

我之所以强调对自闭症案例增加的解释，是因为我确信我们都知道 MMR 理论（Measles、Mumps、Rubella 的英文首字母缩写），即麻疹、腮腺炎和风疹理论，该理论认为接种 MMR 疫苗在某种程度上导致了自闭症。这是一个环境因素理论的例子，这些环境因素在某个时间点被引入，人们便认为它与自闭症患病比例的上升有关。这一理论受到了质疑，也影响了公共卫生。它引起了很多家长的焦虑，他们不确定要不要给孩子接种疫苗，这导致了其他一些非常不幸的后果，有人没有给孩子接种疫苗，结果孩子最终得了麻疹，这是一种非常严重的疾病。我认为在任何人提出一个可能解释自闭症患病比例上升的环境因素之前，我们都应该从 MMR 理论的故事中学到这一点：即使有充分的证据，我们也应该谨慎对待，只讨论环境中存在潜在风险的因素。

斯坦利·布克塔尔：在近期会不会出现什么预防或者治疗方法？

巴伦-科恩：自闭症社群，包括患者父母、诊断人员、研究人员和其他专业人士，对于是否应该试图治愈它，以及是否应该预防它，存在着很大的分歧。这是一个非常有趣的问题，因为如果谈论的是其他疾病，比如癌症，我们都会同意应该对它进行预防和治疗，甚至应该根除它。对癌症的讨论里不会有任何分歧，因为我们知道癌症是一种可怕的疾病。但说到自闭症，它显然是一种残疾。这些孩子直到成年都在努力学习社交，努力交朋友，努力维持友谊，他们面临着各种各样的挑战。

但情况不都如此。自闭症患者也有其他的特点，其中很多都不是残疾。事实上，他们中的有些人甚至能成为天才。可能一个孩子非常擅长数学或建筑，因为他对系统有非常强烈的兴趣。这个孩子可能在社交方面非常困难，但在数学和建筑等系统方面表现得很棒，很有创造力，或是非常擅长生活中其他有价值的方面。

自闭症是一种非常复杂的病症。当然，我们想要治疗一些自闭症的附带症状，例如，我关注到一些自闭症患者有癫痫，这就是一种我们一直希望能够根除、预防或治疗的症状。然而，自闭症本身可能是这个孩子天性的一部分，这样的话就不需要治疗，也不需要预防。它实际上需要的是培养和重视，让这些天性开花结果。

■ **梅拉妮·哈尔（Melanie Hall）：**对于在羊水中发现的睾丸素水平所反映的胎儿的睾丸素水平，你有多大的信心呢？例如，胎儿的睾丸素水平可能反映的是母亲子宫内的睾丸素水平。我对这种关系很感兴趣。

▶ **巴伦－科恩：**非常好的问题！我们作为科学家面临的挑战是如何对胎儿出生前的睾丸素水平进行测定。也许我讲得不够清楚。但是，如果想测量所有人现在的睾丸素，我可以让你把唾液吐到试管里，然后把它送到实验室进行分析，就可以知道你目前的睾丸素水平。但是所有的理论都告诉我们，这并不是你目前的睾丸素水平，而是你在出生前的睾丸素水平，这对于理解发育模式的变化非常重要。我们必须以一种道德上可接受的方式，对处于那个发展阶段的孩子进行了解。我们不能进入胚胎，因为那可能会造成伤害，我们的一条原则是“不要伤害”。

参与实验的孕期女性都会进行羊膜穿刺。我还要强调的是，纯粹为了研究让女性进行羊膜穿刺是不人道的，因为有些人可能知道，在羊膜穿刺过程中，当针进入子宫时，可能会带来流产的风险。幸运的是这种风险很小，但它确实是存在的。事实上，我们已经意识到这可能是一种接近胎儿的人道的方式，我们可以研究这些很有可能来自胎儿的激素。

胎儿也在产生自己的睾丸素，它会被排到羊水中。正如你所说的，母亲也会产生自己的睾丸素，而我们的理解是睾丸素不会穿过胎盘，胎盘中有一种叫作芳香化酶（aromatase）的酶会把睾丸素转化为雌性激素。所以，如果你在羊水中发现了睾丸素，它很有可能不是来自母体，而是来自胎儿。

我知道这并不能完全回答你的问题，因为你也许会问："这些睾丸素水平反映了胎儿大脑中的什么信息？"现实是，我们不能去研究胎儿的大脑，不会做任何可能危害妊娠的事情，所以这是我们能得到的最接近的结果，但是我们必须假设，在羊水中发现的睾丸素反映的是胎儿体内的睾丸素水平。

■ **梅拉妮·哈尔：**那么，这与你之前所说的需要感受器与睾丸素相结合才会产生的那些影响有什么关系呢？我的问题是羊水里有感受器吗？

▶ **巴伦-科恩：**我认为在这一点上，动物研究的主题是存在分歧的。但对于那些确实发现可以做这种研究的人来说，他们可以观察到羊水中睾丸素和动物体内的睾丸素之间的关系。实际上，它们确实是相关的。他们也可以观察这些感受器，比如动物的大脑，观察不同发育阶段中感受器的数量。但人类的研究不能像老鼠研究那样。我得承认，即使我所说的是老鼠研究，某些人也不能接受（来自SBC的补充评论：虽然在羊水中没有睾丸素感受器，但睾丸素是由血液吸收的，所以在许多身体组织中都有感受器，包括大脑）。

○ **阿尔芒·勒鲁瓦：**你有没有看到过那种在胎儿期接触大量睾丸素的人，或者在胎儿期完全没有睾丸素的人？是肾上腺增生那种吗？我读过一本书，其中有一个关于一个小女孩的案例研究，她的母亲在怀孕三个月后开始长胡子，而她出生时也表现出了一些非常明显的雄性特征，就是由于睾丸素的大量分泌。研究结果是，这个孩子的激素缺陷导致了芳香化酶突变，她体内所有的睾丸素都无法转化为雌性激素。但是胎盘一直在分泌睾丸素，这也是肾上腺增生的原因。我想必定有更多这样的人们，或者相反的情况存在，生活中一定有很多存在雄性激素感受器缺陷的人。

▶ **巴伦-科恩：**我可以告诉你我们的尝试。有一些医学研究可以提供睾丸素在孕期作用的信息，其中之一就是对先天性肾上腺增生症（CAH）的研究。虽这种病的人由于遗传原因而过量分泌睾丸素。有先天性肾上腺增生症的女孩很有意思，她们虽然和大多数女性一样有两条X染色体，但是她们产生的睾丸素比一般的女性胎儿要多。我们研究了患有这种综合征的女孩，给她们做了自闭症测试。事实上，与没有先天性肾上腺增生症的姐妹们相比，她们的自闭症特征要多得多。在这样的研究中，我们控制了一些背景变量，因为她们来自同一个家庭，也就有许多相同的基因，但她们的区别在于：妹妹体内的睾丸素水平高，而同一家庭中的姐姐就没有。这说明睾丸素影响着一个人的自闭症特征。

而相反的一种医学情况是完全雄性激素不敏感综合征（CAIS），患有这种综合征的全是有男性染色体的胎儿。他们有一个X染色体和一个Y染色体。虽然他们会像任何一个有X染色体和Y染色体的人一样分泌睾丸素，但是他们体内缺少雄性激素感受器。他们产生的睾丸素跟我们所有人的睾丸素水平不太一样，起不到任何作用，因为它不能与感受器结合。这些人尽管有一个Y染色体，但看起来很像女生，父母也认为他们是女生，给他们起女孩的名字；每个人，包括孩子自己，都相信他就是一个女孩。直到他们进入了青春期，却一直没有来月经，所以他们被带到医生那里进行各种检查，才发现一个重要事实：因为Y染色体的存在，他们从染色体或者基因上来看其实是男性。这些人与我们的研究非常相关，因为他们没能在胎儿期使用睾丸素。你可能会想，他们的兴趣类型、思维方式以及大脑发育方式会更像一个典型的女性，尽管他们有Y染色体。据我所知，这一类的实验还没有完成。我把它叫作实验，但它其实只是一种准实验。它可以观察一个自然产生的群体，看看我们能从其生物学特征中学到什么。

布莱恩·伊诺：在你的一本书中，你把一些自闭症描述为“极端男性大脑”综合征，那么是否存在“极端女性大脑”综合征呢？如果存在，它是什么样子的呢？

巴伦-科恩：“极端男性大脑”综合征对于那些同理心低于平均水平但对

系统有着强烈兴趣的人来说，是一种印记。正如一个孩子不喜欢跟其他孩子一起玩，而只爱玩他们自己的乐高，这是因为乐高非常系统。他们完全可以构建出各种神奇的结构，但就是不喜欢和其他人互动。这可能是一种极端男性的大脑：完全专注于系统，对人不感兴趣。

但你问的是一个相反的问题：一个可能很有同理心的人，他的全部注意力都集中在其他人身上，但是当涉及理解系统时，他就会感受到巨大的挑战。这种情况很可能存在，但是否会引起临床医生的关注还不清楚。我们知道的是，自闭症是符合这一极端男性形象的。我们知道这会引起临床医生的关注，因为这种孩子开始上学的时候无法融入同侪群体，可能会被其他孩子排挤；也可能会遭到老师的忽视，因为他们觉得与人相处太难了；而且他们可能退回到数学的世界，在这个世界中，他们发现了可预测性和系统性，发现了物理或任何不涉及人而只涉及模型的领域。

但是你描述的那些人正好相反，他们可能非常擅长社交，所以不一定会引起临床医生的注意。他们可能会发现数学或者一些涉及系统性的科目都很难，但是你可以把他们引导到其他的学习科目上去。

布莱恩·伊诺：问这个问题是因为我认识一个小女孩，她很有同理心，但为此手足无措，因为她总是在计算自己对别人做的每件事的影响。她几乎无法脱离自己行为的后果来单独地感知自己，所以我觉得这好像也是一种残疾，因为她完全缺乏自己可以应对的个体性。

巴伦－科恩：作为一名科学家，现在需要的是一群像这个女孩一样的人。所以，你需要做的是找出一个人，他在你使用的所有测量中都表现出极强的同理心。这可能是针对他们父母的问卷调查，测试他们能否读懂别人的面部表情，或者能否看出别人在受苦。无可否认的是，生活中就是存在一些有着很强的同理心，同时也会对理解系统信息而感到困难的人。

我们想要知道的是，这是不是一种残疾。你的意思是，对一些人来说，它也可能是一种残疾。因为如果你不断地移情，就可能会过度干涉别人的感受，也许会对自己造成伤害。这是一种可能性，但这就是我们要做研究的原因。另一种可能性是，你的同理心永远都不够。拥有的同理心越多，你的社交网络就越好，也许它本身就是一种保护功能。你有更多的朋友，可能就不会感觉到那么孤独，更不容易因为孤独而沮丧。我们不知道到底是怎样的，但我认为这是一组很好的研究问题。

玛丽·埃弗斯（Mary Evers）：你的研究对象是做了羊膜穿刺的女性。那么，这在多大程度上有效呢？因为做这种检查的女性可能往往是某个特定的群体。

巴伦-科恩：你说得完全正确。这有点像我们之前说的："羊膜穿刺真的是我们做研究的最好机会和最佳环境吗？"正如你所指出的，做了羊膜穿刺的女性并不具备典型性。事实上，只有 6% 的女性在怀孕期间选择了它，通常是因为她们年龄更大一些。在这个国家，如果怀孕时已经超过了 35 岁，医生会说："我建议你去做个羊膜穿刺。"因为母亲的年龄本身就是婴儿患上唐氏综合征的一个风险因素。但医生会建议你做羊膜穿刺检查，可能也有其他的原因。我们已经看到了，所有怀孕的女性中只有这一小部分，即 6% 的人选择了做羊膜穿刺。

这并不是一个理想的研究对象。她们不是随机的，也不具有代表性，而是一个特殊的人群。但这是我们在这一发展阶段研究激素的唯一的人道方式，能看看人类身上到底在发生什么。如果我们只是随机抽取一些怀孕的女性，让她们进行羊膜穿刺，那是不人道的，因为这可能会对她们造成伤害。我们必须在道德界限内工作。我们应该感恩科学和人类科学做的这一点，它在符合伦理规范的框架中起作用。我们作为科学家，必须充满想象力，也必须关注伦理。

玛丽·埃弗斯：自闭症是否跟父母的年纪有关系？

巴伦-科恩：有一些研究声称证明了父母年龄和自闭症的关系；也有一些研究发现这和母亲的年龄有关系，高龄母亲的孩子患自闭症的概率更高；

还有一些研究是关于父亲年龄和自闭症之间的关系。现在谈论年龄的影响还为时过早。

但我还是要强调一下，我们可以在研究中控制母亲年龄这一因素的影响。因为在我们的研究中女性年龄的分布很广，所以当我们观察孩子的激素水平时，可以留意与母亲年龄有关的部分。我们努力在将年龄因素考虑进去，但我知道你指出的是这一类研究的局限性。

○ **马库斯·杜·索托伊（Marcus Du Sautoy）：**我有两个基因相同的双胞胎女儿，其中一个是真正的系统思考者，很喜欢玩乐高；另一个的同理心很强。你有没有什么有趣的关于双胞胎研究的例子，可以解释她们的睾丸素水平一样，发展却有很大的差异？

▶ **巴伦-科恩：**关于这一点，有几点需要说明。首先，在对 500 个孩子的研究中，我们排除了双胞胎。我们这样做是有原因的，在做羊膜穿刺时，医生把针推进去，我们不知道是在哪个胎儿周围的羊膜囊采集的液体。是双胞胎里的 A 还是 B？因为可能存在不确定的情况，我们不确定穿刺取出的羊水是属于双胞胎中的哪一个，所以我们选择了排除双胞胎。而且，尽管一些双胞胎会在他们各自的羊膜囊中，但一些双胞胎实际上是在同一个羊膜囊里。这会带来额外的复杂性，所以我们只研究了单个胚胎的案例。

但你指出的另一件事是，你有一对漂亮的双胞胎女儿，她们是非常不同的，尽管她们从基因上来说是完全相同的。这告诉我们，即使有两个基因相同的人，就像你的女儿们，他们的发展也会不同。这说明基因不会 100% 决定我们的行为。

我们可以基于你的这一对双胞胎，也可以基于这个国家和许多其他国家的双胞胎研究来说明这些。不同国家已经对双胞胎进行了大量的研究，并观察了有多少人类行为可以通过基因来解释。实际上，不管你是在考虑同理心、系统性思维，还是人类行为的其他方面，基因只能解释 50% 的差异。也就是说，环境因素、基因与环境的交互也很重要。这比仅仅通过“基因解释我们的行为”要复杂得多，非基因环境因素对于塑造我们的兴趣也非常重要。

马库斯·杜·索托伊： 我们通常都觉得数学是由男性主导的一门学科。而且，参加数学大会的时候人们看到的几乎都是男性。我的感觉是，人们似乎想要将此解释为生物学上的原因。你对出生刚一天的孩子进行了有趣的研究，他们也对此做出了反应，但我仍然认为这是相当困难的……你刚刚的回答就说明了环境因素可能是数学仍然是男性优势学科的原因。但这比大脑结构的影响要大得多。

巴伦－科恩： 我们才刚刚开始这类研究。我描述了一项我们已经做了 10 年的研究。羊膜穿刺从 20 世纪 80 年代就开始了，而动物研究可以追溯到 20 世纪 40 年代。但我想说的是，我们还只是刚刚开始理解这个领域。关于激素的作用，以及它如何与基因相互作用，我们还有很多东西要去理解。我们现在已经知道，睾丸素也能影响基因是否开启或关闭，它也有这种基因遗传的特性。这也就是说，你必须研究独立于激素之外的基因影响，去研究激素是否会影响基因的开启和关闭的时间，对此我们还有很多工作要做。

你刚刚提到了数学家，我认为你是对的，在人类活动的诸多领域中，我们确实看到了不平衡的两性比例。我的理解是，在大学的数学讲座中，坐在观众席上的男女比例大约是 14∶1，这是一个很大的差距。我们都知道，还有一些科学领域以前也是如此，但是现在已经发生了巨大的变化。医学就是一个很好的例子，它过去是男性占有优势的领域，现在的男女比例是 1∶1，或者女性的数量已经超过了男性，现在有更多优秀的女性申请者。如果你去医学讲座的听众席看一下，性别比例如果不是 1∶1 的话，那么女性可能比男性更多一些。但是，为什么在数学、物理、计算机科学、工程等所谓的理工学科，男性依然保持着优势地位呢？这仍然是一个谜。

我是最早提倡改革大学选拔方式的人，或者说是改变我们在学校层面教授科学和技术的方式，让它变得对女性更友好，鼓励更多的女性进入这些领域。但是，至于为什么有些科学可以吸引女性达到和男性平衡的状态，而包括数学在内的其他一些科学仍然更偏爱男性，这仍然是个谜。这不仅反映了环境因素的存在，也反映了我们的生物学特性，我认为我们需要对此进行深究。

大卫·罗恩： 如果你假设的关系得到了证实，我预计会带给制药公司一个机会，即开发针对焦虑的孕妇的一种产品，声称可以帮助调节孩子的激素，或者是芳香化酶水平。你觉得这会是一个道德难题吗？

巴伦–科恩： 是的，这正是我研究的领域，胚胎激素是一个充满争议和道德质疑的领域。在做研究的时候，我一直在关注比结果更深层的东西。只要研究结果尚未被引用，研究就算还没完成。但我必须先思考一个问题：当研究可用且完成时，那些制药公司或其他公司会如何利用我的研究结果？其中一些利用就可能包括你所说的，一家公司可能会说："我们可以测试你的宝宝是否有自闭症。"如果测试具有高度的针对性和很强的预测性，这可能是一个场景，这里面有很多的大型假设。但是，如果存在这样的测试，我可以想见那些公司会多么感兴趣。

另一个伦理的雷区是治疗。如果证明了产前激素水平会影响思维和大脑的发育，过高的激素水平可能会导致孩子患上自闭症（这仍然是一个假设，因为我们目前并没有证明这一点），你很容易就能想到一些制药公司或医生都会去干预。例如，通过使用睾丸素阻滞剂操纵孩子在出生前或出生时的激素水平。这让我非常害怕，因为我们知道，如果睾丸素与自闭症有关（这依然只是一个"如果"），它也会影响很多其他的事情。它与骨骼发育有关，和性别认同有关，还可能和其他心理过程有关，比如空间能力或是数学能力。一旦开始使用激素，它的副作用会是什么？你的目标是降低自闭症的患病风险吗？这又与我们之前说的那个问题有关："我们是否应该治疗或预防自闭症？"一旦开始使用激素，你可能会在许多不同的系统中得到一些无法预测的结果。我对此非常担心。

同时，目前的研究只是为了理解，一次只研究一种激素，看看它是如何起作用的。已经有一些科学家在做实验室实验，或者做针对这种情况的人类研究，但我们必须提前想到，如果结果是我们预测的那样，应该如何解决道德伦理方面的问题。

■ **布鲁斯·胡德：**如果睾丸素是罪魁祸首，而且我们知道它是由 25 个基因控制的，那么在研究自闭症的时候，为什么基因分析没有启发我们呢？

▶ **巴伦–科恩：**这又是一个好问题。自闭症的遗传基因就像许多精神疾病的遗传基因一样，会沿着所谓的“全基因组关联分析”（Genome-wide association study，GWAS）发展，即你可以看到人类基因组中的所有基因，并设定一个概率水平。对于什么样的相关程度才是显著的，你要设定一个相当“严格”的概率水平。通常是 10^{-7}。这不是大多数科学家通常所追求的 p 值，这个值通常是 0.5。因此，当这个基因与条件 x 有关时，它需要满足一个非常严格的显著水平。你会发现，当你把这个门槛设得很高的时候，有些基因会突然出现，而其他的基因则会被排除在分析之外。这可能是因为与睾丸素有关的基因还没有达到那个临界水平，也可能是因为存在基因与基因的相互作用，一个基因自己可能无法突破临界水平，但是基因和基因的组合就可能做到。精神病遗传学中几乎没有这种分析，没有研究检验基因之间的相互作用。

○ **埃德·哈尔（Ed Hall）：**我们应该将一些人类关系，特别是成人间的人际关系，视为一种系统。如果有些自闭症患者能够很好地分析系统，是不是就不会被发现患有自闭症？

▶ **巴伦–科恩：**是的。完全正确，而且这对人类行为的某些方面是有效的。我们以律师为例。律师们使用法律系统，并把其应用到很多人的行为上，比如房东和房客、雇主和雇员，有很多法律规定了这些不同的人的行为方式。有些系统可以帮助理解，甚至可以调节人类的行为，你也可以想象如果自己非常擅长系统学习，就能学会如何协调某些人类行为。让我们以萨尔萨舞为例，它有严格的规则来说明两个人是如何互动的，谁在舞池中是主导者，谁是跟随者。

系统会在人类行为的某些领域中发挥作用，法律、舞蹈、军队等系统中的人类行为都受到规则的支配。也会有其他的一些人类行为是很难系统化的，比如谈话。如果只使用一套规则，如果你预期会有某一种模式，那就很难预测谈话是如何进行的。对人类行为进行系统化的方法可能会让你在某些方面更好地理解人们。但这并不适用于所有的人类行为，它对于理解人类的全部行为可能是不够的，也是无法做到的。

○ **威廉·麦克尤恩（William McEwan）：** 你说到自闭症和同理心的增强会以系统化行为的削弱为代价，那么同时有这两种倾向会有什么样的局限？对于同时拥有这两者的人，是不是存在什么限制？为什么会存在这种限制？

▶ **巴伦－科恩：** 同理心是一个维度，系统化是另一个维度，每人都有这两种倾向，只是每个人的程度不同。我想你们可能会问："那些高水平的人会怎么样呢？在某种维度上高水平有什么不好的地方吗？或者说，是不是存在一种最理想的配置呢？"对于不同的组合和配置，这与布莱恩之前的那个例子有关。他想到的是一个非常有同情心，但系统性很差的人。而现在的问题是要挑出一个你认为同理心和系统化都处于很高水平的人。

我看不出这样的情况有什么潜在的负面影响。这意味着这个人很擅长社交，阅读对他来说也很容易；同样地，如果有一本数学书，他会很容易理解，或者如果车需要修的话，他也可以进行系统的检查，看某个组件的功能是什么。在两个维度上都位于高水平是一个很好的状态，但这样的人只是少数。我们发现，虽然有些人在系统化和同理心方面同样擅长，但大多数人都会表现出对某一方面更强的倾向。有趣的问题是，人们为什么会最终形成这样的分配设置呢？

○ **菲利普·坎贝尔：** 我觉得自闭症的诊断是纯粹的行为诊断，不知道这样说对不对。

▶ **巴伦－科恩：** 对的。

○ **菲利普·坎贝尔：** 你觉得它什么时候会涉及伦理问题？这种诊断什么时候会有生物学的贡献？什么时候才能从根本上改变这种道德困境？

巴伦-科恩：是的。在大多数精神病学中，诊断都依赖于行为。所以，如果你想确定某人是否患有精神分裂症或抑郁症，那么就询问别人他有什么症状，进行自我报告或父母报告，并观察他的行为。自闭症也不例外。

我说这些可能有一些争议，但也许精神病学作为一门学科的局限性就在于它基于行为进行诊断，有很多不同的方法可以解释行为。我们中的许多人都希望精神病学的诊断有一天能更像其他医学领域的诊断那样，就是你可以在生物学上进行一系列的测试，通过“生物标记”，从这些测试中得到更客观的结果。

问题是，我们不确定这种情况是否真的会出现。有些人会说，即使知道造成了自闭症的所有基因和激素，但也许有了一系列的标记并不意味着就一定需要诊断。例如，我们可能是这些基因的携带者，但在某些环境中，这些基因不会妨碍我们的功能。我们永远不会用纯粹的生物测试来完全代替临床问诊。你和一个医生聊天，他会问你：“你怎么了？”你可能会说：“我现在好痛苦。”但未来你可能会说：“我挺好，尽管我有这种基因型。”那为什么还需要进行诊断？

也许生物标记会有所改善，也许它们会成为诊断的辅助物。这可能是最好的结果，它们可以帮助我们使诊断变得更加客观。但与此同时，我们可能仍然需要通过与患者互动来确认“这个人真的需要诊断吗？”或“需要什么样的帮助？”这才是诊断的真正意义所在。

塞利安·萨姆纳（Seirian Sumner）：你如何评价同理心和系统化这两种不同倾向的可塑性？我们不能学习同理心，却可以尝试提高你的移情能力，同理心真的是天生的，不可能被教，但我们可以学习如何组织系统、做数学题、分类或者修车。

巴伦-科恩：当然。但我有点不同意你的观点，人类学习在很多方面都可能有可塑性，而同理心可能……这并不是说它和其他的学习方式没有差异。你说“同理心是天生的”，这意味着你生来就具有和现在一样的同理心，只要基因一开启，你的同理心就已经确定了。然而，大量儿童发展的研究告诉我们，同理心主要受到环境的影响，我在这里要说一说约翰·鲍尔比（John Bowlby）的研究。

你们中的很多人应该都听说过他。他是一名儿童心理学家，在剑桥大学圣三一学院学习医学，后来提出了“依恋”理论，该理论阐述了婴儿与父母之间的依恋关系，通常是婴儿和母亲之间的依恋。他发现，母亲和婴儿之间的关系质量，或者父亲和孩子的关系质量，可以很好地预测出孩子最终会有多大的同理心。那些被虐待或者被忽视，或者是为自己与父母的关系而焦虑的孩子，都有着“不安全的依恋”。研究发现，他们往往会在以后的生活中，很难信任、理解他人和培养同理心。

我们之前讨论过双胞胎，主要是为了说明先天因素对人类行为的解释力有多大。我记得有一个经验法则，即先天因素能解释的比例大约是 50%。另外 50% 是经验、教育，以及以下这些因素的相互作用：基因、激素和我们所有的互动经验。当试图还原、简化、强调其中某一个因素的作用时，我们其实忽视了这些因素相互作用的复杂性。

THAT'S A GIFT THAT GOOD TEACHERS HAVE, TO BE ABLE TO HELP THE PEOPLE WHO THEY'RE TRYING TO SUPPORT. THEY'RE TRYING TO ENLIGHTEN THEIR STUDENTS OR COLLEAGUES TO GAIN THOSE INSIGHTS.

好的老师总是能够在帮助自己支持的对象方面表现得天赋异禀。他们会尝试启发自己的学生或者同事，帮助他们寻求洞见。

——《洞见》

14

INSIGHT
洞见

Gary Klein
加里·克莱因
心理学家，美国心理学会会员，
著有《洞察力的秘密》

丹尼尔·卡尼曼的介绍词：

我们总是倾向于认为英国人很势利，而这个标签很少被用来形容美国人。然而，当涉及“应用性”这个形容词时，情况就变得不一样了。“应用性”这个词在英国没有任何贬义。事实上，剑桥乔叟路 15 号的应用心理学部门，几十年来一直是认知心理学新知识和新思想的主要来源。该部门的成员并没有觉得应用性研究是对他们研究经费的消耗。他们关注现实世界，能将理论和现实无缝衔接，而且对理论和实际应用都作出了很大的贡献。

在美国，“应用性”一词往往会削弱它所指向的学术内容的地位。把这个词加到任何学科的名字里，不管是数学、统计学还是心理学，你就会发现它们的地位下降了。在第二次世界大战期间，这种态度发生了短暂的变化。我相信，第二次世界大战后的 15 年里是应用心理学在历史上发展最快的一个时期，而这并非偶然。旧的方法和方法论禁忌被抛弃了，常识战胜了陈腐的理论之争。然而，“应用性”这个词的地位并没有保持很长时间，这太遗憾了。

加里·克莱因就是一个活生生的例子，说明了对应用心理学的研究如果能做好是多么有用。克莱因是一位非常敏锐的观察者。他观察那些在工作中表现突出的人，发现是那些人能锻炼自己的技能，甚至在生死关头也是如此。而且，克莱因能用简明有力的文字表达他所观察到的内容。当阅读他所描述的真正的职场专家时，你会觉得这是理论家对其观察所得的适应。这和我们经常做的事情不同，这就是对“真实世界”的扫描，以此来说明理论概念。我们中从事认知和社会心理学研究的许多人，都进行过李·罗斯（Lee Ross）所谓的“瓶装现象”（bottling phenomena）的重要练习，通过理论来证明所观察到的现象。克莱因本人既是一个理论家，也是一个观察者，但是他的理论思想是从他的生活中提炼出来的，这些理论的目的是描述和解释在一个重要情境中的很多行为。尤其值得注意的问题是，目前学术型心理学中的哪些概念是有用的。

克莱因和我在很多事情上意见都不一致。具体来说，我觉得他在某种程度上青睐原始的直觉偏差，虽然他也不喜欢“偏差”这个词。但我相信，应该有更多像他这样的心理学家，而且艺术和行为观察的科学应该在我们的思维和课程中占据比现在更为重要的地位。

和仅仅遵循步骤和程序的人相比，运用自身经验的人有什么利弊？

我们从文献中知道，人们有时会犯错误。很多组织都在担心出现错误，并试图通过引入检查程序来减少错误，这样做很有价值。我可不想乘坐那些忘记检查清单，也不知道通过正确的流程来排除故障的飞行员驾驶的飞机。这些流程非常有价值，我对此毫不怀疑。问题是，这是如何与专业技能相结合的？当人们开始成为专家的时候，他们是如何权衡的呢？必须非此即彼吗？人们是必须遵循流程，还是必须抛弃所有的流程，运用他们自己的知识和直觉？我在想，这两种方法是否必须是两分的？我希望它不是，因为这样才能让我们进入第一系统和第二系统的思考。

第一系统是关于直觉的，即人们使用所获得的专业知识和经验。第二系统是一种控制的路径，我们需要将这两者结合起来。因此，困扰我的问题是：哪一种系统的思维是正确的？或者说人们根本上就是不理性的，因此他们不值得被信任？显然，第一系统是非常伟大的。丹尼尔·卡尼曼说过："第一系统是伟大的。直觉虽然伟大，却存在缺陷。"第二系统并不是直觉和经验的替代品，而是一种确保我们不会陷入麻烦的方法。

如果我们移除了第一系统，第二系统就不能完成任务，因为你不能仅仅靠着第二系统活下来。有些人的脑部受损，最终造成了他们的情绪和决策过程之间无法联系。安东尼奥·达马西奥已经写过关于这些人的文章。文中提到，他们在智力测试中的表现并没有受到影响，但是生活表现受到了极大的损害，如他们可能要花 30 分钟才能找到想去的餐馆；他们无法正常工作，生活每况愈下。

我们知道，仅仅遵循贝叶斯统计或类似的理论，试图完全理性地做所有事情是不可能的。我们需要第一系统和第二系统，而我的问题是，将两者结合的有效方法是什么？有哪些有效的方法可以让人们发展专业技能，并在控制自己想法和行为的情况下运用这些专业技能呢？

很多时候，我研究的组织都鼓励人们按照步骤去做，避免犯任何错误。其结果就是，他们在组织中消灭了洞见。他们阻碍了组织中专业技能的发展，也降低了组织的效率和绩效。因此，如何将第一系统和第二系统结合在一起，是一个重要问题。

我现在正在做的一个项目关于生活在危险家庭中的孩子。儿童保护服务中心（CPS）的工作人员必须判断这些孩子遭到虐待的可能性。关于是该把孩子留给那些伤害他们的父母，还是为了保护孩子而把他们带走？这会产生一系列的问题。

这其中有一个复杂因素，就是儿童保护服务中心的工作人员的收入都不高，人员流动性也很大。他们不会费心增强专业知识，而是倾向于依赖一张清单，上面写着处理流程涉及的因素、处理事项及客观标准。有些标准是有用的、需要考虑的，但也需要同理心，就像一些社会工作者在观察孩子的家庭情况时会想："我感觉这不太对劲，这个家庭的父母与孩子交流的方式有点危险，我总觉得他们之间有敌意，父母和孩子的表现也表明他们之间存在着一种威胁的感觉。"我觉得我们不应该丢掉这种同理心。我担心的是，仅仅依凭规章流程办事会阻碍这些洞见的形成，阻碍那些重要社会问题的提出。

在作为心理学家在赖特－帕特森空军基地为美国空军服务的时候，我就开始研究这个方向。我所在的机构叫作"空军人力资源实验室"（Air Force Human Resources Laboratory），它成立于 1974 年。我之前一直在学术机构，现在终于有机会做一些不一样的事情了。我觉得在赖特－帕特森空军基地是一段非常神奇的日子，因为 1973 年爆发了中东石油危机，石油价格飙升，突然之间，这些习惯了飞行训练的飞行员必须更新技能，接受在模拟器上进行训练。我所在的机构就是研究模拟训练的。那时飞行员真的不关心我们这个机构到底在做什么，因为他们只想飞行。事实上，这些研究很重要，因为他们要花很多时间在模拟器中培养技能，所以这对他们来说意义重大。

对我来说，这次可以借机研究一些关于专业技能本质的问题，因为我们试图在人工环境中培养飞行员的专业技能，效果当然不如真正的飞行那么好。但是在某种程度上，模拟环境更安全，因为你可以练习某些动作，可以允许出现某些错误，但在真正飞行时就不行了。这就带来了一系列问题：专业技能的本质到底是什么？它是如何发展的？我们应该如何使用这些设备来更有效地培养飞行员？

就这样，我们做了几年的研究。这种专业技能让我感兴趣的地方之一，就是人们如何做出艰难的判断，以及他们如何做决定。我想深入其中研究一下。而在分支机构里，我们没有空间做这些，所以我在 1978 年决定离开并创办了自己的公司，想要专门研究这些问题。因为不知道从哪里获得经费，我还挣扎了一段时间。

1984 年，美国陆军研究所提出了一个研究课题：人们如何在存在时间压力和不确定性的环境中做出生死抉择？这与我们的想法不谋而合。我们知道，标准的研究方法是选择一个经过充分研究、论证的实验室任务，你可以改变时间压力和不确定性的程度，然后查看结果。但我们并不想那样做，因为根据文献，在不到半小时的时间里根本不可能做出正确的判断和决定。但我们知道有人就是可以做到，我们也不知道他们是如何做到的。

我们没有进行标准研究和变量调控，而是找到了一些专业人士，那就是消防员。在没有救火任务时，他们有时间和我们进行交流，而且还非常友好，乐于助人。我们说："军方想让军人在面临艰难决策时做得更好。你们在这方面是专家，愿意分享一下这方面的经验吗？"他们当即表示愿意配合。

我们得到了资助，然后就去看消防员在做什么。起初，我们在方向上出现了错误，以为只要和他们一起出警就可以。但同时响起两个或是三个警报的情况并不多，当快要将所有的精力和资金都浪费在消防站周围徘徊时，我们想到："我们不能那样做！或许可以问问他们遇到过的棘手的案子。"

我还记得自己采访的第一个消防员，这只是一个练习性的采访。我说："我们来这里是为了研究你是如何做出决定的，主要是那些很难的决定。"

他望着我，带着那么一点傲慢的眼神回答说："我已经做了 16 年的消防员了。我曾经是一名舰长，当了 12 年的指挥官。但是一直以来，我都没有回想过自己做过的任何一个决定。"

"什么？！"

"我不记得自己曾经做过任何决策。"

"怎么可能？！那你怎么知道要如何去做呢？"

"就是流程啊，你只要遵循那些程序就好。"

我的心一下子就凉了。因为我们刚刚拿到经费做这个研究，而这个人告诉我他从来不做任何决策！我们真的遇上大麻烦了！在结束对这位消防员的采访之前，我问他："可以让我看看流程手册吗？"

我满心以为流程手册里会有一些东西能启发我接下来该怎么做，但他又一次，用那种有些傲慢的眼神看着我（显然我不了解他们的工作）说道："没有什么手册，我们就是知道。"

"好吧，这很有意思。"

在那之后，事情开始有了进展。对消防员来说只是流程的东西，其实并不是真正的流程，他们也不是在遵循一步一步的指导，或者遵循某些清单。我们对他们的工作进行了采访，收集到一些非常精彩的故事，其中有一些他们面临生死抉择的故事令人潸然泪下。我们发现，消防员在做决策时并没有遵循传统，即面临一系列的选项，比较每个选项的优劣，在一系列维度上将每个选项进行比较。我的意思是，这才是那种经典的管理学式的决策，你有A、B、C三个选项，有进行评价的维度，你要在每一个维度上对每一个选项进行评价，看看哪个排在第一。但他们并不是这样做的。

当我问"你如何做决策"的时候，消防员就认为我所问的决策就是上述这种决策，他确实没有做过这种决策，因此才会那样回答我。其他人也是那样回答我们的，所以很快我们就不再问他们如何"做决策"，转而改问他们有关"危难时刻"的问题，就是那些他们挣扎、可能会采取不同做法，以及早些时候他们可能在职业生涯中犯下错误的时刻。我们这样问是为了舍弃"决策"这个词，因为那只会引导我们走向错误的方向。

我可以给你举几个例子。一个例子是这样的，一位消防员坚决否认自己做过任何决策，因此我们不再逼问他。

我说："那你讲一讲你最近一次出警的情况吧。"

他回答："那大概是一周之前。"

我问："发生了什么？"

我猜想我们可能会从这个问题的答案中发现些什么。他说："那是个单家独户。我们的车停下来的时候，我看到房子的后面在冒烟，估计可能是厨房起火了。一般情况下都是这样，而且我知道如何处置厨房起火。”

他观察房子周围，确定正在发生什么后，他给了一名队员一根直径为 4 厘米左右的绳子。他对那位队员说：“进屋里，到后面做好准备，当看到火的时候就把它敲下来。”他们就是这么做的，然后就把火扑灭了。

他说：“你看，就是这样，没有什么决定，一切都是标准化的。”

我说：“你知道吗，一般人会告诉我，如果房子着火了就得赶紧跑出来。而你却让队员跑进着火的房子。你为什么要这样？为什么不是你跑到后面破窗，从后面用水管把火浇灭？这样的话，你的队员们就不会进入着火的房子。这看起来才是我会做的事情。”

他的脸上又浮现出了那种有些傲慢的神情（我在这项研究中看到了很多这样的神情）并说道：“是的，可能一些志愿性的消防公司会这么干，但这是一个坏点子。如果这样做的话，你是在将后面的火势引向房子里，是在助推整个火势，而我们不想那样做。所以我们才会进入房子，去着火的地方灭火。我们想用水灭火，一切都是为了将火赶出房子，而不是将它赶进房子里。有的时候，我们也不能采取这种内部灭火的方法。如果有一个房子正好毗邻着火的房子的话，我们就会从外部采取措施，但这个例子中没有那么复杂的情况。”

我说：“谢谢！谢谢你。”

这是一个很简单的情况。事实上，消防员面临着一个抉择：是要采取内部灭火，还是外部灭火？这是一个抉择点，但他没有觉得这是，因为对他来说答案太明显。这就是 20 年的经验带给他的东西。他的大脑中有各种各样的模式，可以很快判断形势，知道应该如何应对，因此觉得并没有有意去做出什么决策，因为他没有建立什么模型。但这并不意味着他没有做出真正的决策，因为对于我可能做出的决策，他认为在那种情况下是一个糟糕的选择。

而这，就是我们的模型的一部分，有经验的人知道如何建立一系列的反应模式，他们可以据此对各种情境快速判定和分类，很快就能知道如何应对。不止是如何应对，他们还对情境进行了建构，这个框架会告诉他们什么才是关键。这也就是他们总是可以，或者说通常都可以切中要害的缘故。他们知道要忽略什么，重点关注什么。

因为知道后面会发生什么，所以专家会比新手表现得更平稳。专家们不止在做当下的工作，他们还知道接下来会发生什么，并已经做好了准备。专家们知道重要目标是什么，所以他们可以进行相应的选择。

有的时候，你想快速灭火；有的时候，火势太猛，你要确保它不会波及附近的建筑；还有的时候，你需要进行搜救。他们已经知道什么样的目标是正确的，而不仅仅是将火扑灭。

顺便说一下，当他们去想接下来会发生什么的时候，还有另一个好处：如果情况超出了预期，这就是一个警示。“可能是我对火势大小估计错误，或是对现实情况的认识是错误的，或是对情况的理解出现了方向上的错误。我的框架出现了问题，需要重新思考一下。”

我们看到有很多例子，人们会因为现实不符合预期感到意外，这样就使得他们之前的思维轨迹行不通了。这显示了框架的重要性，它会给你预期，而且可能会出现意外。除此之外，这个框架还能提供合理的行为。

但这只是决策的一部分，因为只提供了行为最初始的动力。你会如何评价自己的行为呢？

当开始这个研究的时候，我一直认为人们评价行为的方式就是将它和其他行为进行比较，就像一个标准模型一样，看看哪一种行为会更好。但是这些消防员要在几秒钟之内做抉择，根本没有时间对不同的选项作比较。而且，他们也说自己从来没有比较过不同的选项。这到底是怎么回事呢？

在看了一些案例之后，我们找到了一条解释的线索。

下面举个例子，我从这个例子中学到了很多东西。

一位消防员接到了指令，有一个紧急情况，好像是一位女士要自杀，她爬到一条公路旁边的高处，企图往下跳，但是没有成功。她没有像自己计划的那样自杀成功，而是落到了一根挂着公路标识的柱子上，然后她条件反射地抓住了那根柱子。消防员接到报警，紧急救援队也赶来救她。他们到达现场的时候看到她在那里，那时消防队长必须清楚该怎么实施这个营救。

与此同时，另一辆带有挂钩和梯子的卡车也到达了现场，他们用无线电向消防队长发出信号。

“你希望我们怎样帮你？”

他不想去考虑那些人，只想从他们的喧哗中冷静下来，所以说：“你们开车去下面的公路设置障碍。如果这位女士掉下去，我们不希望让她掉在某辆车上，连累一个无辜的司机，你们去拦住他们。”

这时，消防队长开始思考如何进行这场营救。消防员的标准救援方法是使用金斯利套索（Kingsley harness）：往被救者肩上一卡，在大腿上一卡，然后将人带到安全的地方。你可能在电视上看到过，这就是他们进行营救，将人们带出危险情境的方法。他们把金斯利套索放低，将它套在被救者身上，他们就会被提起来，转移到安全的地方。但是，在这次营救中，这个方法行不通，因为那位女士喝醉了，神志不清。

我还没有告诉你们故事的另一半。一到现场，消防队长就告诉队员们：“任何人不许出去！因为这太冒险了，情况太危险了！”

两个队员很快就忘记了他的嘱咐。他们爬出去，想要保护那位女士。其中有一个队员托着她的腿，另一个抓住了她的胳膊。队长对此感到很欣慰，因为如果一旦有什么事情发生，这样可以保证那位女士的安全，但每个人都听他说过不要这么做，所以他的权威有点被挑战了。现在有两名消防员和那位女士待在一起，他想：“我们能把她拉到一个可以坐的位置，然后用金斯利套索给她套上吗？”同时那两名队员也得在这根支柱上保持平衡。对于他们来说，想要把这位女士提起来而不冒险并不容易。所以他否定了这个选择，因为这是不可能成功的。

然后他想：“也许我们可以让那位女士脸朝下，从后面套上套索。”

但消防队长想象了一下提起那位女士的场景，想到她的后背可能会塌下去，这样很有可能会严重伤害她的背部。于是他排除了这个选项，又开始想一些其他的选项，但觉得都不会成功，所以否定了所有的想法。

然后，他又有了一个非常聪明的点子。用安全带怎么样？就是消防员身上的那种。你有没有在电视上见过，一个消防员在二楼或者三楼帮助人们爬到梯子上，梯子有 2 ~ 3 层楼高。

你会想：“如果他掉下来怎么办？”

但实际上消防员的腰部有一条安全带，在爬到顶端的一瞬间，他们会把套索立马套到顶上，这样就能保证安全。

队长想：“我们可以拿一条安全带，将那位女士抬高 2 厘米左右，将安全带塞到她身下，从后面扣起来。我们还可以在这条安全带上系上一条绳子，这样就可以将她提起来转移到安全的地方了。”

队长所做的就是我们所谓的“心理模拟”。他通过在脑海里想象是否存在什么问题，来选定可能的方法。而这就是他在做营救决策时的过程。

消防员把安全带放下去，从那位女士的身体侧面将安全带系起来。而与此同时，带着挂钩和梯子的消防车也已经开始行动了，因为他们就停在那里，无事可做。他们让一些人爬上梯子，开始实施救援。他们说：“我们到了，就要救到她了。”

这里开始了一场比赛，因为队长想要在消防车之前把那位女士救出来。

他们把安全带的皮带扣紧，开始把那个女人抬起来，这时队长才意识到自己的心理模拟出了什么问题。因为安全带应该扣在一个身材结实的消防员的防护衣上的，而这是一位很苗条的女士。她穿着一件很薄的毛衣，消防队员将安全带扣在最后一个洞上，但还是不够紧。当他们把她提起来的时候，我永远不会忘记他形容的场景："她像一条滑溜溜的意大利面一样掉出来了。"那位女士滑出了安全带。但是，下面消防梯上的人正好在那里，当她落下来的时候，他们正好操纵着梯子上升，所以抓住了她。那位女士得救了！虽然营救成功了，但这并不是消防队长所期望的。

我们能从这个故事中学到什么？

我们知道了消防队长如何做评估。他会考虑不同的选项，但不善于进行比较，看这些选项中谁是最优的。他认为第一个可能会奏效，于是就会进行心理模拟。他对每一个选项都进行了想象中的加工。这种方法让他每次可以评估一个选项，只考虑在具体的情境下这个选项是否行得通，而不是将某一个选项与其他的进行比较。即使这个选项没有达到预期，他还可以选择另一个策略。

其中的一个策略由两部分组成。第一部分是匹配情境，对要做什么确定框架；接下来的第二部分是心理模拟，评估和操作每一个选项，运用自己的经验来确定它们是否能达到预期。人们会用自己的经验去进行心理模拟。在上面的例子中，这位消防员的经验没有那么丰富，因此他的心理模拟也没有像预期的那么有效。但是，通常来说，这都会非常有效。

我之前描述的策略都是关于如何运用自身的直觉的，因为有些人不会做什么正式的决定，不会通过比较进行分析。他们都是跟着直觉走，依靠直觉，我认为这就是他们运用自身经验的方式。这些直觉都基于10年、15年乃至20年以上的经验，这让他们有一整套的模式，能很快地判断面临的情况，知道如何去做。但是，他们也不仅仅是在跟随直觉，他们还在平衡直觉和心理模拟的部分，这就是他们的分析方式。这就是他们的决策，我们称之为意识启动的决策（recognition-primed decisions），这些决策由他们判断形势的能力所启动，并被心理模拟所平衡。

直觉让很多人犹豫，因为它很神秘，就像《星球大战》里的卢克·天行者，但它不是人们可以从金字塔中获得的能量，或者什么神秘的东西，或是什么超感觉力。尽管我也采访过一些人，他们说自己是依据超感觉力进行决策的，但这是因为他们根本搞不清楚决策的依据。

直觉关乎专业技能与隐性知识（tacit knowledge）。这里我们来对比一下隐性知识和显性知识。显性知识是关于客观物质的知识，也就是事实信息。例如，我可以通过电话告诉人们，我出生在布朗克斯，那么人们就知道我的出生地了。

但还存在其他形式的知识，比如程序性知识。你可以将程序想象成一系列的步骤。隐性知识和专业技能可以让你知道何时启动、结束每个步骤，以及这些步骤是否奏效。

隐性知识的另一方面是关于直觉的，就像我们可以进行直觉上的判别，因此我们可以获得经验，可以理解之前从未见过的事物。

举个例子，比如我们看奥运会的跳水比赛，运动员从跳板上跳下来，过程中没有做卷腹动作，跳入水中，动作非常干净，而评论员会说："溅起的水花比本来应该的要大一些，评委们肯定会抓住这一点。"因为运动员入水的时候，她的脚踝分开了。然后，我们在即时回放中看到，果然就是这样！评论员看到了发生的这一切，但对于像我们这样的观众来说，这是看不见的，我只是看到了跳水。他们知道看什么，知道可能出现问题的部分，或者是那些比较难的方面。这是他们建立的模式的一部分，知道如何分配他们的注意力，这样就能看到异常情况的发生。他们是在发生的时候，而不是回放的时候看到这些的。你不可能通过电话告诉别人要看什么。你可以在事后说出来，但他们在事情发生的时候就已经看到了。这种辨别的能力是隐性知识的一部分，也是直觉认知的一部分。

另一部分是模式识别。如果你去一个朋友家，他因为某种原因拿出了自己的影集，其中有一张他四年级时的照片。你看到这张照片，看了看照片上所有人的脸，然后说："这个是你，对吧？"大多数时候，你都是对的。现在看来，那张脸看起来并不像你朋友，但我们看到了面部的相似部分，看到了眼睛、眉毛、鼻子以及所有这些感官之间的关系。我们拥有一个可以应用的模式识别，这是隐性知识的另一方面。

如果我们有丰富的经验，那么在看事物的时候就能感觉到典型特征。这意味着我们可以看到异常的东西，会感觉到某些东西不应该这样，或者不太对劲。然后我们会开始寻找它的不当之处，这是隐性知识的另一个方面，我们通常利用它来进行危险预警。

另外，隐性知识还有一部分是我们对事物如何运行而建立的心理模型。心理模型是我们解释因果关系的框架。如果这件事情发生了，那件事情就会发生；如果那件事情发生了，我们就会建立有关事情如何运行的心理模型。

现在，很多纽约人对金融系统的运行而建立心理模型，会比他们 2006 年建立的心理模型更复杂。经历了 2007 年和 2008 年的金融危机，人们对于华尔街的介入、帮助和干涉，以及它不正当的激励措施如何发挥作用，都有了更好的理解。人们在这些复杂力量的相互作用方面积累了更多的认识。他们知道了这些力量以及它们是如何联系在一起的。他们无法告诉你这些知识具体是什么，也无法画出一个简明的图表，而这也是隐性知识的另一个方面。

基于直觉的判断看上去非常神秘，因为直觉不涉及显性知识，不涉及陈述性的事实知识。我们无法明确追踪这些直觉判断的起源，它源于我们知识的其他部分。它来自隐性知识，所以感觉很神奇。直觉有的时候就像是超感觉力，但它并不神秘，它就是我们过往经验积累的结果。

对决策的研究发现，我们的很多决策都取决于感觉及我们是如何估计形势的。我在研究感官的过程中感兴趣的是人们通过一种新的方法来估计形势，他们是如何形成洞见的，以及洞见是从何而来的。我一直在关注人们在努力理解当下情况时产生洞见的事件。我意识到，这也是隐性知识的一部分，因为很多时候洞见会在没有任何预兆的情况下出现。你会突然说："我知道该怎么做了！”那么，这种感觉从何而来？又是什么阻碍着它呢？这些是我一直在研究的事情。我一直在研究不同形式的洞见，想要进一步知道它们是否总是以相同的过程产生，或者是否存在几种相关的产生过程。

我发现的情况是后一种，人们有几种不同的方式形成洞见。很多关于洞见的实验室研究都遵循着这样的流程：人们试图解开一个谜题，然后他们遇到了瓶颈，卡在那里。接下来，要逃离这种困境的关键就是避免思维定式，通过意识到自己的假设出了问题来获得洞见。这其实就是检查不奏效方法的假设，发现困住自己的假设，然后破除这种假设。但是，根据我们的研究，这只是形成洞见的一种途径。我们发现还有很多非常重要的途径。

在观察这些洞见的案例和偶然事件时，有些例子涉及人们帮助他人获得洞见的行为，这引起了我的注意。你会如何帮助他人获得洞见呢？其中一种方法就是帮助他们发现自己思维中的矛盾之处。

我给你们举个例子，这也是我最喜欢的例子之一。

我有一个朋友，道格·哈林顿爵士（Doug Harrington），很多年前他是一名非常优秀的海军飞行员。当喷气式飞机的飞行员是一项艰难的任务，因为他们不仅要会飞，还必须能在航母上起降，也就是说他们必须降落在一艘船上，这艘船本身还在上下浮动。虽然不会像一艘划艇那么晃悠，但航母依然是会移动的，他们必须降落在这个移动的平台上。作为一名驾驶 F-4 战斗机的教员道格可以做到，而且很擅长。

道格职业生涯面临的转折点，是被派去飞更复杂、更先进的 A-6 战斗机。他是一位非常有经验的飞行员，在一次训练中，他需要将 A-6 战斗机降落在航母上。他到了航母附近，准备进行第一次着陆，航母上有一位降落信号员负责引导所有的飞行员，告诉他们要做什么。如果这些降落信号员看到他们不愿意看到的情形，就会让飞行员把飞机飞走。当道格准备降落时，降落信号员告诉他：“来吧，来吧。”

道格的队列非常完美，所以他做了任何优秀海军飞行员在这种情况下都会做的事情。他忽略了降落信号员，因为他知道自己已经准备好了。降落信号员不停地说“来吧”，但道格并没有这么做，然后降落信号员挥手让他飞走。这很奇怪，因为他的队列很整齐。

他接下来必须再试一次。再一次，他又完美地排好了队列，降落信号员说：“来吧！”这次道格心想：“我这次要做得更好。”所以他再往前了一点，但他又被信号员挥手示意飞走了。现在，他必须再来一遍，他说：“在信号员失去耐心之前，我的燃料要耗尽了，所以我最好听听他的意思。”

他试着按照指示去做，然后成功地完成了着陆。但那天他应该进行 6 次着陆，晚上还要进行 4 次着陆。他确实进行了 6 次着陆，但都不是很好。在那天结束的时候，他被告知：“道格，你今天表现得不太好。你不用参加夜间着陆训练，这太冒险了。你必须在明天重复白天的着陆，之后我们会让你参加夜间着陆。但是如果你明天还没有练好，那就算了。这就是你在海军飞行生涯的终点了。”道格感到非常震惊，因为那天早上醒来时还一切顺利，到了晚上他的飞行生涯就可能结束了，他根本不知道发生了什么事。

他在舰上的朋友们过来找他，他们说了一些没用的话，比如，“道格，你明天必须要忍受”，或者“道格，这件事情很重要”。换句话说，这些都是无用的建议，只会让他变得更焦虑。他们快把他逼疯了。

到了晚上，道格已经准备睡觉了，有人敲了一下他小屋的门，他吼道：“走开！”因为他不想和任何人说话。敲门的人是降落信号员，他是在试图帮助道格，尽管这并不是他的分内之事。

道格终于开门了并说道：“我不想你教我任何事。他们一直在跟我说一些话，但都是没有用的。”

降落信号员说：“我不是来教育你的，只是想和你谈谈，就想问你一些事情。”

“好吧，你想问什么？”

“我知道你是个很棒的飞行员，显然你今天有麻烦了。告诉我，你当时到底在想什么？”

“我在做我一直在做的事情啊，我把飞机头对准跑道的中央线，把它排得很整齐，你一直在告诉我‘来吧，来吧’。”

“你现在飞的是A-6。在此之前，你飞的飞机型号是什么？”

“F-4，这是我多年来一直在飞的型号。”

“在F-4战斗机中，要么是你，要么是你的学生坐在后面。但在A-6中，你是和别人并排的，所以情况是完全不一样的。”

“这只有50厘米的差别，不是很大，也不会有什么不同。也许是67厘米吧，但这也不会改变什么。”

“你确定吗？”

“是的，我只是把飞机头对准了跑道的中心线。”

这时，降落信号员说：“那我们来试试吧。如果你不介意的话，我希望你能在我面前尝试一下。”

降落信号员说：“伸出你的胳膊，把大拇指向上，这就是你飞机头的正中间。闭上一只眼睛，把你的拇指和房间里某个地方的一条垂直的线对齐，这代表你把机头对准了中间线。现在，把你的头移动50厘米。”道格按照他所说的那样移动了，因为现在他飞的是A-6。“再把你的拇指拉回中间线。”

“你看看发生了什么。它改变了飞机的整个航线，因为你不在中线，哪怕只有50厘米，但是这里会有一个你没有考虑到的视差效应。”道格一做完这个演示就说道：“啊！我真是一个白痴！显然就是这个问题！”

第二天，道格在白天做了6次着陆，没有遇到任何麻烦，晚上也完成了4次着陆。他的飞行员职业生涯得以继续下去。

我很喜欢这个故事，因为降落信号员帮助道格获得了洞见。他努力向道格进行解释，但是这并没有促进道格的理解，所以他创造了一个情境，从而让道格看到自身经验中的冲突。一旦道格发现这些冲突和矛盾，他的心理模型就会改变。我认为帮助人们获得洞见不是向人们展现洞见，或是通过语言进行解释，更多的应该是帮助人们获得这种体验，这样他们就可以看到自身的矛盾之处，然后他们的心理模型就会非常自然而轻松地完成转换。对我来说，这就是好老师的礼物，可以帮助他们想要支持的人。好的老师总是能够在帮助自己支持的对象方面表现得天赋异禀。他们会尝试启发自己的学生或者同事，帮助他们寻求洞见。

THAT MEANS THAT

FOR **BETTER OR WORSE,**

RATIONAL THOUGHT

MAY NOT REALLY

HAPPEN THAT OFTEN,

AND IT'S NOT SUCH A

CENTRAL COMPONENT

OF HUMAN LIFE, OR OF

WHY WE DO THINGS.

理性思维并没有人们认为的那么常见，所以它并不是人类生活的常态，也不是我们做事遵循的依据。

——《清洁感》

15

A SENSE OF CLEANLINESS
清洁感

Simone Schnall
西蒙娜·舒纳尔
社会心理学家，剑桥大学认知与情绪实验室主任

作为一名社会心理学家，我认为情绪以及各种各样的感受（包括生理感觉）都在判断和决策中起到了非常重要的作用。举个例子，清洁感可以影响人们判断某件事情是对还是错。我们一直在研究一般情况下人们是如何进行决策的。具体点说，我们研究的是道德判断，也就是人们如何辨别是非。

在过去很长的时间里，人们都在想为什么某些行为是错误的。他们会想到所有理性的原因，比较所有的利弊，然后得出结论：某种行为要么是错误的，要么是非常错误的，要么没有那么糟糕，要么还不错，等等。人们已经习惯了长时间努力思考，然后找出答案。

但事实并非如此。首先，人们并不会总是这么做，很多思维过程并不是有意识进行的，而是在意识之外发生的。许多想法是偶然发生的，人们甚至

没有意识到它们。因此，除了复杂的想法和推理，偶然因素也受到了人们的关注，例如感觉和直觉，这些因素可能比理性的想法更强大。在 2001 年，乔纳森·海特发表了关于社会性直觉模型（social intuitionist model）的论文，提出了非常具有影响力的观点。

如果我问你："为了得到一份好工作而在简历上造假，你觉得这种行为有多严重？"你可能会产生一个理性的思考过程，想到为什么它是错误的，或者为什么它并没有那么严重。但是我们发现，当你处于某些情绪状态时，例如正好坐在一张脏兮兮的桌子面前，那么你会得出不同的结论。如果你坐在一张恶心的桌子面前，或者闻到了屋子里恶心的味道，与那些坐在干净桌子前或没有闻到恶心味道的人相比，你会认为简历造假是非常严重的。

同样地，我们也发现，当让人们有机会体验到洁净的感觉时，他们也会认为简历造假没有那么严重。人们当下的感受似乎会影响他们某些甚至是非常基本的决策，即关于某些行为的是非决策。令人感到意外的是，即使我们认为自己的决策有充分的理由，但生活中总会发生随机事件，这就是我们决定什么是道德的、什么是不道德的方式。

就道德而言，厌恶已经引起了很多人的注意，并且已经有不少对厌恶的研究。厌恶的反面是清洁感，或是保持干净、洁净、纯粹。在某种程度上，对清洁、纯净感的向往都有一个社会起源。灵长类动物会展示出社交性的毛发梳理行为：猴子会非常接近彼此，从彼此的毛发里择出虫子，这不仅能使它们保持干净，而且具有将它们联结在一起的社会功能。

同样地，猴子会从彼此的皮肤上择出虫子和污垢，最终在接近的过程中变得更亲密。因此，这种保持彼此清洁的行为，或是对保持清洁的渴望，会对社会关系的建立产生影响。保持清洁，让事情变得恰当和整洁，而不仅仅是没有污染或厌恶可能是非常重要的。

我开始研究情绪和判断，是在弗吉尼亚大学和杰里·克洛尔（Jerry Clore）、乔纳森·海特合作的时候。我们对道德判断很感兴趣，比如情绪和感受如何影响判断和决策的过程。在那之后，我做了一些关于积极的道德情绪的研究。

我们检验了我们称之为“道德提升”（moral elevations）的影响，也就是当看到别人做一些有益于他人的事情时，我们会有一种被激励的感觉。我们采用了来自《奥普拉脱口秀》（*Oprah show*）中的一个有代表性的视频片段，在这个视频里，有人在给一些弱势群体的孩子做指导，这些孩子成长在一些治安混乱的城区，可能会成为帮派的一员，但那个导师就像父亲一样指导着他们。

我们给被试播放了这段励志影片，而在其他的实验组，我们播放了一段中性的影片。那些看《奥普拉脱口秀》的人真的感觉到被激励了，这段影片给了他们一种温暖而模糊的感觉。但重要的不仅是这种体验，而是这种感觉也会引导他们去帮助他人。

如果看到有人做了一件非常棒的事情，我也觉得自己想要做个好人，也想帮助别人。我们让被试看了《奥普拉脱口秀》之后，进入了研究的第二部分，假装电脑崩溃了，没有办法继续，然后对他们说：“虽然计划的是一个小时，但是你们现在可以走了。”他们才来了 10 分钟或 15 分钟。被试们正在收拾东西准备离开，然后我们说：“哦，对了，我们这里有一些问卷，真的很枯燥乏味。但是我需要一些人来填，不管你完成多少，对我都是有帮助的。”

很多被试陆续坐下来，开始填写这些问卷。但真正有趣的是，那些在道德提升组的人竟然平均可以坐 40 分钟来填写这些问卷，因为他们很有动力去帮助他人；而看了中性影片的控制组人也会坐下来填一会儿问卷，时间为 15 分钟左右。我们已经在各种情境中发现了这一现象，这一发现让我们充满希望。事实证明，某些道德情绪确实会激励人们做好事。

这里我们可以回想一下，慈善机构是如何努力让我们做慈善的，他们给出了很好的论据和理由，向我们展示了非洲有多少孩子在挨饿，以及所有这些统计数据。他们总是诉诸理性。但是根据我们的发现，诉诸情感可能是一种更有力量的方式，不仅会让人们觉得“这些可怜的人真苦啊”，而且会让他们省得，自己能通过帮助他人来激励别人并成为那些需要帮助者的恩人，这种感觉真的很棒。

最近，我们也开始研究在道德情境中，人的面部肌肉是如何活动的，如微笑或皱眉。我们用非常敏感的电极来测量人们在考虑违反道德行为时的微小肌肉运动，换句话说，就是看他们有什么程度的笑容和皱眉，更重要的是，他们在厌恶的情况下多大程度上会皱鼻子。

最终，我们发现了一些具体的肌肉活动模式。例如，人们对伤害他人的某些行为会有皱眉的反应，对那些不符合纯洁或清洁感的行为则会皱鼻子。但重要的是，这些肌肉运动可以预测人们随后的判断：如果不赞成一个人踢狗，我皱眉的次数越多，就越认为这是错误的。

厌恶是一种非常有趣的情感，因为它比其他情感更能让人产生强烈的生理反应。最初它是与食物有关的，任何闻起来不对劲的东西都可能有害。如果你吃了一些腐烂或被污染的食物，就可能会生病。这是一种适应性的、生理性的情绪。但随着时间的推移，理论也在发展，这种与食物相关的基本情绪变得更加抽象，人们也将道德与生理上的恶心联系在了一起。一些不道德的行为可能会被认为是令人恶心的，因为有一种对身体和精神或道德厌恶的融合：厌恶最初是为了保护我们在生理上不被污染的情绪，但后来它变成了保护我们免受精神或道德污染的情绪。

道德的直接应用领域是法律。如果你让陪审员在进入法庭前洗手，然后他们才会了解法庭案件的所有信息，这是否会对他们的判断产生影响？还有一些其他的研究证明，生理上的操作会改变各种判断。

举个例子，劳伦斯·威廉姆斯（Lawrence Williams）和约翰·巴奇表示，如果你拿着一杯咖啡在对另外一个人进行评价，你会发现当拿着热咖啡的时候对他人的评价会比拿着冰咖啡的时候要更热情友好。因此，在一个法庭或其他法律情境中，如果你洗手或者握着不同温度的杯子，这些因素在某种程度上会非常微妙地影响你的想法和行为。你可能会想："这可是要决定谁将被判刑，谁会被关进监狱的大事啊，这些因素会有什么影响呢？"

问题的关键在于，此刻人们是否感觉干净或肮脏、温暖或寒冷。这些因素是否发挥了恰当的作用？是否应该排除这些因素的影响呢？这是我们应该忽略的东西还是我们应该注意的东西？我们要在多大程度上控制和摆脱这些情绪？

老实说，认为情绪在道德中扮演着重要角色的观点还是非常新颖的，我们正在做这样的基础研究。我们正处在基础科学的阶段，研究实验室里情绪真正的具体效应，然后再将这些效应运用到实验室以外的地方。

在一天结束实验的时候，我想，我们的一个目标可能就是让人们知道这些因素是存在影响的，情绪是会起作用的。因此，如果你关注自己为什么做这些决策，或者影响你做决策的到底是什么，也许就能够控制这些影响。

很多人都知道情绪如何影响思想，并知道如何抵消这种影响。杰里·克洛尔和诺伯特·施瓦茨（Norbert Schwarz）就提出了一种非常有影响力的理论，叫作"情绪信息"（Affect-as-Information），即当感觉到一种心境或情绪时，我们就会解释它，并根据与它相关的东西赋予它一些意义。例如，有一个研究人们如何确定对生活是否满意的项目，当实验人员问一些当下感觉相对幸福的人，或者问一些当下没有感到多么幸福的人时，得到的回答会有非常大的差异，而这种差异其实受到了天气的影响。

在阳光明媚的日子里，人们会感到相对幸福，他们说生活是美好的。在下雨的日子里，他们会说："生活是痛苦的。"但是，如果你提醒一下他们当下的天气："天气不是很好，对吧？"或者："今天真是个糟糕的雨天，对吗？"然后人们就会纠正这个错误，说道："生活并没有那么糟糕。"因为他们意识到自己的感觉在判断中起着重要作用。因此，我们在生活中经常会感觉到一些事情，并认为这些都是有意义的。

如果感觉开心，人们就会认为生活很幸福，即使当下的感觉不能真的代表整个人生。这种想法已经在很多领域都被发现并投入实际应用，而最新的领域就是我们正在研究的道德领域，正如我之前提到过的。

有时候，我们无法控制自己，即使我们知道天气晴朗并不真的意味着一切事情都是美好的。或者相反，多云的天气也并不意味着一切事情都很糟糕，但我们还是会这么觉得。感觉是很难被推翻的，这可能和这样一个事实有关：某些心理过程是非常基础、本能的。我们总是想着依靠努力和意志力就可以推翻它们，但是这些生理感受真的太强大了，难以改变。

我不确定一味地注重意识研究会产生多么丰富的成果。如果我们所做的很多事情发生在意识之外，或者是出于一些我们没有意识到的原因，那么，如果通过意识进行解释，它可能无法解释那么多。更有成效的方法可能是要从具体认知的角度去研究心智。也就是说，许多思考或认知过程不仅与大脑中发生的事情有关，而且与身体在环境中采取的具体行为有关。在这一基本的认知过程上，我们与其他动物非常相似。我们通常认为人类是特别的，因为我们是如此聪明，但我们在改造周围世界的过程中，仍然与其他动物非常相似。

拉里·巴萨卢（Larry Barsalou）做的很多研究都表明：思维的语言和身体接收信息的方式非常相似。当我们处理信息或经历某一种感官体验的时候，同类语言或相同形式的信息会在抽象思维过程中被吸收和使用，而这就是隐喻。在某种程度上，隐喻指的是我们从生理体验中提取出了物理性的概念，然后在谈论抽象事物时使用了这些概念。

最近有一项实证研究表明，隐喻具有具体的空间基础。我们喜欢把美好的事物想象成向上的，而坏的事物则是向下的。当感觉良好的时候，我们会站得很高，情绪高涨；而如果感觉不好，我们可能会感到压抑、低落。布莱恩·迈耶（Brian Meier）和迈克尔·罗宾逊（Michael Robinson）发现，当积极的东西在电脑屏幕上向上呈现时，人们对它的识别速度要比它们向下呈现的时候更快。同样地，当一个消极的东西以向下的方向呈现时，它更容易被识别。对于什么是好的和坏的，我们有空间上的表征，这似乎来自我们的生理定向，仅仅是因为我们站立的方式，或者我们在物理空间中的生存方式。

乔治·莱考夫（George Lakoff）和马克·约翰逊（Mark Johnson）的著作《我们赖以生存的隐喻》（*Metaphors We Live By*）是认知语言学隐喻研究的开端。但是直到最近，社会心理学家才开始对这本书中的观点进行实证检验，并获得了很多支持性的证据。

在各种形式的文学作品中有一个有趣现象，就是人们喜欢处于道德感觉良好的最低水平，一旦达到这个水平，他们就满足于待在那里。所以，这就像某些具体的因素，比如我们当下的清洁感、恶心的程度，对自己道德水平的感知，都会改变我们的判断和行为。“道德许可效应”（moral licensing effect）表明，如果我提醒自己是一个好人，有积极的品质，相比于那些没有认识到自己的积极品质，对自我有些怀疑的人，我就不太可能去帮助别人。

基本上，一旦确认了自己是一个相当不错的人，我就对自己很满意了；但是，如果我在道德层面上感到自卑，那么就想去帮助别人，做些好事。人们想达到道德平衡，既不超越也不堕落。这种观点对于理解人们为什么做好事，为什么不做好事，以及为什么做坏事等问题，都是非常重要的。因此，尽管我们认为理性思考是思想和行为背后的动因，但实际上，思想和行为可能是基于我们没有意识到的因素。

在过去的几年里，道德已经成为心理学的热门话题。为什么这种基于直觉的道德观念会如此受欢迎？我认为有两个原因。一个原因是，这种方法与具身认知（embodied cognition）有很紧密的联系，而具身认知本身也是非常有影响力的。另一个原因是，人们逐渐认识到，在意识之外还有很多东西。我们没有意识到正在做的许多事情，以及为什么要做这些事情。理性思维并没有我们认为的那么常见，它并不是人类生活的常态，也不是我们做事遵循的依据。

STATISTICAL AND

APPLIED PROBABILISTIC KNOWLEDGE

IS THE CORE OF KNOWLEDGE;

STATISTICS IS WHAT

TELLS YOU

IF SOMETHING IS TRUE,

FALSE,

OR MERELY ANECDOTAL;

IT IS THE LOGIC OF SCIENCE.

科学知识的核心是统计和应用概率知识，统计的意义在于告诉你一件事是真是伪，抑或仅仅是道听途说的逸闻，它是“科学理论的逻辑基础”。

——《第四象限：统计的极限图》

16

THE FOURTH QUADRANT: A MAP OF THE LIMITS OF STATISTICS

第四象限：统计的极限图

Nassim Nicholas Taleb

纳西姆·尼古拉斯·塔勒布

风险管理理论学者，畅销书作家，

著有《黑天鹅》《反脆弱》

约翰·布罗克曼的介绍词：

当纳西姆·塔勒布谈到统计数据的局限性时，他会变得愤怒。“我的愤怒，”他说，“是针对那些忽悠科学的人，他们用统计学方法将整个社会置于危险之中。这类似于医源性疾病，即医生将病人置于危险境地。”作为一名概率研究者，他的研究有一定的可信度。他认为房利美和银行风险经理是2006年次贷危机主要的作恶者，塔勒布写道：“当我看出风险时，政府资助的机构房利美已经坐在了一桶炸药上，任何一点火星都会让它爆炸。但不用担心，因为大批科学家都认为这种事情‘不太可能发生’。”

在接下来的这篇文章中，塔勒布继续着他对“黑天鹅”（指一件看上去非常不可能、不可预测的事件却产生了巨大的影响）的研究。塔勒布声称，那些将社会置于危险境地的人之中“没有真正的统计学家”，只有一些使用着统计数据，却完全不理解统计的家伙。他说：“目前的次贷危机确实极大地帮助我了解了根据统计数据进行索赔的局限性。”

塔勒布着眼于当今金融机构面临的灾难，指出“银行系统对‘黑天鹅’的对赌已经损失了超过一万亿美元，比银行史上任何时候都损失惨重”。

但是，正如塔勒布所说的，并非没有好消息。

“我们可以识别出危险区域的位置，我称之为‘第四象限’，并可以在地图上画出它大致的边界。地图是有用的，因为你据此可以了解哪里是安全的，而哪个区域的知识是有问题的。因此，我为读者画了一个地图，展示了统计工作的边界，以及它在哪里是有问题的，或者说是不可靠的。一旦确定了危险区域在哪里，你的知识会在哪个区域失效，你就可以很容易地制定一些规则，比如如何在第四象限进行自我管理，以及需要规避什么”。

统计和应用概率知识是科学知识的核心，它的意义在于告诉你一件事是真是伪，抑或仅仅是道听途说的逸闻，它是科学理论的逻辑基础。它是承担风险的工具，也是认识论的应用工具。对于研究生阶段才学习统计，只能随意而机械地运用统计数据的那些人，这个问题其实复杂得多。统计可以愚弄你，甚至可以让我们的系统崩坏。使用概率方法来估计风险，只会让银行系统爆炸。

对于人们接受的由概率驱动的科学观念，尤其是社会科学、经济学和计量经济学（数量经济学）中的观念，次贷危机都提供了绝佳的机会。根据国际货币基金组织对 2007 年到 2008 年之间次贷危机成本的估算，银行体系的风险损失比风险收益更大。1983 年也发生了同样的情况，货币中心银行损失了挣下的每一分钱，而且，储蓄和贷款行业在 1991 年到 1992 年之间成了历史。

这样看起来好像是金融机构在交易中赚到了钱，却在他们不懂的风险领域失去了所有的收益。我想要这种现象停止，现在就停止。全世界银行机构目前进行的补救，就像是找大量造成医疗事故的医生来治病救人。而且，这一现象不仅仅局限于银行业。我总结了一整类的随机变量，它们并没有我们以为的什么数据结构，我们对它们几乎一无所知。

我们不仅在社会经济和其他非线性复杂的变量上是白痴，就如同在乘坐一辆司机被蒙住了眼睛的巴士，而且当我们面对所有的证据时，仍然拒绝承认这一真相，这对我来说就是学术界的病态。1998 年之后，享有“诺贝尔桂冠”的人和金融经济学专家让长期资本管理公司、对冲基金迅速增长，因为他们使用的“科学”方法错误地估计了罕见事件的影响，而这套方法和这些对罕见事件的理解，足以让他们名誉扫地。然而，美联储对它们伸出了援手，罕见事件以及模型错误的曝光显著增多，这也是我们在莫名其妙的金融衍生品膨胀中看到的。

我们是不是在使用不确定性模型估算确定性?

这场盛大的“化妆舞会”似乎并不发端于统计学家，而是来自商品化的“过度自我”（me-too）的用户。专业的统计学家会深刻地内省和自我批判。2007 年 8 月，美国统计协会在丹佛举行的年度联合统计会议上，就“黑天鹅”概念举行了特别小组会议。他们坚持把“统计学家”（那些研究学科本身和设计工具与方法的人）和那些并没有真正理解，而只是照搬教科书中统计工具的人区分开来。对他们来说，这是统计教育和半专业的问题。可惜的是，这类盲目用户就包括了监管者和风险管理人员，他们制造的风险比控制的风险更多。

但好消息是我们可以识别危险区域的位置，我称之为“第四象限”，并可以在地图上以更清晰的边界将它们标识出来。地图是有用的，因为你知道在哪里是安全的，你的知识在哪里是有问题的。我为读者画了一个表，标出了统计研究的边界；超过了这个边界，统计就是有问题或不可靠的。一旦确定了危险区域在哪里，你的知识在那里就不再有效，你就可以很容易地制定一些政策规则：如何在第四象限进行自我管理；需要避免什么。

地图的主要价值在于它可以用来制定政策。事实上，我的研究还在继续。

我的新项目是关于如何了解未知，利用随机性，弄清楚如何生活在一个我们并不了解的世界里。虽然大多数人都把注意力集中在如何将知识转化为决策这一问题上，但我的新使命是要建立一些方法，将信息、理解和“知识”的缺乏转化为决策。我们将会知道，怎么才能不做个“白痴”。

有研究结果表明：已知的常规工具中，没有一个可以让我们在第四象限得出精确的统计结果。在过去，我主要引用已经被他人证明的学术论文和证据（低风险的交易），得到了超过 2 000 万的数据集，包括过去 40 年中 98% 的每日、每周和每月交易的相应的宏观经济学变量，又加入近几年的数据重新进行了系统分析。

什么是现实生活的基本差异

我对风险管理的“实证”主张的愤怒并非来自研究。它来自花了紧张、有趣的 20 年在现实世界投资组合的管理中对复杂衍生品所采取的风险决策，其收益依赖于高阶统计特性。你很快就会意识到：在研究论文中“看起来精彩”的某一类关系在现实生活中几乎从未出现过，尽管论文都声称“p”值接近无误，但这并不是研究的主要问题。

对我们来说，世界在某种意义上比学术简单得多，在另一种意义上则复杂得多。因此，决策的核心教训是：正是暴露或者说收益创造了复杂性以及机会和危险，而不是知识如统计分布、模型表示等。在某些情况下，你可能犯下了大错却没有多大影响；但在另一些情况下，你可能犯了一点小错误却引发了大爆炸。如果你被杠杆化，错误会让你崩溃；如果没有，你还可以享受生活。

知识在许多情况下都无关紧要。在现实世界中，如果某些命题为真或为假，你做的事情或信念就会彼此影响，但这样的例子是很少见的。有些决策需要更加谨慎，或者是有更高的置信区间。例如，你不需要证据证明水是有毒的才不去饮用，不需要证据证明将枪上膛是为了避免玩俄罗斯轮盘，也不需要证据证明小偷在偷窥你们家的门。你需要安全的证据，而不是缺乏安全的证据，这是一种会对我们造成罕见影响的中心不对称。这种怀疑的不对称使得画出危险地图变得容易了。

假数学的危害

在一开始，我要说一说过去反对的你我这样从事金融工作的“数学分析专家”、经济学家和银行风险经理进行的改革，我认为主要的作恶者是医源性风险（杀死病人的医生）。为什么会有医源性风险？因为不仅经济学家无法证明他们的模型是有效的，而且没有人能证明一个不起作用的模型有着中性的作用，也就是不会因为更加盲目冒险而增加潜在风险。

根据图 16-1，我想出了一个经典比喻。有一只火鸡被喂养了 1 000 天，且有人负责每天跟喂它的统计部门报告，人类正在以“显著的统计水平”保护火鸡的福利。那么在第 1 001 天，这只火鸡将会带来“惊喜”。

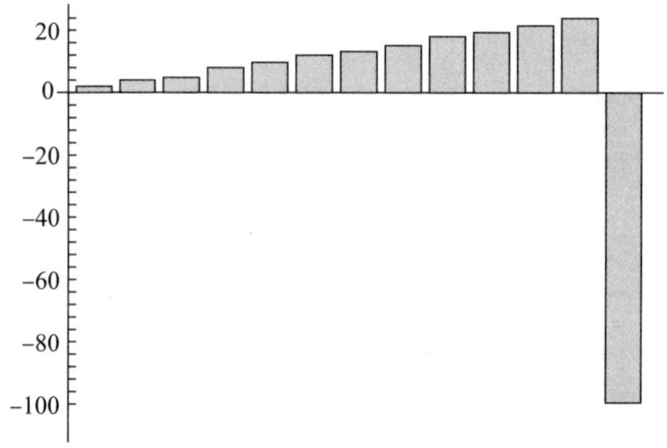

图 16-1　崩溃解剖图

图 16-2 展示了近 1 000 家金融机构的命运，包括房利美、贝尔斯登、北岩银行、雷曼兄弟等。银行系统对罕见事件的押注在一个错误上的损失超过一万亿美元，这比银行业历史上总共赚的钱还要多。然而，银行家们保留了他们之前的奖金，于是普通公民不得不为此买单。本·伯南克（Ben Bernanke）在危机爆发前就说过，我们生活在一个“非常平稳”的时代（他现在正在驾驶一架飞机，我们都是乘客）。

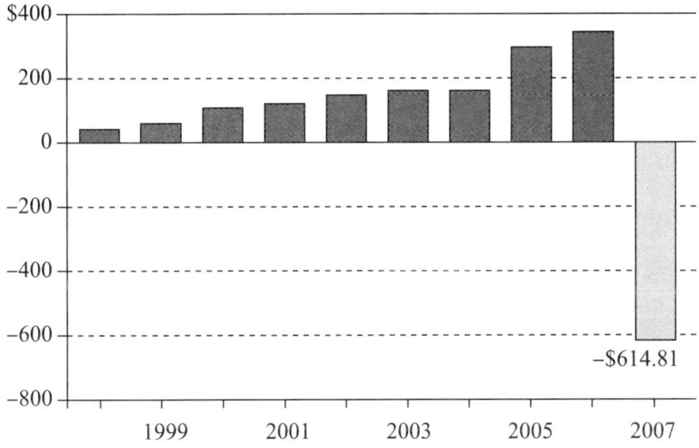

图 16-2　因迪美银行的年度净收益（1998—2007 年）

来源：彭博新闻社。

图 16-3 显示了在 1990—2007 年期间，英国利率的衍生品投资组合的每日变化。在欧洲货币体系崩溃的那一天，在近 20 年的时间里，接近 99% 的变化出现在同一天。这是典型的社会经济变量，包括商品价格、货币、通货膨胀、GDP、公司业绩等。任何已知的计量经济学统计方法都不能以任何可接受的精度来捕捉事件的可能性，当然，除了事后我们再在报纸上看到的那样。要注意的是，这也同样适用于电子网络和各种现代现象的激增。

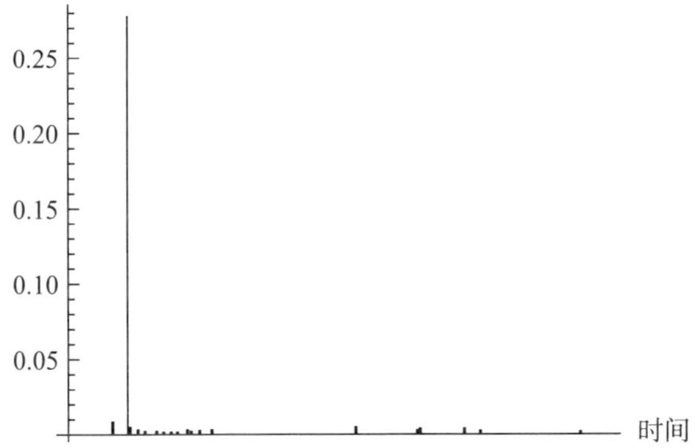

图 16-3　1990—2007 年英镑短期期权的收益

图 16-1 和图 16-2 展示了历史中有关风险的经典问题，还包含了一些恰好能拟合这些数据的理论。我的一个朋友买了一套次级贷款（杠杆）的理由

是，“30 年的历史都表明这种交易是安全的”。他认为这个论点是无懈可击的。图 16-3 表示罕见事件的异常影响并不是唯一的，它影响了所有宏观经济数据。如果你分析的时间够长，你会发现一些变量的解释几乎全部来自罕见事件。

现在，我想告诉你们我担心的是什么。想象一下，如果一只火鸡是世界经济中最有权势的人，掌管着我们的经济命运会如何？本·伯南克在 2004 年末发表了一份关于“新平稳”经济生活的声明，他认为世界正变得越来越平稳。然而，随着我们像火鸡一样坐拥越来越多的资源，这一体系将变得越来越危险，风险也越来越大，而伯南克的前任——美联储前主席艾伦·格林斯潘（Alan Greenspan）则系统性地增加了金融体系中的潜在风险，使我们更容易受到金融危机的冲击。

因为“叙述谬误”（narrative fallacy），在感恩节之前，火鸡经济体总是会宣称“我们处在一个安全的新时代”，并通过彻底和严格的分析来支持这一观点。贝南克教授确实发现了大量的经济解释，我称之为“叙述谬误”，有图表、术语、曲线以及经济学教科书中所见的那种“知识面”。这是一种非常油滑的结论，这种油滑的知识面让我在接受纽约大学工程部门的新职位之前就确定了这幢楼里没有一个经济学家。我对经济学家没有任何异议：他们确实可以用理论和优雅的数学来彼此娱乐，并让大学生们都在教室里好好待着。但要注意，这些理论和数学可能完全是错误的，而且其采用的框架会在某种程度上让你觉得与之争辩是愚蠢的。所以你要确保自己不会让他们中的任何一个人来承担风险管理的责任。

底线：地图

以下的内容很简单，主要介绍了两种不同的决策类型，以及两种截然不同的随机类型。

决策

第一种决策很简单，即“二进制”，指你只关心某件事是真的还是假的，而事件是否正确或错误并不重要。有些人要么怀孕了，要么没有怀孕。一个命题是“真”或是“假”，存在一定的置信区间，我把这些称为 M0，更严格地说，它们依赖于零阶矩，也就是事件的概率，而不是它们的大小。你只需要关心“原始”的概率。实验室里的生物实验或跟朋友打赌足球比赛的结果就属于这一类决策。

第二种类型的决策更为复杂。你不仅关心频次，还关心影响，或者关心更为复杂的影响公式。因此，还有另一层不确定的影响，我称它们为 M1+，因为它们依赖于更高的分布阶矩。正如投资时，你并不在乎赚了多少次或亏了多少次，在乎的是期望值，以达到你的预期。

概率结构

有两类概率域,它们在性质和数量上非常不同。第一种叫窄尾中庸（thin-tailed mediocristan），第二种叫粗尾极端（thick-tailed extremistan）。在深入了解细节之前，我们先来看看以下内容中的文学性的差别。

关于中庸，总有例外发生，但不会带来很大的影响。将地球上最重的人加到一个 1 000 人的样本中，总的重量几乎不会改变。而对于极端来说，例外就是一切。在你的样本中加入比尔·盖茨的财富，财富总量将会增加 10 万倍以上。因此，在中庸的情况中会有很大的误差，但不会带来影响，不像在极端情况下那样。

中庸对应的是“随机漫步”（random walk）风格的随机类型，它在普通的教科书中很常见。极端相当于“随机跳转”（random jump）的类型。第一种我称之为“高斯 – 泊松”，第二种称之为“分形”或“曼德博罗集合”，这是数学家本华·曼德博罗（Benoit Mandelbrot）的成就，他将其与自然的几何结构联系起来。但请注意这里有一个认识论问题:有一类“我不知道”的类别，为了做决策我把它归入了极端的类型中，这仅仅是因为我不太了解概率结构或者更大事件的作用。

地图

现在，我们来看看陷阱都在哪里。

第一象限

简单的二元决策中的中庸的情况：统计数据会产生奇妙的作用。这些情况在学术界、实验室和游戏中更常见，我称之为“博弈谬误”（ludic fallacy）。这些情况存在于赌场、游戏和骰子中，之所以倾向于研究它们，是因为我们成功地建构了它们的模型。

第二象限

简单决策中的极端情况：在文献中研究的一些众所周知的问题。当然这不包括极端中的很多简单决策。

第三象限

中庸的复杂决策：统计方法的结果出奇得好。

第四象限

极端的复杂决策：欢迎来到“黑天鹅”领域，这就是你的极限所在。不要把你的决定建立在基于统计学的论断上。你也可以尝试移动你的表现类型，使它成为第三象限的样式（“削尾”）。

表 16-1 右下角就是统计和模型让我们遭受失败的区域。表 16-2 为各种层次结果的对比情况。

表 16-1　陷阱

应用领域	简单结果	复杂结果
分布 1（“窄尾”）	对“黑天鹅”极度稳定	对“黑天鹅”非常稳定
分布 2（“重”和/或未知尾，或未知的特征向量）	对“黑天鹅”非常稳定	统计的极限，对“黑天鹅”极度脆弱

表 16-2　　各种层次结果对比情况

简单结果 “真或假？”	复杂结果 “多大程度？”	非常复杂的结果 “多大程度？确实如此吗？”
M0 （取决于原始概率，即概率乘以第0次幂）	M1 期望线性结果 （简单预期，概率乘以收益）	M2+ 非线性结果 （概率乘以收益的平方、立方或凸函数）
医疗 （健康而非传染病）	安全： 恐怖主义，自然灾难	创新收益，凸型科技
心理学实验	环境问题	流行病的社会影响
赌注 （预测市场）	气候	非线性模型的校准
两分或数字衍生品	一般风险管理	非线性效用预期
生或死 （对单个个体）	流行病，n 个人的生或死（n 为随机数）	误差分析中的错误
破产 （对单个企业）	保险，对预期损失的测量	投资组合（亏损点附近）
单一保险（封顶）	保险（大的投资组合），开放式灾难保险	衍生收益，动态对冲投资组合
还有什么？ 基本没有！	金融（投资）	基于峰度的定位 （“波动率交易”）
	赌场	三次方收益 （从货币期权中提取）
	经济（政策）	

两个难点

从理论到现实世界存在着两个不同的难点：“逆向问题”（inverse problems）和“前渐进性”（preasymptotics）。

逆向问题

这是我所知的最大的认知论难点。在现实生活中，我们无法看到概率分布，即使对于苏联和法国政府来说也是如此。我们只能看到事件。所以，我们事先并不知道统计属性。给定一组观察结果后，我们可以看到大量的统计分布可以与真正的现实相对应，每一种分布都可以外推到各种不同的衍生事件上。当更多的理论、分布可以拟合数据集时，逆向问题就越严重。

逆向问题和罕见事件的小样本属性相混合，这些在过去的样本中都是非常罕见的。在非线性的情况下，逆向问题也很严重，因为可能的模型或参数集已经激增了。

前渐近性

当然，理论很糟糕，而且在某些情况下它们可能会更糟，即当它们是在理想化的情况下得出的，但是渐近被用在渐近之外的情况之中（它的极限，如无穷大或无穷小）。一些渐近的性质以前线性的方式很好地发挥了作用（中庸），这就是为什么赌场会表现强劲，其他的则不然，尤其是在极端的情况下。

大多数的统计教育都是基于这些渐近的、柏拉图式的特性，而我们生活在一个几乎无法拟合渐近的现实世界中。这样一来就构成了博弈谬误，大多数统计学的学生所做的只是假设一个结构，通常都依赖于已知的概率。而我们所面临的问题并不是通过已知概率来进行计算的，我们的目的是发现真正的分布。

罕见事件的逆向问题

我们先来讨论一下罕见事件的逆向问题，分析一个简单的、非数学的论断。2007 年 8 月，《华尔街日报》发表了一篇讲述金融经济学家的文章，作者对金融市场经历了一系列“万年一遇”的事件而感到非常惊讶。如果看他的画像，他显然比一万年要年轻得多。因此我们可以假定，他既不是从自己的经验，也不是从历史上得出结论的，而是从一些产生罕见事件风险的理论模型，或者他认为是罕见事件的理论模型中得出结论的。

事件越少，你需要的理论就越多，因为我们没有观察到它。因此，事件越少，它的逆向问题就越严重。而理论是脆弱的，想想伯南克教授吧。

悲剧向来如此。假设你从数据中得到了未来发生某件事的概率，假设过去可以表征未来。现在，假设某一事件每 1 000 天发生一次，而你需要比

1 000 天更多的数据来确定它的概率，比如说 3 000 天。那么，如果事件每 5 000 天发生一次呢？这个概率的估计就需要更大的数字，15 000 或更多。概率越小，你需要的观测值越多，而对一系列观测值的估计误差就越大。因此，要估算一个罕见的事件，你需要的是一个与事件发生概率成反比的样本。

如果“小概率事件有大影响，并难以从过去的数据进行计算”，那么，我们对于罕见事件潜在影响的经验知识（概率 × 后果）就与它们的影响成反比。这就是我们为什么要在第四象限担心的原因！

对于罕见的事件，证实偏见是代价巨大且扭曲的。为什么？因为“黑天鹅”倾向事件的大部分都会成为“黑天鹅”！大多数样本不会透露出“黑天鹅”，除非你被它们击中，否则你就无法讨论它们。事实上，我查看了过去 40 年的数据，过去的社会经济生活中的“黑天鹅”并不能预测未来。

对于左偏尾分布，我们没有看到存活实体的很多负面结果，但我们在左尾有小样本（见图 16-4）。这就是我们在过去的一些时间序列中总是倾向于乐观的原因。

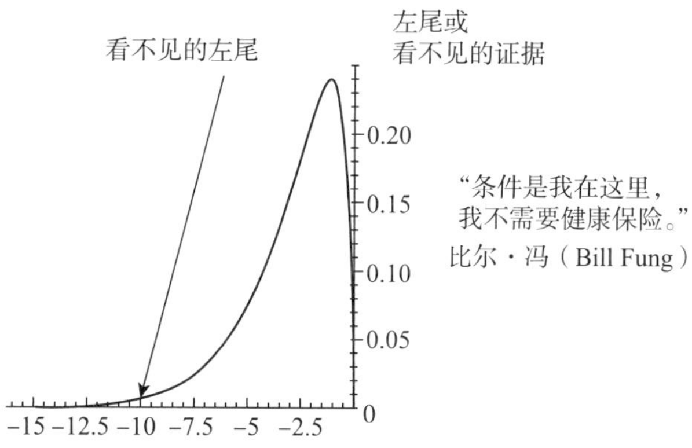

图 16-4 工作中的证实偏差

单一事件的概率谬误

在一个发达国家，根据保险数据，女性预计会在 79 岁左右死亡。当过 79 岁生日时，如果她能达到一般健康水平的话，还可以再活 10 年。在 90

岁的时候，她应该还有 4.7 年的时间。所以，如果有人说一个人的年纪大于 100 岁的话，你可以估计他是 102.5 岁；而当一个人的年龄大于 140 岁的时候，你可以估计他的寿命是 140 岁加上几分钟。随着一个人年龄的增加，对于其剩余生命的条件性预期也会降低。

极端事件中的情形则截然不同，随机变量条件性预期的增加并不会随着变量增大而下降。在现实世界中，如果股票收益和所有经济变量的损失超过 5 个单位，用传统计量单位计算就是 8 个单位。假设超过了 50 个标准差（STD），那它就应该是 80 个单位；如果一直到样本用完，超过 100 个单位之后的均值就是 250 个单位！这会影响到我们拥有充足样本的各种领域。

这告诉我们，没有“典型”的失败，也没有“典型”的成功。你也许能够预测战争的发生，但无法估量它的影响！假设一场战争杀死了超过 500 万人，那它可能会杀死大约 10 倍或更多的人。你可以正确地预测一个有技术的人会变得“富有”，但他可以赚 100 万、1 000 万、10 亿甚至 100 亿，没有一个准确的数字。例如，关于药物销售数据的预测，假设我们做好了所有的事情，销售预估却与实际销售完全不相关，一些被预测成功的药物的销量被低估了 22 倍！

这种“典型”事件在极端情况下的缺席，使得预测市场变得可笑，因为它们使事件看起来像是二元的。“战争”是没有意义的，你需要估计它带来的危害，但没有危害是典型的。许多人预测第一次世界大战会发生，但没有人预测到它的规模。经济学不起作用的原因之一，就是经济学著作根本看不到重点。

第四象限不确定性的简单证明

如果你不知道“典型”事件是什么，那么分形幂律是在数学上讨论极端情况的最有效方法。这并不意味着现实世界的发生器实际上是一种幂法则，它意味着如果不理解它所传递的外部事件的结构和找到一个分析工具，那么你就不会变成一只火鸡。此外，分形简化了数学讨论，因为你所需要的只是使用一个参数（我称之为“α”），它增加或减少了罕见事件在总体特征中的影响。

例如，你将出版业的 α 值从 2.3 变成 2，图书的销量就超过了 100 万册。在遇到本华·曼德博之前，我经常使用一系列的概率计算和付费电子表格，用笨拙的模拟来进行组合。学习使用分形可以使我们立即进行这样的分析。现在我要做的就是改变 α 值，看看会发生什么。

现在的问题是：参数化一项幂律就会使其本身产生巨大的估计误差（我说过，重尾有可怕的逆向问题）。α 主要参数的微小变化就会对尾部造成巨大影响。

图 16-5 中显示了对来自不同样本经济变量的指数“α”的 4 万多次计算，这些数据无法反驳分形幂律。我们很难搞清楚“α”到底是什么，因为结果被误差破坏了。显然，绝对平均误差大于 1，即在等于 2 和等于 3 之间。在金融物理学中，大量的论文发现“平均”α 值在 2～3 之间。但如果在文献中分析处理了大于 2 000 万的数据，你会发现单个变量之间的差异非常显著。

这意味着平均误差产生了严重的后果，从图 16-6 中我们可以看到它爆炸的量级。超过一定数量的期望值损失，会将小于平均误差的 α 的一个小变化乘以超过 10 的倍数！这就是银行以为自己估算准确的损失数目！

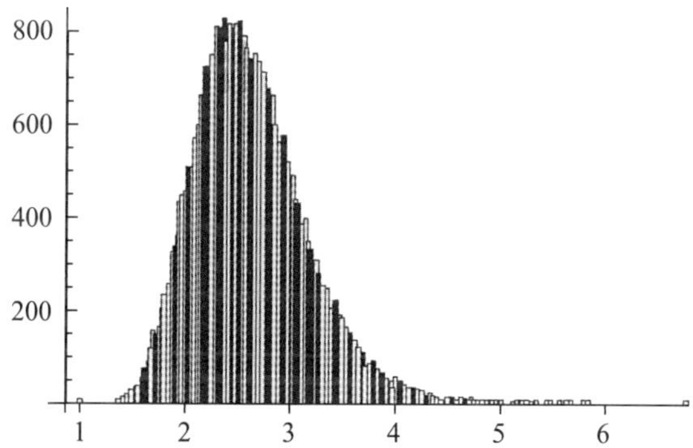

图 16-5　α 估算误差（n=40 431）

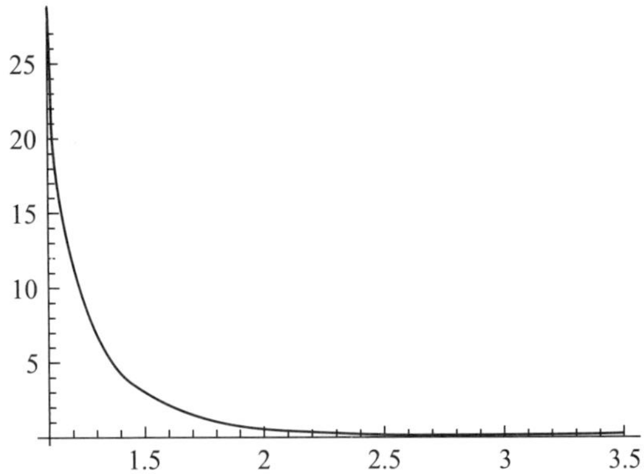

预期缺口值（预期损失超过某一阈值），以响应尾部指数 α 的变化。

图 16-6 α 和远程事件

如果分布不遵循幂律呢？这是我每天都要问的问题。我再重复一遍：我的论点不会改变，我们需要更长的时间对此进行表述。

许多研究人员，如菲利普·泰洛克，研究了社会科学家在预测经济学、政治科学等方面的无能。由此可见，预测者可能只是“尸位素餐”，预测错误完全被罕见事件主导了，而且我们找到这些错误的能力很有限。“群体智慧”可能会在前三个象限中起作用，在第四象限却会遭遇失败，且已经失败过了。

生活在第四象限

当我在当复杂衍生品交易员的时候，人们对我的职业有误解，所以总是找我问“炒股秘诀”，这让我非常愤怒。只有江湖骗子才会给你积极的建议，告诉你应该“怎么做”。

你去书店看看商业类书架，就会发现大量的书都在告诉你如何赚到第一个百万，或者 2.5 亿，等等。你绝不可能找到一本关于“如何在商业和生活中失败”的书，尽管这种类型的建议中包含相当多的信息，通常骗子也比较少。事实上，我发现这一类本质上没在骗人的金融著作（关于某人如何败掉了他的财富），受欢迎的都是自行出版或已经绝版的。即使在学术界，发表负面的研究结果也没什么前途，尽管这些结果信息量巨大，而且较少受到我们称为数据探测法（data snooping）统计偏差的破坏。所以，我讨论的是“我们不知道的东西是什么”，而我的建议就是要避免这些。

如果你避免死亡，就可以活得更久；如果你避免破产，就会过得更好；如果你避免了第四象限的爆发，就会变得更加富有。

现在，你认为人们会接受我关于知识空缺和不可预测性的观点。但很多人总是问我：“既然我们的测量方法是错的，那你有更好的方法吗？”

我曾经教过研究生和实践者们数学金融课程，但不久之后就对他们不抱什么希望了。学生不能理解“这些我们不知道的东西”的价值，认为这些不是信息，所以他们什么也学不到。但实践者们非常重视它，统计学家们也是如此。我从来没有与这个领域里的统计学家发生过分歧，只是不认同那些使用统计方法的人。

斯皮罗斯·马瑞达克斯（Spyros Makridakis）和我是决策科学特刊《国际预测杂志》（*The International Journal of Forecasting*）的编辑。一次，特刊提出了一个问题：在一个可预测性较低的环境中我们应该怎么做？我们收到了成堆的回复，但你猜怎么着？很少有人说到这一点，他们都在向我们展示他们能在论文里预测得更好。这使得我开启了一个新项目——“如何生活在一个我们并不理解的世界里”。

在这里，我想向你们介绍一种智慧法则（phronetic rules，亚里士多德式的短语中“决策智慧”的意思），以及得出了一些相关的结论。

智慧法则：在第四象限做什么是明智的

避免优化，学会接受冗余

心理学家告诉我们，富有不会带来幸福，尤其你只是花钱的话。但如果把钱藏在床垫下，你就不会那么容易受到“黑天鹅”的攻击。只有傻瓜（比如银行）才会想要优化，他们意识不到一个简单的模型错误就可以将他们的资本洗劫一空。在 2007 年 8 月的某一天，高盛的日均交易量是平均交易量的 24 倍，那么日均交易量的 29 倍会摧毁系统吗？我所知道的金融市场唯一的弱点，就是它能让人们和公司追求“效率”（满足股票分析师的收益目标）来抵御极端事件的风险。

事实上，有些系统倾向于优化，反而会变得更加脆弱。艾伯特–拉斯洛·鲍劳巴希（Albert-Laszlo Barabasi）警告我们，电网优化导致它无法应对意外用电激增，随时可能会像 2003 年 8 月的纽约那样出现大停电。他真是未卜先知！然而，自那以后，能源供应一直保持着越来越高的效率。大宗商品的价格因为需求的增长在短时间内翻番。我们不能再有任何懈怠了。几乎所有谈论“地球是平的”的人都没有意识到：系统已经过度优化到了极度脆弱的地步。

那些存活了数百万年的生物系统中包含了大量的冗余。关于这一点，我们可以用人类的性行为来解释。根据历史数据，平均每 4 ~ 12 个孩子中会有 2 个幸存到成年。

选择–理论分析：冗余像是一个长期的选择。你当然会为此付出代价，但这可能是生存的必要条件。

避免远期收益的预测

远期收益的分布比近期的部分更难预测。

一般的原则是，在前三个象限中，你可以使用能找到的最好的模型，但这在第四象限里是危险的：没有一个模型比其他模型更好。

谨防远期事件的“非典型性”

有一个糟糕的方法叫作“情景分析”和“压力测试”，通常基于过去的或者一些“有意义”的理论。但过去的不足并不能预测随后的不足。同样，“预测市场”也是傻瓜们干的事。可能对于二选一的选举，他们能起到作用，但在第四象限就行不通了。回想一下，对于事件的定义其实很复杂：成功可能意味着在银行有 100 万美元或者 50 亿美元！

时间

在第四象限的时间序列中，要揭示它的性质需要消耗更多的时间。在最坏的情况下，我们不知道需要持续多久。然而，付给银行高管的奖金是在短期窗口中支付的，这就造成了观察窗口和必要的窗口之间的不匹配。尽管收益为负，但这些高管依然很富有。但如果“黑天鹅”能击中左边（亏损）或右边（利润），我们就可以有一个更清晰的想法。

这一点可以用于气候分析。像天气这样已经运行了很长时间的东西会更可取，它们更有可能达到一种遍历状态（ergodic states）。

注意道德风险

最理想的情况是把一揽子奖金全押在第四象限的潜在风险上，然后爆发，再写上一封感谢信。房利美和房地美的高管们则很有可能保有他们之前的奖金，就像之前的例子一样，甚至还会获得近 1 500 万美元的遣散费。

指标

基于第一类型随机性的传统度量方法根本不起作用。像“标准差”这样的东西并不稳定，测量不了第四象限的任何东西。“线性回归”（第四象限的误差）、“夏普比率”（Sharpe ratio）、马科维茨最优投资组合（Markowitz optimal portfolio）、方差分析、最小二乘法等，从字面上看，所有这些东西都是从统计教科书中拎出来的。

人们既可以同意我的观点，认同罕见事件的影响，也会继续使用这些指标，这让我不得不怀疑这是不是一种心理障碍。

这些度量方法失败的原因在于：它们基于“方差”“标准差”以及我们在多年前尚无电脑时发明的一些术语。我想用一种方法证明任何与标准差有关的东西都是知识的表象：有一种测量方法叫作“峰态”（kurtosis），主要表示偏离“正常”的程度。事实上，有些东西非常不稳定，而且存在巨大的抽样误差：过去 40 年任何一天的石油价格、标准普尔 500 指数、白银价格、英国利率、日经指数、美国存款利率、糖价和美元或日元汇率都出现了 70% ~ 90% 的峰态。

这意味着没有样本会表达出真实的方差。它还告诉我们，任何人在第四象限使用“方差”或“标准差”都是不行的。

偏态在哪里？

很明显，第四象限可以呈现出左偏态或右偏态。如果我们怀疑右偏态，那么真实的平均值更有可能因为过去实现的度量而被低估，而且潜在总体也会同样受到破坏性的影响。一家生物技术公司通常会面临着正向的不确定性，一家银行则几乎只会面临负向的冲击。在新项目里，我称之为模型的“凹型”或“凸型”错误（见图 16-7）。

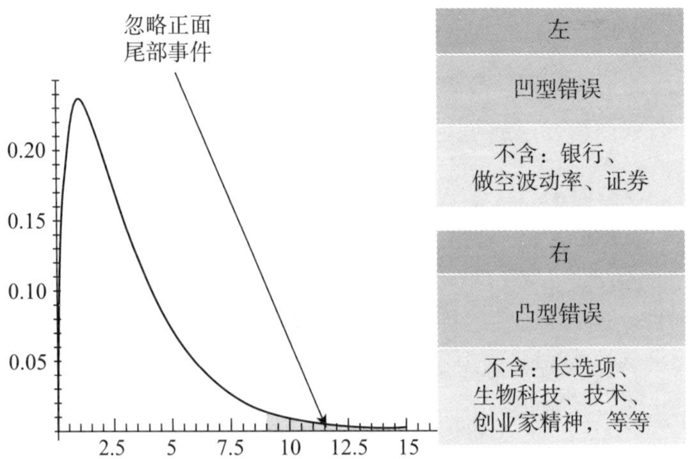

图 16-7　凹型错误与凸型错误

不要将没有波动和没有风险混淆

使用波动性作为稳定的传统指标愚弄了伯南克以及银行体系。

随机漫步以波动为特征，它只会出现在那些从未在不确定环境下做出决策的人写的课本和文章中（见图 16-8）。

随机跳跃过程的特征不是波动性。它很少跳出 80 ~ 120 这一范围，但它的极端值要严重得多（见图 16-9）。如果你们有机会见到伯南克，请告诉他。

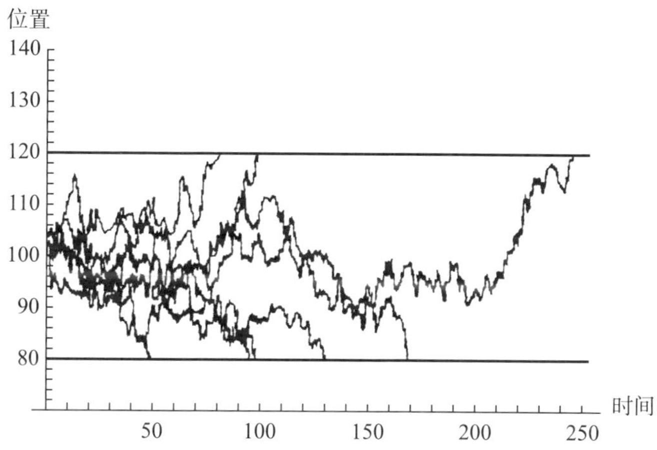

图 16-8　随机漫步

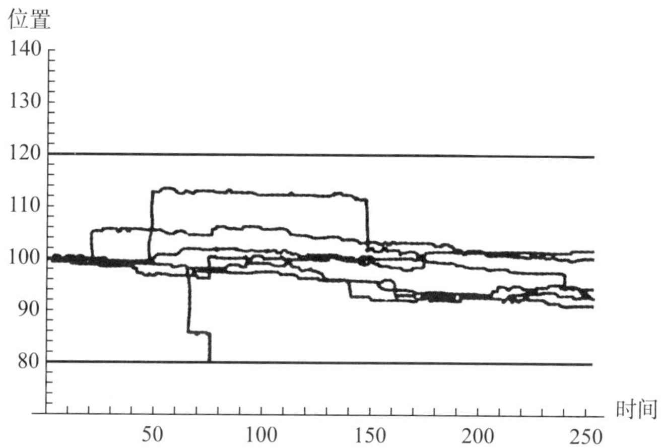

图 16-9　随机跳跃过程

小心风险数字的表达

我们要面对数学问题。第四象限中的风险感知也受到框架问题的严重影响。丹·戈尔茨坦和我正在进行一个有关不确定性的心理学实验，发现人们对罕见事件的看法会因为框架而严重扭曲。人们面对“每 30 年发生一次”的风险会更加冒险，而当他们被告知这种风险“每年有 3%”的发生概率时，则没有这种效应。而且，风险的表达形式似乎并不是中立的：它会导致冒险行为，哪怕人们明知它是不可靠的。

未来，属于终身学习者

我这辈子遇到的聪明人（来自各行各业的聪明人）没有不每天阅读的——没有，一个都没有。巴菲特读书之多，我读书之多，可能会让你感到吃惊。孩子们都笑话我。他们觉得我是一本长了两条腿的书。

——查理·芒格

互联网改变了信息连接的方式；指数型技术在迅速颠覆着现有的商业世界；人工智能已经开始抢占人类的工作岗位……

未来，到底需要什么样的人才？

改变命运唯一的策略是你要变成终身学习者。未来世界将不再需要单一的技能型人才，而是需要具备完善的知识结构、极强逻辑思考力和高感知力的复合型人才。优秀的人往往通过阅读建立足够强大的抽象思维能力，获得异于众人的思考和整合能力。未来，将属于终身学习者！而阅读必定和终身学习形影不离。

很多人读书，追求的是干货，寻求的是立刻行之有效的解决方案。其实这是一种留在舒适区的阅读方法。在这个充满不确定性的年代，答案不会简单地出现在书里，因为生活根本就没有标准确切的答案，你也不能期望过去的经验能解决未来的问题。

湛庐阅读APP：与最聪明的人共同进化

有人常常把成本支出的焦点放在书价上，把读完一本书当做阅读的终结。其实不然。

时间是读者付出的最大阅读成本
怎么读是读者面临的最大阅读障碍
“读书破万卷”不仅仅在“万”，更重要的是在“破”！

现在，我们构建了全新的“湛庐阅读”APP。它将成为你“破万卷”的新居所。在这里：

- 不用考虑读什么，你可以便捷找到纸书、有声书和各种声音产品；
- 你可以学会怎么读，你将发现集泛读、通读、精读于一体的阅读解决方案；
- 你会与作者、译者、专家、推荐人和阅读教练相遇，他们是优质思想的发源地；
- 你会与优秀的读者和终身学习者为伍，他们对阅读和学习有着持久的热情和源源不绝的内驱力。

从单一到复合，从知道到精通，从理解到创造，湛庐希望建立一个“与最聪明的人共同进化”的社区，成为人类先进思想交汇的聚集地，共同迎接未来。

与此同时，我们希望能够重新定义你的学习场景，让你随时随地收获有内容、有价值的思想，通过阅读实现终身学习。这是我们的使命和价值。

湛庐阅读APP玩转指南

湛庐阅读APP结构图：

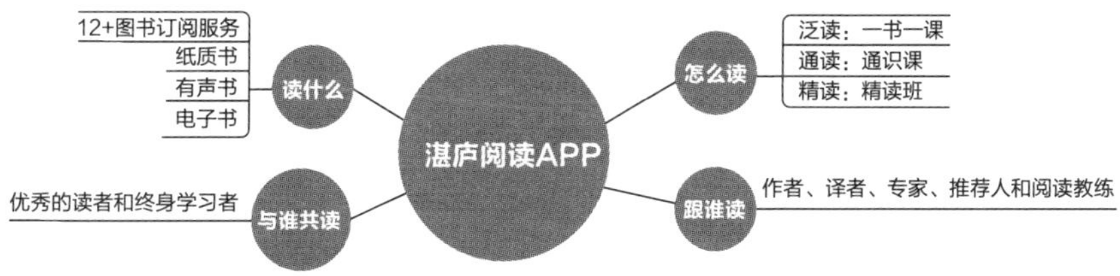

三步玩转湛庐阅读APP：

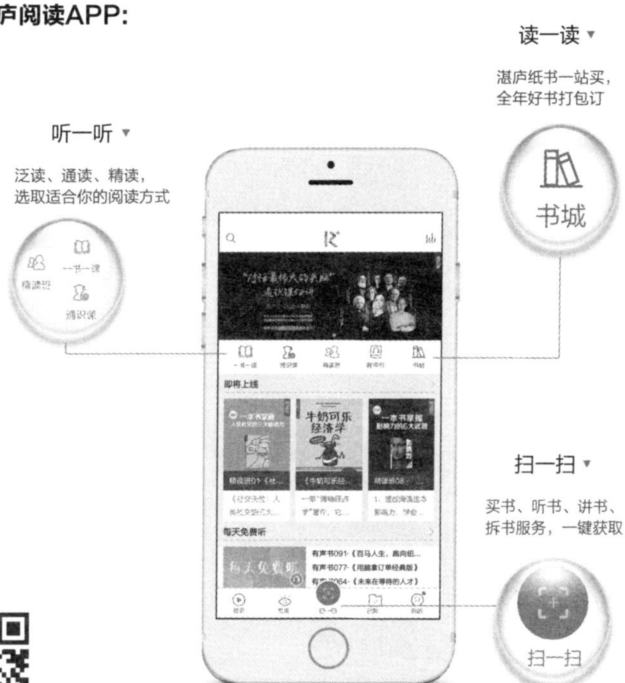

APP获取方式：

安卓用户前往各大应用市场、苹果用户前往APP Store直接下载“湛庐阅读”APP，与最聪明的人共同进化！

使用APP扫一扫功能，
遇见书里书外更大的世界！

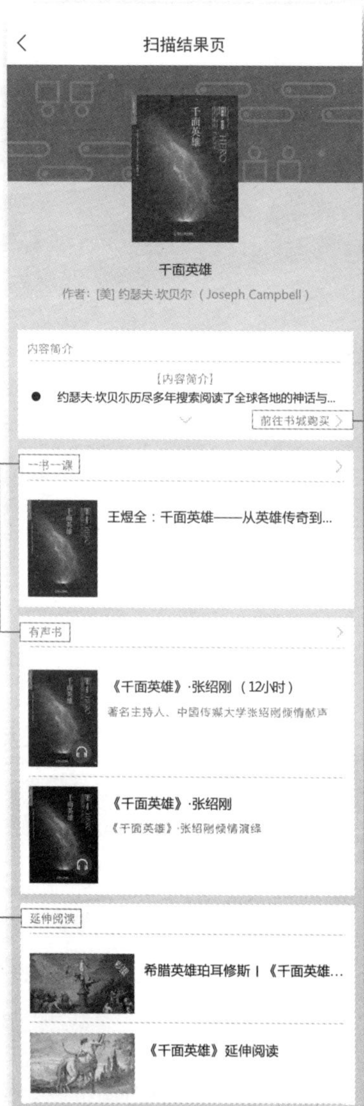

快速了解本书内容，
湛庐千册图书一键购买！

大咖优质课、
献声朗读全本一键了解，
为你读书、讲书、拆书！

你想知道的彩蛋
和本书更多知识、资讯，
尽在延伸阅读！

湛庐CHEERS

延伸阅读

《宇宙》

◎ 阿兰·古斯、伦纳德·萨斯坎德、安德烈·林德、弗兰克·维尔切克、丽莎·兰道尔等全球顶尖宇宙学家、物理学家将带领我们共同思索宇宙的起源与未来，直达领域最前沿，重新认识人类在我们的宇宙中的位置！

◎ 财讯传媒集团首席战略官段永朝、北京大学新闻与传播学院教授胡泳、驭势科技（北京）有限公司联合创始人兼 CEO 吴甘沙、电子科技大学教授周涛、中国科学院国家天文台研究员授苟利军、丁香园创始人李天天、财新传媒主编王烁、清华大学社会科学学院教授刘兵、复旦大学经济学助理教授兰小欢、2016 年雨果奖获得者郝景芳等联袂推荐！

扫码直达本书购买链接

ISBN 978-7-213-08378-5

《生命》

◎ 财讯传媒集团首席战略官段永朝、北京大学新闻与传播学院教授胡泳、驭势科技（北京）有限公司联合创始人兼 CEO 吴甘沙、电子科技大学教授周涛、中国科学院国家天文台研究员授苟利军、丁香园创始人李天天、财新传媒主编王烁、清华大学社会科学学院教授刘兵、复旦大学经济学助理教授兰小欢、2016 年雨果奖获得者郝景芳联袂推荐！

◎《全球概览》创始人斯图尔特·布兰德、“虚拟现实之父”杰伦·拉尼尔、《纽约时报》《卫报》《华尔街日报》《大西洋月刊》集体盛赞！

扫码直达本书购买链接

ISBN 978-7-213-08016-6

《那些让你更聪明的科学新概念》

◎ 财讯传媒集团首席战略官段永朝、北京大学新闻与传播学院教授胡泳、驭势科技（北京）有限公司联合创始人兼 CEO 吴甘沙、电子科技大学教授周涛、中国科学院国家天文台研究员授苟利军、丁香园创始人李天天、财新传媒主编王烁、清华大学社会科学学院教授刘兵、复旦大学经济学助理教授兰小欢、2016 年雨果奖获得者郝景芳联袂推荐！

◎《全球概览》创始人斯图尔特·布兰德、“虚拟现实之父”杰伦·拉尼尔、《纽约时报》《卫报》《华尔街日报》《大西洋月刊》集体盛赞！

扫码直达本书购买链接

ISBN 978-7-213-07834-7

《哪些科学观点必须去死》

◎ 财讯传媒集团首席战略官段永朝、北京大学新闻与传播学院教授胡泳、驭势科技（北京）有限公司联合创始人兼 CEO 吴甘沙、电子科技大学教授周涛、中国科学院国家天文台研究员授苟利军、丁香园创始人李天天、财新传媒主编王烁、清华大学社会科学学院教授刘兵、复旦大学经济学助理教授兰小欢、2016 年雨果奖获得者郝景芳联袂推荐！

扫码直达本书购买链接

ISBN 978-7-213-07850-7

THINKING. Copyright © 2013 by Edge Foundation, Inc. All rights reserved.

本书中文简体字版由 Edge Foundation, Inc. 授权在中华人民共和国境内独家出版发行。未经出版者书面许可，不得以任何方式抄袭、复制或节录本书中的任何部分。

版权所有，侵权必究。

图书在版编目（CIP）数据

思维：关于决策、问题解决与预测的新科学 /（美）约翰 · 布罗克曼编著；李慧中，祝锦杰译 . —杭州：浙江人民出版社，2018.9

书名原文：THINKING: The New Science of Decision-Making, Problem-Solving, and Prediction

ISBN 978–7–213–08888–9

Ⅰ. ①思… Ⅱ. ①约… ②李… ③祝… Ⅲ. ①思维科学 Ⅳ. ① B80

中国版本图书馆 CIP 数据核字（2018）第 194650 号

浙江省版权局
著作权合同登记章
图字：11-2018-388 号

上架指导：思想前沿

版权所有，侵权必究

本书法律顾问　北京市盈科律师事务所　崔爽律师
张雅琴律师

思维：关于决策、问题解决与预测的新科学

［美］约翰 · 布罗克曼　编著
李慧中　祝锦杰　译

出版发行：浙江人民出版社（杭州体育场路 347 号　邮编　310006）
市场部电话：（0571）85061682　85176516
集团网址：浙江出版联合集团　http://www.zjcb.com
责任编辑：傅　越
责任校对：戴文英
印　　刷：河北鹏润印刷有限公司
开　　本：720mm × 965mm 1/16
字　　数：327 千字　　印　　张：23.25
版　　次：2018 年 9 月第 1 版　　印　　次：2018 年 9 月第 1 次印刷
书　　号：ISBN 978–7–213–08888–9
定　　价：99.90 元

如发现印装质量问题，影响阅读，请与市场部联系调换。